中華文化思想叢書

由「命」而「道」
——先秦諸子十講（修訂版）
下冊

黃克劍　著

目次

下冊

第六講
孟 子

　　與莊子在道家傳統中的地位大略相當，孔子之後儒家中最引人注目的人物是孟子。唐人韓愈在對「道」作了「博愛之謂仁，行而宜之之謂義，由是而之焉之謂道」的詮釋後，指出：「堯以是傳之舜，舜以是傳之禹，禹以是傳之湯，湯以是傳之文、武、周公，文、武、周公傳之孔子，孔子傳之孟軻。軻之死，不得其傳焉。」[1]在他看來，「仁」是指普遍的愛，「義」是指合於仁愛的行為，沿著仁義之途趨進就是所謂「道」。堯把這樣的「道」傳給了舜，舜把它傳給了禹，禹把它傳給了湯，湯把它傳給了文王、武王和周公，文王、武王和周公把它傳給了孔子，孔子把它傳給了孟子，孟子死後，這個傳承就中斷了。孟子被置於前有古人而後無來者的地位，可見他在探求某種道統消息的人那裡受到怎樣的尊崇。韓愈對孟子之後失落了的「道」的尋找，開了宋明理學的先河，而宋明理學中的派系無論怎樣錯綜複雜，大體說來，都是以上承孟子而接續先秦儒家的學脈為己任。並且，從宋儒開始，人們談起「祖述堯舜，憲章文武」的儒家學說來，已不再像先前那樣以孔子配稱堯、舜、禹、湯、文、武、周公，而是以孟子配稱孔子。以「孔孟之道」概括儒家義理，意味著「教」（教化）相對於「政」的自覺；這一重自覺與孔子創立儒家教化而把中國人的人文眷注由「命」引向「道」這一「軸心時代」的事實相應，也與孟子在此後的儒學發展中以「十字打開」的方式所起的心性導向作用相稱。

1　韓愈：《雜著·原道》，見《韓愈全集》，376-377頁，長春，時代文藝出版社，2001。

因此，下面首先要講的一個話題就是：

儒學的主脈與孟子

孟子（約前372-前289），名軻，戰國中葉鄒（今山東鄒縣東南）人。據《史記》所載，他是孔子嫡孫子思的再傳弟子，在通曉儒家義理後，曾遊歷齊、魏等國以求見用於諸侯。結果，齊宣王沒有起用他，梁惠王也不願按他的建議去做，認為他說的那些話迂闊而不切於實用。那時，正當秦國為了富國強兵而起用商鞅，楚國、魏國為了戰勝外敵而重用吳起，齊威王、宣王以孫臏、田忌為將使諸侯東面朝謁齊國之際，天下各國正致力於合縱或連橫的方略，以進攻或討伐別的國家為上策，而孟子所講的都是些堯、舜、禹、湯、文、武以德治國的道理，與諸侯們所願奉行的主張不相合。於是，孟子不再期望於當世，回過頭來同他的弟子萬章等人編訂《詩》、《書》，闡發孔子學說的旨趣，撰成《孟子》七篇。[2] 孟子所追求的不是那種立竿見影、能夠應一時之急的事功，他的學說關係到人生終極意義的確立和與此相應的人生當取的根本態度的指點。這在急於建功立業於當時的人看來，顯得「迂遠而闊於事情」，但這一學說畢竟以超越當下的方式對當下世態人心有一種深情的關切。從某種終極性的考慮出發，尋取一個俯瞰或透視人生種種問題的位置，是先秦諸子中儒、道、墨三家學說的共同特徵；儒家學說的獨特風致在於，它始終不離人的真率的性

2　《史記‧孟子荀卿傳》：「孟軻，鄒人也。受業子思之門人。道既通，游事齊宣王，宣王不能用，適梁，梁惠王不果所言，則見以為迂遠而闊於事情。當是之時，秦用商君，富國強兵，楚魏用吳起，戰勝弱敵，齊威王宣王用孫子、田忌之徒，而諸侯東面朝齊，天下方務於合縱連橫，以攻伐為賢，而孟軻乃述唐虞三代之德，是以所如者不合，退而與萬章之徒序《詩》、《書》，述仲尼之意，作《孟子》七篇。」

情，並對這真率性情中的某些精神性狀作一種應然的提升，把內在於
人心的「仁」、「義」的端倪引向「大而化之之謂聖」的「聖」境。孟
子正是在這一點上對孔子那裡顯得渾整而不露圭角的思想作了可能盡
致的詮釋和發揮，由此，孟子成其為孟子。

　　戰國末葉的韓非在評說儒墨「顯學」時，談到孔子之後「儒分為
八」，而把所謂「孟氏之儒」作為八派之一。他說：「自孔子之死也，
有子張之儒，有子思之儒，有顏氏之儒，有孟氏之儒，有漆雕氏之
儒，有仲良氏之儒，有孫氏之儒，有樂正氏之儒。」[3]他囿於法家的
成見，分孔子之後的儒學為八派只是為了突出儒者內部的分歧，以增
大所謂孔子不可復生「誰將使定世之學乎」之類責難性反問的分量，
而無意對儒學派系之間的是非作必要的分辨。與韓非一味醜詆儒者不
同，韓非的老師荀子由於最終歸宗於儒門而對儒家不同派別的孰是孰
非分外看重。他顯然是以孔儒之學的正宗傳人自居的，因此對異己者
一概予以申斥。他把子張氏之儒、子夏氏之儒、子游氏之儒責之為
「賤儒」，而對子思、孟軻的抨擊尤其苛刻而偏激。他說：「略法先王
而不知其統，猶然而材劇志大，聞見雜博。案往舊造說，謂之五行，
甚僻違而無類，幽隱而無說，閉約而無解。案飾其辭而祗敬之曰：
『此真先君子之言也。』子思唱之，孟軻和之，世俗之溝猶瞀儒，嚾
嚾然不知其所非也，遂受而傳之，以為仲尼、子游（當為子弓——引
者注）為茲厚於後世。是則子思、孟軻之罪也！」[4]這段話的意思
是：子思、孟軻這一派系的儒者，雖大體說來主張效法先王，卻並不
知曉先王治國的準則，一副從容而才多志大的樣子，所見所聞看似廣
博，其實駁雜而不純正，他們依據古時的遺聞臆造邪說，稱之為「五

3　《韓非子・顯學》。

4　《荀子・非十二子》。所謂「以為仲尼、子游為茲厚於後世」，句中「子游」或為
　　「子弓」之誤。此由下文「是聖人之不得勢者也，仲尼、子弓是也」句可知。

行」，這種學說邪僻而牽強附會，隱晦而沒有什麼道理，艱澀、簡略而無從理解，卻被潤飾其文詞而恭敬地信奉，宣稱：「這確實是孔子說過的話。」子思宣導在先，孟軻附和在後，世俗中那些愚昧的儒者不懂得這種學說的謬誤，鬧鬧嚷嚷地把它接受下來又傳給別人，以為是孔子和子弓創立了它而被後世所尊崇。這是子思、孟軻的罪過啊！荀子對子思、孟軻的這些非難之詞是有欠公允的，他不能借著必要的同情理解真正把握子思、孟軻著述立論的命意或宗趣。子思所作《中庸》，的確有「國家將興，必有禎祥，國家將亡，必有妖孽，見乎蓍龜，動乎四體」[5]一類說法，但這類帶有神道設教色彩的說法並不是子思行文的重心所在，而且，終究也是被籠罩於問津「中庸」的「至誠之道」[6]的。尋遍《中庸》的章句，終其篇也找不到「五行」或木、火、土、金、水的字眼，至於《孟子》一書是否「案往舊造說，謂之五行」，就更不待說了。當然，對於荀子非難子思、孟軻的這段話的所指，還可以作更縝密的考釋和探究，但從中得出以下兩點結論可能不會有太大的問題：（一）荀子是在「非十二子」時說那段話的，而「十二子」中只有子思、孟軻屬於儒家人物，由此可見，在荀子心目中，子思和孟軻對於儒家學說的影響是何等的重要。換句話說，荀子實際上是把子思和孟軻視為他作為孔儒之學的真正傳人的主要對手的，而這反倒在一定程度上反證了子思和孟軻在先秦儒學發展中所起的主導作用。（二）荀子「非十二子」是把「十二子」分作六組逐一加以批判的，子思和孟子被列為一組，並且在他看來，這兩人原是一唱一和的關係，即所謂「子思唱之，孟軻和之」，而這又恰好印證了這一點──那在先秦儒學發展中起了主導作用的子思和孟軻，

5　《禮記‧中庸》。

6　《禮記‧中庸》。

與其說他們各自代表了不同的流派，不如說他們是孔子之後同一儒家主流學派中的兩位代表。孟子學說是經由子思通往孔子的，事實上，他的立論大都可以從孔子那裡找到深藏著的富於生機的根荄。

不過，與主張「默而識之」[7]的孔子略有差異，孟子對孔儒之教的「一以貫之」的「道」的揭示更多地用了言辯的方式，這樣，在闡明義理的大端時往往不免對其中的某些意味多少有所遮蔽。宋儒批評孟子說：「孟子有些英氣，才有英氣，便有圭角；英氣甚害事，如顏子便渾厚不同。」[8]所謂「英氣」、「圭角」，明顯是就孟子借重言詮反復辯說某些儒家義理而言的，但這對於孟子是不得已的事，面對墨家對儒家學說的一再貶責，面對楊朱、墨翟之言「盈天下」的局勢，他不能不起而為孔子一辯，為孔子創立的儒家教化張目。既然不能不辯，也就不能不露出「英氣」和「圭角」，所以宋儒在批評孟子的同時也這樣肯定他在儒家學脈延承中的地位：「孟子有功於聖門，不可勝言。仲尼只說一個『仁』字，孟子開口便說『仁義』；仲尼只說一個『志』字，孟子便說許多『養氣』出來。只此二字，其功甚多。」「孟子有大功於世，以其言『性善』也。」「孟子『性善』、『養氣』之論，皆前聖所未發。」[9]儒學作為「成德之教」（一種成全人的道德品操的教化）或「為己之學」（一種為著人的本己心靈安頓的學問），是不可能不涉及人的心性的，孔子雖然不曾就心性問題直抒自己的見地，但對於心性，儒家的創始人未必沒有相當深度的體悟。宋儒所說「前聖所未發」，只是單就言詮而言時才是貼切的，如果考慮到「默而識之」的人生體悟，它也許應當補正為「前聖蘊蓄而未發」或「前聖欲發而未發」——孟子學說發生的契機正是從這裡獲得的。

7　《論語・述而》。

8　朱熹：《四書章句集注・孟子序說》所引程子語。

9　朱熹：《四書章句集注・孟子序說》所引程子語。

　　孟子之學是典型的心性之學，它上承孔子對心性的默識冥證，為
儒學開出了一種與立教初衷相契的義理規模。孟子所說「仁也者，人
也；合而言之，道也」[10]，既是對孔子「志於道」、「依於仁」的立教
旨趣的重申，也是對孔子所謂「人能弘道，非道弘人」[11]的蘊意的道
破。孟子的「求則得之，捨則失之，是求有益於得也，求在我者也」[12]
的說法，與孔子所謂「為仁由己」[13]、「我欲仁，斯仁至矣」[14]一脈相
承，而他所說「求之有道，得之有命，是求無益於得也，求在外者
也」[15]，也正是對孔子「死生有命，富貴在天」[16]一語的最中肯的詮
釋。孟子的「舍生而取義」[17]與孔子的「殺身以成仁」[18]，所說的是人
生在終極性的兩難抉擇中的同一種決斷；孟子由「格（正）君心之
非，君仁莫不仁，君義莫不義，君正莫不正」[19]所企求的「仁政」，與
孔子由「政者，正也；子帥以正，孰敢不正」[20]所描摹的「德政」（「為
政以德」）也完全相應。但孔子畢竟對「性與天道」持一種淵默的態
度，因此，他的學生子貢曾有「夫子之言性與天道，不可得而聞也」[21]
的感歎，而「性」與「天」在孟子那裡卻是他的有著體系化趨向的學
說異常重要的範疇。不過，孟子談論「性」、「天」總是從「心」說起

---

10 《孟子‧盡心下》。

11 《論語‧衛靈公》。

12 《孟子‧盡心上》。

13 《論語‧顏淵》。

14 《論語‧述而》。

15 《孟子‧盡心上》。

16 《論語‧顏淵》。

17 《孟子‧告子上》。

18 《論語‧衛靈公》。

19 《孟子‧離婁上》。

20 《論語‧顏淵》。

21 《論語‧公冶長》。

的，他用語言說出來的那個「心」與孔子對「性」與「天」默而識之的「心」正可以說是心心相印。

孟子的心性之說親切、通脫而虛靈有致，《孟子》一書《盡心》篇中的兩段話最能體現這一學說的生機和它所向慕的人生境界。一段話是：「盡其心者，知其性也；知其性，則知天矣。」[22]另一段話是：「可欲之謂善，有諸己之謂信，充實之謂美，充實而有光輝之謂大，大而化之之謂聖，聖而不可知之之謂神。」[23]前一段話從「盡心」說到「知性」，從「知性」說到「知天」，這是從切己的心的體驗向神聖的人生最高境界的推求。這裡，由形而下的由衷之情向著形而上的「道」的提升，一個內在而非外取的機制在於「盡其心」的「盡」這一修養功夫。孟子所說的「心」是「人之所以異於禽獸者幾希（少之又少）」[24]的那點靈明，也就是所謂「惻隱之心」、「羞惡之心」、「辭讓之心」、「是非之心」。這種「心」作為內在於人的精神性狀，是「仁」、「義」、「禮」、「智」等顯現人性之善的美德的萌芽，人如果能覺悟到這些萌芽並且使它們盡可能健全而充分地生髮和昇華（所謂「盡其心」），就可以在成全人性向善的努力中悟知可稱之以善的人性。對人性的善或善的人性的悟知，也就是對「天命之謂性」[25]的「天」之所「命」的悟知；「天」之所「命」的神聖正在「盡心」而「知性」中，而不在人的「心」、「性」修養之外。後一段話所指出的「善」、「信」、「美」、「大」、「聖」，是「盡心」而「知性」的修養功夫可能達到的人生境界的不同格位。值得人追求（「可欲」）的事物是善事善物，值得人讚賞、向慕（「可欲」）的人可稱之為「善」人；自

---

22 《孟子・盡心上》。

23 《孟子・盡心下》。

24 《孟子・離婁下》。

25 《禮記・中庸》。

覺為「善」而能求諸自身努力的人，可稱之為「信」人；力行「善」、「信」而達到生命充實的人，可稱之為具備了「美」德的人；有豐贍的「美」德而至於光輝感人的人，可稱之為「大」人或偉大的人；「大」而能「化」，或不為「大」而「大」（不為「大」所累）因而無任何刻意為「大」的痕跡的人，可以稱之為「聖」人。「聖而不可知之之謂神」的「神」，是對「聖」人境界不可知解、不可測度的形容，並不是指「聖」人之上又有更高的所謂「神」人境界。從上面所引述並作了詮釋的兩段話可以看出，孟子的心性之學有其向著形而上境地超越的一維；這由「盡心」而有的從形下到形上的超越，是人以其自然而然的「惻隱之心」、「羞惡之心」、「辭讓之心」、「是非之心」為起點的超越，是自律而至於自化的生命存在或心靈境界的昇華，其中沒有任何外在的他律強制的因素。

儒學從一定意義上可以說是一種形而上學，但這不是實體形而上學，而是道德形而上學。這種道德形而上學從一開始就隱含在孔子從「仁」出發對「道」的「默而識之」中，並透露於孔子的一些應機而發的言論，如所謂「若聖與仁，則吾豈敢」[26]、「中庸之為德也，其至矣乎」[27]、「天下國家可均也，爵祿可辭也，白刃可蹈也，中庸不可能也」[28]等。到了孟子，道德形而上學借著「心」、「性」、「天」一類範疇在學理上有所建構，而這種建構在嚴格的邏輯意味上一直到宋明理學的出現才真正完成。為「心」、「性」範疇所牽動的是儒學發展的主脈，而孟子學說恰構成其中的一個承上啟下的樞紐。

下面，我將從四個方面講述孟子的學說，這首先要講的就是：

26　《論語‧述而》。

27　《論語‧雍也》。

28　《禮記‧中庸》。

性善論與「四端」說

　　孔子之後，儒家義理最富於創意的拓展是孟子提出的性善論。「仁也者，人也」，當孟子把「仁」詮釋為人最終成其為人的根據或緣由時，他其實也對「人」作了詮釋——唯有人能夠覺悟到「仁」，並能夠把這被覺悟的「仁」從一種精神性狀提升為一種極高的精神境地。「仁」使人成其為人，「人」也使仁成其為仁；仁使人成其為人與人使仁成其為仁原只是同一個過程，這過程借用儒家另一部經典的話說就是「止於至善」[29]，所以孟子也說：「仁」與「人」，「合而言之，道也。」在「仁」、「人」、「道」的這種關聯中，人以其體悟「仁」、涵養「仁」而「弘道」；「仁」被弘道的人視為一種理所當然的價值，但這被視為當然或應然的「仁」是否有內在於人性的自然而本然的根荄呢？如果「仁」的根荄在人性之外，「仁」就不免帶有他律的獨斷的性質，這樣，對「仁」的根源的追問，勢必把人引向對某個發出他律性指令的實體——神或其他外在於人的權威實體——的認可；反之，如果「仁」本來就植根在人性之中，那麼，這本然的人性也就順理成章地可以稱之為「善」了。事實上，孟子的性善論正是從這裡說起的。

　　孔子沒有直接斷言「性善」，人們往往對他所謂「性相近也，習相遠也」[30]中的「性」不從「善」、「惡」的判斷上去理解。但是，孔子也說過「人之生也直」[31]、「為仁由己」、「我欲仁，斯仁至矣」一類話，這些話含蓄而又確鑿地透露了一種對於人性有其「善」根的信念。孟子提出人性本善的論斷，顯然是心契於孔子的，不過，他在當

29　《禮記·大學》。

30　《論語·陽貨》。

31　《論語·雍也》。

時這樣立論，也是針對另三種人性論的。另三種人性論分別是：（一）
「告子曰：性無善無不善。」（二）「或曰：性可以為善，可以為不
善。」（三）「或曰：有性善，有性不善。」[32]第一種關於人性的說法
是告子的論點，告子認為「生之謂性」[33]，人性是人的生理屬性，無
所謂善，無所謂不善，所以他也說：「食色，性也」[34]──所謂人
性，不過飲食、男女罷了。第二種說法不再把人性看做人的生理屬
性，而是在人倫、道德的意義上談論人性，不過，在持有這種說法的
人看來，人性可以是善的，也可以是不善的，周文王、周武王興起的
那個時代民風好善，人性就善，周幽王、周厲王出現的那個時代民風
趨於暴戾，人性也就不善。第三種關於人性的說法也是在人倫、道德
意義上談人性的，但抱有這種見解的人並不認為民風好善的時期人性
都善，民風趨於暴戾的時期人性都不善，而是要強調這一點：任何時
候都既有性善的人，又有性不善的人──例如，堯和像是君臣關係，
堯性善，而象的性就不善；瞽瞍和舜是父子關係，舜性善，而瞽瞍的
性就不善；微子、比干和紂王既是臣子與君主的關係，又是兄弟、叔
侄關係，而微子、比干性善，紂王的性就不善。孟子對後兩種人性論
沒有作更多的評說，他只是指出：「乃若其情，則可以為善矣，乃所
謂善也。若夫為不善，非才（材）之罪也。」[35]這意思是說：就人的
本有性情而論，人都是可以「為善」的，這即是所謂人性本善；至於
有人「為不善」，那是因為他「為善」的本性被貪求的欲望遮蔽了，
並不是天生的材質或稟賦的過錯。至於告子所謂「性無善無不善」或
所謂「生之謂性」、「食色，性也」，從一開始就不把人性問題納入善

---

32 《孟子‧告子上》。
33 《孟子‧告子上》。
34 《孟子‧告子上》。
35 《孟子‧告子上》。

與不善的判斷，這種談論人性的方式與孟子的性善論衝突最大，因為它涉及人性問題能不能從人倫、道德的角度提出，所以孟子對這種人性觀點的駁斥分外著力、經心。

告子是以打比方的方式論證自己的見解或非難人性本善的提法的。他說：人性就像自然長成的杞柳，仁義就像人用杞柳加工製作的桮棬，把人性說成是仁義，那就如同把杞柳說成是桮棬一樣。他又說：人性就像是內蘊流勢而打著旋的水，從東面掘口它就向東流，從西面掘口它就向西流，人性無所謂善與不善，就像水無所謂一定向東流或向西流一樣。孟子對告子的駁斥是雄辯的，他借著對方的比喻反駁對方。借著杞柳桮棬的比喻，孟子詰問對方：你是順著杞柳的本性把它加工製作成桮棬呢，還是逆著它的本性而摧殘它把它加工製作成桮棬呢？如果你認為桮棬是逆著杞柳的本性製成的，那不就等於承認仁義是可以逆著人的本性以摧殘人的方式來成就的麼？於是，他讓對方承擔這樣的責任：要是有什麼能讓全天下的人都把仁義看做有傷於人性的禍害，那一定是你說的這些話了。[36]同樣，借著湍水的比喻，孟子分辯說：水的確不能說它一定向東流或一定向西流，但誰能說水的流向跟地勢高低沒有關係呢？人性向善就像水流向下，水是沒有不向下流的，人性也是沒有不趨於善的。[37]接著，孟子以一段辯難性的對話駁斥了告子所謂的「生之謂性」：「孟子曰：『生之謂性也，猶白之謂白與？』曰：『然。』（曰：）『白羽之白也猶白雪之白，白雪之白猶白玉之白與？』曰：『然。』（曰：）『然則犬之性猶牛之性，牛

---

36 《孟子‧告子上》：「孟子曰：子能順杞柳之性而以為桮棬乎，將戕賊杞柳而後以為桮棬也？如將戕賊杞柳而以為桮棬，則亦將戕賊人以為仁義與？率天下之人而禍仁義者，必子之言夫！」

37 《孟子‧告子上》：「孟子曰：水信無分於東西，無分於上下乎？人性之善也，猶水之就下也。人無有不善，水無有不下。」

之性猶人之性與？』」[38]整段話的大意是：孟子設問：你說「生之謂
性」，那不就像是說「白之謂白」嗎？告子回答：「是的。」孟子接著
問：「那麼，白羽之白就可以說是白雪之白、白雪之白就可以說是白
玉之白了？」告子回答：「是的。」於是孟子說：「要是這樣，豈不是
可以說犬之性就是牛之性、牛之性就是人之性了嗎？」這是一種歸謬
法，用來揭示「生之謂性」的荒謬意味深長而令人折服。但無論是對
對方比喻的駁斥，還是以比喻的方式婉轉地指出對方觀點的失誤，都
還只是出於說理的方便。要使一種論斷真正被認可，還應尋問這一論
斷得以確立的內在根據。

　　孟子為論證人性之善，由「性」追根到「心」，提出了所謂「四
端」說。他說：「所以謂人皆有不忍人之心者，今人乍見孺子將入於
井，皆有怵惕惻隱之心，非所以內交於孺子之父母也，非所以要譽於
鄉黨朋友也，非惡其聲而然也。由是觀之，無惻隱之心，非人也；無
羞惡之心，非人也；無辭讓之心，非人也；無是非之心，非人也。惻
隱之心，仁之端也；羞惡之心，義之端也；辭讓之心，禮之端也；是
非之心，智之端也。人之有是四端也，猶其有四體也。有是四端而自
謂不能者，自賊者也；謂其君不能者，賊其君者也。凡有四端於我
者，知皆擴而充之矣。若火之始然，泉之始達，苟能充之，足以保四
海；苟不充之，不足以事父母。」[39]孟子討論人性，一個不證自明的
出發點是所謂「不忍人之心」或「惻隱之心」；「不忍人之心」或「惻
隱之心」也可以稱作不忍人之情或惻隱之情，它不是那種出於獨斷設
定的概念，而是一種在人這裡普遍存在的自然而然的情愫。如果借用
現象學的一個用語說，那就是，它具有不言而喻的「明證性」——這

38　《孟子‧告子上》。
39　《孟子‧公孫丑上》。

「明證」就在於，它在當下人的生命體驗中能夠被親切地領悟或印證。孟子舉了一個「今人乍見孺子將入於井」的例子，雖是經驗性的事例，但引出的是某種具有先驗性質因而在所有正常人那裡都可以獲得驗證的心靈事實。當人們突然看到一個幼小無知的孩子快要掉進井中的時候，都會有一種痛切的驚駭、憂懼、憐惜、不忍之情油然而生，這種驚駭、憂懼、憐惜、不忍之情在某個人那裡的發生不是因為他曾結交於孩子的父母，不是要在鄉親朋友中獵取所謂心腸好的榮譽，也不是害怕落下不仁愛的名聲，而只是出於他的由衷的天性。既然惻隱之心是出自人的天性，那麼，在孟子看來，沒有惻隱之心者就不再稱得上是一個人。與惻隱之心一樣，對惡行的羞恥之心以及辭讓之心、是非之心也都出自人的天性，沒有羞惡之心、辭讓之心、是非之心者同樣不再能稱得上是一個人。由此，他進而把惻隱之心、羞惡之心、辭讓之心、是非之心與仁、義、禮、智等人的最根本的德行關聯起來，認為惻隱之心是「仁」的端倪或起始，羞惡之心是「義」的端倪或起始，辭讓之心是「禮」的端倪或起始，是非之心是「智」的端倪或起始。並指出：人有這「四端」就如同人有手足「四體」一樣；有了這「四端」而自認為難以為善者，那是由於他自己在毀害自己的天性，認為他的君主難以為善者，那是任其君主泯滅自己的天性而陷入罪惡。凡是覺悟到有這「四端」在自己身上的人，都應當讓它擴而大之；這就像火剛剛燃燒，像泉水開始湧動，如果能夠擴充它，足以蓄養四海，如果不能擴充它，不足以侍奉父母。在孟子這裡，「性」連著「心」，「性」由「盡其心」而來，「心」有「惻隱」、「羞惡」、「辭讓」、「是非」等善的端倪，「盡其心」──擴充這些善端──也就是「養其性」；對於人性的善或善的依據的尋找，必致溯源到人「心」（情）的種種善端，而對「心」的種種善端的覺悟和擴充本身就已經是所謂人性的善或善的人性的體現了。

　　《中庸》有「天命之謂性，率性之謂道，修道之謂教」的說法，
孟子由「心」之「四端」而講性善與《中庸》所說「天命」、「率
性」、「修道」的思路一脈相承。如果剔除掉「天命」中的可能多少滲
入的神道設教的成分，所謂「天命」即是天之所命或天之所賦，也就
是出於自然而然的天賦。《中庸》的作者──可能就是子思──把這
種天賦予人或人稟受於天的東西稱之為「性」，其實是從天賦予人的
天性中作了選擇的，這被選擇的即是後來孟子所說的「惻隱之心」、
「羞惡之心」、「辭讓之心」、「是非之心」等「四端」。而且，孟子所
強調的「盡其心」，正與《中庸》所謂「率性」相當；「率性」意味著
按照天賦之性的趨向提升天賦之性，這提升被孟子表述為對心的「四
端」的「擴而充之」。因此，可以說，孟子所謂「盡其心者，知其性
也；知其性，則知天矣」，就是《中庸》所謂「率性之謂道」，而依照
這種「道」去修養那有著內在根據的人性，使自己由「仁」而向
「聖」，這也就是子思和孟子所領悟的創始於孔子的儒家之「教」
了。《孟子》以「仁也者，人也」的句式對《中庸》的「仁者，人
也」的斷語的重複決不是偶然的，二者如此相契使我們有理由把「性
善論」的發生理解為一個過程。這個過程開始醞釀於對「性」默而識
之的孔子，經由宣導「率性」而「修道」的《中庸》，到孟子明確提
出「四端」說時告一段落。

　　與人心皆有「四端」之善相應，孟子也強調「理」、「義」上的
「心之所同然」。他說：「口之於味也，有同耆焉；耳之於聲也，有同
聽焉；目之於色也，有同美焉。至於心，獨無所同然乎？心之所同然
者何也？謂理也，義也，聖人先得我心之所同然耳。故理義之悅我
心，猶芻豢之悅我口。」[40]在他看來，既然口對於美味有同樣的嗜

---

40 《孟子‧告子上》。

好，耳對於樂音有同樣的聽覺，目對於色彩有同樣的美感，人心也就
一定有它共同的認可，這能夠得到人心共通認可的就是「理」和
「義」；心對於理、義的喜愛如同口對於肉食的喜愛，聖人成其為聖
人是因為他先於人們領悟到了人心所共同認可的理、義。孟子對「心
之所同然」或人心所共同認可的「理」、「義」的肯定，實際上是對人
們終究能夠共同認可的形而上之「道」的確認。「心之所同然」不是
經驗中的人們對某種狀況贊同或認可程度的平均值，也不是一般意義
上的多數人甚至絕大多數人的同意，而是對人們的種種經驗性贊同或
認可所可能出現的偏差的超越。這種超越往往發生在極少數的先覺
者——在方便意味上可稱其為「聖賢」——那裡，但這極少數的先覺
者代表了人們對可以以「道」相稱的公理、公義的不懈追求，所以孟
子尤其要向人們指出：「聖人先得我心之所同然」。當然，「（人）心之
所同然」也可以從「惻隱之心」、「羞惡之心」、「辭讓之心」、「是非之
心」等「四端」說起，不過，「四端」成其為「四端」只在於它們通
著「仁」、「義」、「禮」、「智」等公理、公義。如果以「知」（智慧）、
「能」（能力）而論，「四端」不是人在後天經過學習才有能力做到或
經過思考才可以知曉的東西，孟子稱它是「良知」、「良能」。他說：
「人之所不學而能者，其良能也；所不慮而知者，其良知也。孩提之
童，無不知愛其親者；及其長也，無不知敬其兄也。親親，仁也；敬
長，義也。無他，達之天下也。」[41]這「親親」、「敬長」等「良能」、
「良知」也被孟子稱作「赤子之心」，它在天下所有人身上普遍存
在，問題只在於人們能否在後天的習染中保持它，擴充它；凡是能保
持它、擴充它的人都可以成為那種情操高尚、志向遠大的「大人」，
因而也都會與堯舜那樣的人的生命境界相通，所以孟子又說：「大人

---

41 《孟子・盡心上》。

者，不失其赤子之心者也」[42]，「人皆可以為堯舜」[43]。

接著性善論與「四端」說，下面講孟子的──

「義」、「利」之辨與「良貴」說

孔子創立儒家教化，從一開始就很在意「義利之辨」。在孔子所講的分辨「義」、「利」兩種價值孰重孰輕的許多話中，最典型的一句就是「君子喻於義，小人喻於利」[44]──君子懂得義，小人只知道利。對於孔子說來，人生最高的「義」莫過於「仁」，而最重要、最可珍視的「利」莫過於「生」，出於重「義」而輕「利」的價值選擇，他甚至主張「無求生以害仁，有殺身以成仁」[45]，也就是說，不能為了求得生存而有害於仁，可以為了成全仁而捨棄生命。不過，孔子所說的「殺身以成仁」是出於「生」與「仁」不能兩全或兩存情形下的兩難選擇的不得已，並不是不看重生命，而且他也從來沒有否定過「利」或「富貴」對於人的價值。前面第三講曾列舉並解釋過孔子談論「富貴」的兩段話，這裡不妨再作一次引證。孔子說：「富與貴，是人之所欲也，不以其道得之，不處也；貧與賤，是人之所惡也，不以其道得（去）之，不去也。」[46]他還說：「邦有道，貧且賤焉，恥也；邦無道，富且貴焉，恥也。」[47]從前一段話可以看出，孔子並不厭棄「人之所欲」的富貴，他只是告誡人們對富貴要得之有道；他也不是要人們安於貧賤，而只是強調對「人之所惡」的貧賤要

---

42 《孟子‧離婁下》。

43 《孟子‧告子下》。

44 《論語‧里仁》。

45 《論語‧衛靈公》。

46 《論語‧里仁》。

47 《論語‧泰伯》。

去之有道。同前一段話一樣，後一段話表明，孔子並不一般地褒揚富貴而貶責貧賤，他判斷富貴、貧賤的價值的前提在於「有道」還是「無道」。在他看來，在一個講求道義的邦國中，你如果生活得又貧又賤，那是可恥的，因為這說明你太懶惰，沒有努力去改變自己的境況；相反，在一個沒有道義可言的邦國中，你居然能富貴顯赫，那也是可恥的，因為這意味著你一定與無道的邦國勢力和相應的社會習染同流合汙了。孟子繼承了孔子學說嚴於「義利之辨」的價值取向，他為此所作的更詳盡的闡述和分辨使儒家教化重道德、重仁義的一面更加鮮明因而也更加突出了。

　　孟子出遊魏國，拜見梁惠王。一見面，梁惠王劈頭就問：「老先生，不遠千里而來，想必帶來了什麼有利於我的國家的計謀吧？」孟子回答說：「大王啊，何必談利？我所知道的只有仁義罷了。要是在一個國家中，大王想的是怎樣有利於自己的國家，大夫們想的是怎樣有利於自己的封邑，士和庶人想的是怎樣有利於他們自身，從上到下所有的人考慮的都是如何謀取利益，那這個國家就危險了。在擁有一萬輛兵車的大國裡，弒君篡位的一定是有了一千輛兵車的大夫；在擁有一千輛兵車的國家裡，弒君篡位的一定是有了一百輛兵車的大夫。萬數中取得了千數，千數中取得了百數，所得到的不能說不多，只是因為把道義放在了一邊而首先想到的是利益，不篡位奪權不能滿足攫取的欲望。同這種情形相反，沒有哪個講仁愛的人會拋開他的親人，沒有哪個講道義的人會背棄他的國君。大王只須講仁義就可以了，何必口口聲聲地說利呢。」[48]孟子並不是要人們一概不問利害，對於他

───────────

48　《孟子・梁惠王上》：「孟子見梁惠王。王曰：『叟，不遠千里而來，亦將有以利吾國乎？』孟子對曰：『王何必曰利？亦有仁義而已矣。王曰何以利吾國，大夫曰何以利吾家，士、庶人曰何以利吾身，上下交征利而國危矣。萬乘之國弒其君者，必千乘之家；千乘之國弒其君者，必百乘之家。萬取千焉，千取百焉，不為不多矣，

說來，問題只在於「後義而先利」還是「後利而先義」。依他的看法，如果一個國君、一個大夫、一個士或庶人總是把「義」放在第一位，從長遠來說，終究是會有利於其國家、封邑和個人的；反之，一個國君、大夫、士或庶人如果總是把利放在第一位，那就不免會陷於不義，而對利的孜孜以求反倒會轉為對自己的不利。有一次，一位叫宋的人──他主張「禁攻寢（息）兵，救世之戰」[49]──將去楚國，在石丘這個地方遇到了孟子。孟子問他：「先生要到哪裡去？」宋說：「聽說秦國和楚國要打仗，我打算面見楚王勸說他停戰，要是楚王不高興這麼做，我將去秦國勸說秦王停戰，想必兩位國君會聽從我的勸告的。」孟子說：「對於詳情我不敢動問，先生能否說說你要說的那些話的大意，讓我聽聽？」宋說：「我會對他們說打仗對他們不利。」孟子說：「先生息兵罷戰之志是很值得嘉許的，只是先生動之以『利』的說法我以為不可取。先生以『利』勸誘秦王和楚王，他們即使聽了你的話而不再大興三軍之師，那也是出於對『利』的喜愛，而三軍將士即使樂於休戰，同樣也是出於對『利』的喜愛。於是，由此引出的一個後果就可能是，舉國上下的人一味權衡於『利』：臣懷著利益上的考慮侍奉他的國君，子懷著利益上的考慮奉養他的父親，弟懷著利益上的考慮對待他的兄長，於是，君臣、父子、兄弟都拋開了仁義，只是懷著利益上的考慮相互應酬。人心到了這種地步，國家沒有不淪亡的。如果換一種方式，那情形可就大不相同了。先生以『仁義』開導秦王和楚王，他們要是能夠聽從你的規勸而不再大興三軍之師，那一定是出於對『仁義』的讚賞，而三軍將士也一定會因為對『仁義』的讚賞而樂於休戰。因而，由此引出的就可能是另一種結

苟為後義而先利，不奪不饜。未有仁而遺其親者也，未有義而後其君者也。王亦曰仁義而已矣，何必曰利。』」

49 《莊子‧天下》。

果，舉國上下的人都講求『仁義』：臣懷著仁義之心侍奉他的國君，子懷著仁義之心奉養他的父親，弟懷著仁義之心對待他的兄長，於是君臣、父子、兄弟之間不再計較於利害，而彼此都以仁義之心真誠相待。那時，為天下人所歸往的王道就會實現。兩相比較，後果如此懸殊，先生何必去談論那『利』呢？」[50]在「貴詐力而賤仁義，先富有而後推讓」[51]（推重機詐與強力，輕視仁愛與信義，崇尚財利與富有，擯棄禮儀與辭讓）的戰國時代，孟子的這種賤「利」而重「仁義」的態度被認為「迂遠而闊於事情」（迂闊而不切於實用）是極自然的。秦王、楚王當然不可能接受他的主張，儘管他們未必以為孟子的道理是錯的，但他們一心所謀圖的只在於「利」而不在於「仁義」，這正像當年進攻魯國的齊國人對魯國使者子貢說的那樣：你講的道理並不是沒有說服力，但我們想要的是土地。[52]不過，無論如何，「仁義」所指示的是一種超功利的價值，它意味著人如何最終把自己同禽獸區別開來；在戰國亂世標舉人生價值的這一維度是困難的，但它對於一個民族的精神生機的養潤是意義重大的。孟子和孔子一樣，他所做的是「知其不可而為之」的事情，也許這延續著的努力

---

50 《孟子・告子下》：「宋牼將之楚，孟子遇於石丘。曰：『先生將何之？』曰：『吾聞秦楚構兵，我將見楚王，說而罷之。楚王不悅，我將見秦王，說而罷之。二王我將有所遇焉。』曰：『軻也，請無問其詳。願聞其指，說之將如何？』曰：『我將言其不利也。』曰：『先生之志則大矣，先生之號則不可。先生以利說秦楚之王，秦楚之王悅於利以罷三軍之師，是三軍之士樂罷而悅於利也。為人臣者懷利以事其君，為人子者懷利以事其父，為人弟者懷利以事其兄，是君臣、父子、兄弟去仁義懷利以相接。然而不亡者，未之有也。先生以仁義說秦楚之王，秦楚之王悅於仁義而罷三軍之師，是三軍之士樂罷而悅於仁義也。為人臣者懷仁義以事其君，為人子者懷仁義以事其父，為人弟者懷仁義以事其兄，是君臣、父子、兄弟去利懷仁義以相接也。然而不王者，未之有也。何必曰利？』」

51 《史記・平准書》。

52 《韓非子・五蠹》：「齊將攻魯，魯使子貢說之。齊人曰：『子言非不辯也，吾所欲者土地也，非斯言所謂也。』」

本身就是對民族和人類的一種必要的提示，正因為這樣，它才充滿了歷史的悲劇感和儒家教化那種由「天命」、「率性」而「修道」的神聖感。

　　與對「義」、「利」兩種人生價值的分辨相應，孟子提出了「天爵」、「人爵」的概念。人的社會地位常以「公」、「卿」、「大夫」等品級相區分，孟子稱其為「人爵」；人的道德品位又以人恪守「仁、義、忠、信」價值的狀況相區分，孟子稱其為「天爵」。「天爵」、「人爵」並不是全然對立或相互抵牾的關係，但畢竟出於兩種標準下的價值判斷。孟子說：「有天爵者，有人爵者。仁義忠信，樂善不倦，此天爵也；公卿大夫，此人爵也。古之人，修其天爵，而人爵從之；今之人，修其天爵，以要人爵，既得人爵，而棄其天爵，則惑之甚者也。終亦必亡（失）而已矣。」[53]他讚賞古代人「修其天爵」、不以「人爵」為念而與之相隨的「人爵」往往配稱於「天爵」的情形，他批評當今的人們「修其天爵」只是為了獲取「人爵」以至於在得到「人爵」後拋棄「天爵」的行為，這樣褒貶古今為的是確立「天爵」──「仁、義、忠、信」──價值的主導地位，而把並沒有被一味否定的「人爵」置於「天爵」的籠罩之下。所以，他以「天爵」這一「貴於己者」（貴於切己的精神境界，貴而在己）為「良貴」，而以貴於身外之物的「人爵」為「非良貴」。他認為：「欲貴者，人之同心也。人人有貴於己者，弗思耳。人之所貴者非良貴也；趙孟之所貴，趙孟能賤之。《詩》云：『既醉以酒，既飽以德。』言飽乎仁義也，所以不願人之膏粱之味也；令聞廣譽施於身，所以不願人之文繡也。」[54]所引詩句「既醉以酒，既飽以德」，見《詩‧大雅‧既醉》。這意思是說：想

53　《孟子‧告子上》。

54　《孟子‧告子上》。

要自己活得尊貴些，這是人們的共同心願。每個人都有人格品操這樣的貴而在己的東西，但很多人沒有意識到。通常人們所看重的「貴」不是「良貴」或真正的貴；爵位俸祿一類被人們視為可貴的東西，像晉國有權有勢的大臣趙孟那樣的人就能給予你而讓你「貴」，也能從你這裡奪走而讓你「賤」。《詩》中有「既醉以酒，既飽以德」的句子，這詩句是要告訴人們：飽修仁義於自身的人不會羨慕別人那裡的肥肉、細糧的美味，享有美名和眾多榮譽於自身的人不會羨慕別人身上穿的那種刺繡華美的衣裳。其實，詩句「既醉以酒，既飽以德」的「德」在《詩·大雅》的《既醉》篇中是「恩惠」、「恩德」的意思，孟子把「既飽以德」解釋為「飽乎仁義」是對這一「德」字的特定內涵在道德意味上的引申。許慎在《說文解字》中解釋「惪」（「德」的異體字）說：「惪，外得於人，內得於己也。」[55]所謂「外得於人」，是指從別人那裡得到的恩惠或恩德；而「內得於己」，是指在人的切己的內心有其根據的品德或德行。從先秦人文眷注的重心曾有過的由「命」而「道」的轉移看，古人對「外得於人」的恩惠或恩德的感知顯然更早些，而對「內得於己」的德行的反省或覺悟要晚得多；孟子對「既飽以德」之「德」從恩德向德行的引申是合於由「命」而「道」的民族心靈歷程的，而他由此把「仁義」的德行推崇為「良貴」也正好在儒家教化的「義利之辨」的情理之中。[56]

---

55 許慎：《說文解字》卷十下。許慎解「惪」頗中肯，但把「德」與「惪」分為二字似有誤。

56 侯外廬、趙紀彬、杜國庠等認為：「孟子對於統治階級的地位是十分關心的，他說出一番貴族所以為貴族的理論，叫做『良貴』論：『有天爵者，有人爵者。仁義忠信，樂善不倦，此天爵也；公卿大夫，此人爵也。古之人，修其天爵，而人爵從之；今之人，修其天爵，以要人爵，既得人爵，而棄其天爵，則惑之甚者也。終亦必亡而已矣。』孟子天爵和人爵的合一論，是從天人合一的思想推論出來的。這裡所謂人爵，乃指氏族貴族，是天所受命的，他說：『欲貴者人之同心也，人人有貴

　　孟子也談到「生」與「義」兩者不可兼得時人所當有的決斷，這當然仍是一種義利之辨——一種徹底到人生的兩難抉擇時的義利之辨。他是從一個比喻說起的，說得直觀而親切、自然：「魚，我所欲也；熊掌，亦我所欲也。二者不可得兼，舍魚而取熊掌者也。生，亦我所欲也；義，亦我所欲也。二者不可得兼，舍生而取義者也。生亦我所欲，所欲有甚於生者，故不為苟得也。死亦我所惡，所惡有甚於死者，故患有所不辟也。」[57]他是說：正像魚肉和熊掌都是我想要得到的一樣，生命和道義也都是我想要保有的，但在生命和道義不可兼得的情形下，我會像魚肉和熊掌不能兼得時捨棄魚肉而取熊掌一樣捨棄生命而恪守道義。生命是我所珍愛的，但值得珍愛的東西中有勝過生命的，所以不能只是苟且地保全生命。死亡是我所厭惡的，但所厭惡的東西中有勝過死亡的，所以即使有危及生命的禍患也決不退避。「舍生而取義」是「生」與「義」二者「不可得兼」情形下的價值取捨，以「義」為「甚於生」之「所欲」體現了孟子學說在價值抉擇上的最高決斷。但正像以「殺身以成仁」為價值取捨上的最高決斷的孔子一樣，孟子在肯定通常狀況下「義」為「我所欲」的同時，也肯定了「生」應當為「我所欲」。不過，「生」和與「生」關聯著的富貴或幸福的價值同「義」和與「義」關聯著的德行或仁愛的價值畢竟在人生的兩個向度上，獲取這兩種價值的方式或途徑不同，而對它們的所求和所求可能得到的結果也並不同樣地成比例。孟子說：「求則得之，舍則失之，是求有益於得也，求在我者也。求之有道，得之有命，是

於己者，弗思耳！人之所貴者，非良貴也。趙孟之所貴，趙孟能賤之！』『貴』是統治階級，統治階級是天生的，不是人人可以隨便取得的。」（侯外廬、趙紀彬、杜國庠：《中國思想通史》第一卷，386-387頁，北京，人民出版社，1957）其所論與孟子「民貴」說原意相去之遠，真可謂難以道裡計。

57 《孟子‧告子上》。

求無益於得也，求在外者也。」[58]他所謂「求在我者」是指「仁」、
「義」一類價值，這類價值是有求必有得，不求就會失去，「求」和
「得」是成比例的，因為這類價值是「無待」的，不受外部條件制約
的，這無待或不受制約決定了「求有益於得」而求之在我。他所謂
「求在外者」是指「死生」、「富貴」一類價值，對這類價值要「求之
有道」，不能不擇手段，但即使是這樣，所求未必就一定會有所得，
也就是說「求」和「得」未必是成比例的，因為這類價值是「有待」
的，是受外部諸多偶然因素制約的，這有待或偶然因素的制約決定了
許多情形下「求無益於得」，以至於不免使人產生「得之有命」之
感。對於孟子說來，兩種價值——前者可一言以蔽之為「義」，後者
可一言以蔽之為「利」——是不能相互取代的，但二者也並非那種不
分主次輕重的並列關係。對於「義」要無條件地「求」而不「舍」，
這「求」而不「舍」意味著不受任何限制；對於「利」要「求之有
道」，而「求之有道」本身即是對「義」的一種見證。可見，依孟子
的看法，在「義」、「利」沒有衝突到「不可得兼」的地步時，人是既
可以求「義」也可以求「利」的，不過「義」對於人永遠是第一位
的，「利」只有籠罩於「義」才可能構成人生的第二位的價值。

　　下面講孟子的——

「王」、「霸」之辨與「仁政」說

　　孟子的政治主張是他的心性之教在政治上的直接延伸；他從「仁
心」推出「仁政」，這為儒家學說從「內聖」推出「外王」作了典型
演示。他說：「先王有不忍人之心，斯有不忍人之政矣。以不忍人之

---

58 《孟子・盡心上》。

心，行不忍人之政，治天下可運（玩）之掌上。」[59]所謂「不忍人之心」即是「仁心」，所謂「不忍人之政」即是「仁政」。正像以「仁」為人成其為人的根本依據──「仁也者，人也」──而有人生價值上的「義」、「利」之辨，孟子以施行「仁政」的「先王」之道為政治理想，對治理國家的途徑作了「王道」與「霸道」的分辨。

孟子指出：「以力假仁者霸，霸必有大國；以德行仁者王，王不待大，湯以七十里，文王以百里。以力服人者，非心服也，力不贍也；以德服人者，中心悅而誠服也，如七十子之服孔子也。」[60]這意思是：借著「仁」的名義而動用武力者可以稱霸，稱霸一定得是大國；憑著自己的德行施行仁政的人可以使天下歸往而稱王，使天下歸往而稱王無須大國，商湯以方圓七十里的小國稱王於天下，文王以方圓百里的小國稱王於天下，這些都是典型的例證。以力服人不能使人心服，屈服的人所以屈服是由於力量不足；以德服人才能使人由衷地心悅誠服，這種服就像七十子折服於孔子那樣。孟子以「唐虞三代之德」遊說齊宣王、梁惠王等，希望諸侯們摒棄「以力假仁」的「霸道」以至置「仁」於不顧的所謂「強國之術」，奉行「以德行仁」的「王道」，這在「天下方務於合縱連橫，以攻伐為賢」的戰國時期不被人採納是毫不奇怪的，不過，他的「仁政」思想的意義也恰恰在於這種政治理想對當下世俗政治的超越。「仁政」所描繪的是儒家境界中的政治藍圖，這種依據於「先王」的烏托邦式的治國方案是祈望於所謂「天下為公」[61]的。孟子心目中的「仁政」或「王道」，首先意味著當政者要「制民之產」，使百姓能夠擁有一份「恆產」從而在「禮義」上得以保持一種「恒心」。在他看來，「無恆產而有恒心者，惟士

---

59 《孟子‧公孫丑上》。

60 《孟子‧公孫丑上》。

61 《禮記‧禮運》。

為能；若民，則無恆產，因無恆心；苟無恆心，放辟邪侈，無不為已。及陷於罪，然後從而刑之，是罔民也。焉有仁人在位，罔民而可為也！是故明君制民之產，必使仰足以事父母，俯足以畜妻子，樂歲終身飽，凶年免於死亡，然後驅而之善，故民之從之也輕。」[62]這即是說，在沒有一份用於養家糊口的穩定產業的情況下保有一種禮義上的恆心，這只有士一類的人才能做到。至於一般百姓，如果沒有恆產，那就難以保有恆心；如果沒有恆心，就可能放肆地胡作非為以至於無所不為。等到百姓犯了罪，然後量刑予以處罰，這無異於陷害百姓。哪裡有仁人當政而做陷害百姓的事的道理呢？所以賢明的國君懂得讓百姓有自己的產業，一定要讓這份產業對上足以事奉父母，對下足以養活妻子兒女，豐年能夠常年吃飽，災年免於凍餓而死，然後督促他們修德行善，那樣，讓百姓遵從禮義教化也就容易了。孟子曾這樣設想百姓所當有的「恆產」：「五畝之宅，樹（種植）之以桑，五十者可以衣帛矣；雞豚狗彘之畜無失其時，七十者可以食肉矣；百畝之田，勿奪（誤）其時，八口之家可以無饑矣。……老者衣帛食肉，黎民不饑不寒；然而不王者，未之有也！」[63]為了使這必要的「恆產」得到保障，他寄希望於古代「井田」制的恢復。這被重新設計過的「井田」制度，如他所說：「死徙（遷居）無出鄉，鄉里同井，出入相友，守望相助，疾病相扶持，則百姓親睦。方里而井，井九百畝，其中為公田，八家皆私百畝，同養公田，公事畢，然後敢治私事，所以別野人也。」[64]實施這樣的「井田制」，一個重要前提就是劃定疆界或所謂正「經界」，所以孟子也說「夫仁政必自經界始」[65]。正「經

62　《孟子・梁惠王上》。
63　《孟子・梁惠王上》。
64　《孟子・滕文公上》。
65　《孟子・滕文公上》。

界」、施「仁政」是自上而下的事，這就要求居於上位的人是「賢者」、「能者」；「仁政」或「王道」政治在這個意義上也可以說是「尚賢」或「尊賢」的政治。

孟子是嚮往「尊賢使能，俊傑在位」或「貴德而尊士，賢者在位，能者在職」[66]的政治的，而「尊賢」、「貴德」在政治上的徹底化，必至於主張君位的「禪讓」。但肯定君位的「禪讓」關涉到對沿襲已久的政治體制的重新評說，孟子對此持一種極其謹慎的態度。堯禪位於舜的佳話，在孟子這裡是作為一段美好的歷史故事來回味的，而不是作為一種理想的政治範式推薦給現實中的天子和國君。他認為堯禪位於舜並不是堯把天下給了舜，而是天把天下給了舜。他說：「昔者堯薦舜於天而天受之，暴之於民而民受之。故曰：天不言，以行與事示之而已矣。」[67]這似乎是在敘述一個次序不能顛倒的過程：先是堯向天推薦了舜，接著是天接受了堯的推薦，最後是把天所接受的堯對舜的推薦公佈給百姓，百姓由接受天意、接受堯的推薦而接受舜做他們的天子。這期間，天作為最高主宰雖然沒有說什麼話，卻以自己的行為和事蹟把一切都告訴了人們。孟子以天為仲介談論堯舜禪讓很有些神道設教的意味，但天意終究是通過民意體現的，不過這民意不再是簡單的多數人的同意的那種眾意，而是與「道」相通的公意了。所以，孟子著意要引《尚書》中的話「天視自我民視，天聽自我民聽」[68]來為自己所說的「天受之」作注腳。傳說中的堯舜禹都是禪位而以賢相傳的，從禹和他的兒子啟開始，傳賢一變而為傳子，孟子的學生萬章曾就此問孟子：有人說，到了禹的時候，君位繼承變為傳子不傳賢是因為道德衰落了，這是事實嗎？孟子回答他：事實不是這

---

66 《孟子・公孫丑上》。
67 《孟子・萬章上》。
68 《書・周書・泰誓》。

樣；禹以前傳賢不傳子是天意，禹之後傳子不傳賢也是天意。在他看來，這天意仍然是可以印證於民意的，因為民意在禹以後的時代是傾向於傳子的。既然君位世襲在以後的時代是合於體現天意的民意的，像舜、禹那樣「匹夫而有天下」的事就很難再度發生。他指出：「匹夫而有天下者，德必若舜禹，而又有天子薦之者；故仲尼不有天下，繼世以有天下。天之所廢，必若桀紂者也，故益、伊尹、周公不有天下。」[69]就是說，像孔子這樣的人雖然德行可以比擬於舜、禹，但是沒有天子的推薦，所以不能充當天子而擁有天下，反倒是繼承先世君位的人會擁有天下。天從那些繼承先世君主的人中廢黜的一定是像夏桀、商紂之類的大惡之人，所以夏啟、商太甲、周成王雖然在德能上不如與他們同時的益、伊尹、周公，卻可以擁有天下，而益、伊尹、周公即使有大功於世，也不能擁有天下。

　　依儒家的「聖王」理想，德操達到「聖」的境界的人——如周公、孔子——本應處於「王」的地位的，但事實上，這樣的理想在禹傳位於啟之後的時代裡並沒有多少現實性。孟子從不曾放棄對政治上可能達到的「聖王」境地的追求，不過，既然由「聖」而「王」的路徑是不現實的，那就只有一個辦法——促使「繼世以有天下」而居於「王」位的人修養他們的德、能，做趨向「聖」境的努力。於是，他就有了這樣一些說法：「惟大人能格君心之非，君仁莫不仁，君義莫不義，君正莫不正，一正君而國定矣。」[70]「君子之事君也，務引其君以當道，志於仁而已。」[71]所謂「大人」、「君子」，是指德行高潔、志趣脫俗之人，所謂「格君心之非」、「引其君以當道」，就是矯正君主心中那些不正的欲念，引導君主的行為使其合於堯舜之道。孟子相

69　《孟子·萬章上》。

70　《孟子·離婁上》。

71　《孟子·告子下》。

信，只要天子或一國之君心存仁義、品格端正，天下或一國之人就會上行下效，以君上為榜樣而匡正自己，因此，一旦「正君」的事做好了，整個天下、國家也就隨之得到治理而歸於安定。當然，「格君心之非」、「引其君以當道」，主要是從臣子的角度講「正君」的道理的。就臣子應盡的職責而論，他甚至認為，「責難於君謂之恭，陳善閉邪謂之敬，吾君不能謂之賊。」[72]就是說，勉勵君主做他難以做到的事，那才算是對君主的恭敬；勸諫君主一心向善而杜絕邪枉的念頭，那才算是對君主的尊崇；自以為君主不能為善而放棄規勸的責任，那可以說是對君主的戕害。此外，孟子也從君主的角度作「正君」的誘導，他以堯、舜、禹的所作所為勸勉當政的君主「為法於天下」力求「傳之後世」，也以嚴厲的措辭正告那些「繼世以有天下」的人：「君之視臣如手足，則臣視君如腹心；君之視臣如犬馬，則臣視君如國人；君之視臣如土芥，則臣視君如寇仇」[73]──如果君主把臣民當手足一樣看待，那臣民侍奉君主就會像對待自己的腹心；如果君主把臣民當犬馬一樣看待，那臣民就會把君主當作路人；如果君主視臣民為可以隨意踐踏的泥土草芥，那臣民也就把君主視為自己不可饒恕的仇敵了。

　　孟子論說「仁政」，分外看重「民視」、「民聽」、「民受」。以「民」與「君」和「社稷」相比，他甚至斷言：「民為貴，社稷次之，君為輕。」[74]這提法往往被近現代以來的一些學者判斷為「民主」思想或「民主」思想的萌芽，其實，特定語境下的「民貴」、「君輕」之說只是要對「繼世以有天下」的君主們作一種提醒，讓他們懂得「民本」或民為邦國之本的道理。緊接著這句話，孟子說：「得乎

72　《孟子‧離婁上》。

73　《孟子‧離婁下》。

74　《孟子‧盡心下》。

丘民而為天子，得乎天子為諸侯，得乎諸侯為大夫。」他告訴人們，
能獲得眾多百姓信任的人可以得到天下而成為天子，而得到天子信任
的人只能成為諸侯，得到諸侯信任的人最多也只能成為大夫。無論是
「得乎丘民而為天子」，還是「得乎天子為諸侯」或「得乎諸侯為大
夫」，他的這些話都是為那些想成為或能夠成為「天子」、「諸侯」、
「大夫」的人而說的，不是立足於「丘民」的祈求而說的。孟子在討
論「治天下」時，曾把可能涉及的「人」和「事」分為兩類，他認
為：「治天下，獨可耕且為與？有大人之事，有小人之事。且一人之
身，而百工之所為備，如必自為而後用之，是率天下而路也。故曰：
或勞心，或勞力，勞心者治人，勞力者治於人；治於人者食人，治人
者食於人，天下之通義也。」[75]這段話是說：治理天下，單憑農耕怎
麼行呢？天下的事分大人之事和小人之事。養一人之身往往需要動用
百工的技能，那樣才可能完備，如果一定要每個人都有百工的技能，
讓自己的所用一概出自自己的勞作，那就可能導致天下人流離於雜多
的技藝而找不到自己的歸宿。所以古語說：有的人做勞心的事，有的
人做勞力的事，勞心的人教化、管理人，勞力的人被人教化、管理；
被人教化、管理的人供養人，教化、管理人的人被人供養。這是天下
普遍適用的規則。孟子所謂「民為貴，社稷次之，君為輕」是在這個
前提下說的，也只有關聯著這個前提才能得到切近其本意的理解。對
於孟子說來，「民」是「勞力者」，「民」所做的事是「小人之事」，
「民」受「勞心者」的教化和管理，「民」要供養那些教化和管理他
的「勞心者」。因此，可以說，「民為貴」並不是指「民」本身有什麼
可貴，而是指「民」對於那些「勞心者」或「治人者」說來的可貴。
換句話說，這樣的「民貴」是在「民本」──「民」為「治人者」的

75　《孟子・滕文公上》。

邦國之本──的意義上，而不是在「民主」──民自身是邦國的主人或主宰──的意義上的。

　　孟子心目中的「仁政」是由「先王」那樣的君主施於百姓或民眾的，而不是由百姓或民眾參與締造的。它多少可比擬於古希臘哲學家柏拉圖所設想的由哲學家做一國之王的那種體制，因此，反倒同產生於近代西方的民主政體相去較遠。「民主」體制是以「人權」意識的覺醒為前導的，而「人權」觀念雖然有著終極意趣上的人性背景，但總的說來，它屬於「權利」範疇。「權利」，說到底是一種利益的權衡；屬於「權利」範疇的「人權」概念當然含有利益的原則，但它也意味著對個體的人的價值主體地位的確認──每個生而自由的個體優先於由他們結成的種種社會政治團體。首倡於西方近代的民主制度和民主觀念是從利益原則和個體自由那裡獲得最後憑藉的，並且，它也因此以法律的形式體現了人們對某種社會正義的祈求。西學東漸後的中國人對「民主」的發現是遲至十九世紀末的事情，而最早道出「民主」底蘊所在的是曾經提出所謂「以自由為體，以民主為用」這一社會變革方案的嚴復。他說：「言自由者，則不可不明平等，平等而後有自主之權；合自主之權，於以治一群之事者，謂之民主。」[76]同時，他也指出：「夫自由一言，真中國歷古聖賢之所深畏，而從未嘗立以為教者也。」[77]嚴復對「自由」與「民主」的內在關聯的揭示是深刻的，他所說的「歷古聖賢」當然也包括了孟子。沒有疑問的是，孟子學說是從個體生命存在的親切處立論的，所謂「仁義禮知，非外鑠我也，我固有之」[78]的「我」，是指每一個個人。但這「我」是從一種反觀自照的道德境界上說起的，正是由於這一點，「我」在人我關

76　《嚴復集》第一冊，118頁，北京，中華書局，1986。

77　同上書，2-3頁。

78　《孟子‧告子上》。

係或社會際遇中的「權利」不但不能由此得到相當的肯定，反倒可能由此而被淡漠或忽略，因為從「境界」上看，「我」對「權利」的要求本身就不足稱道。以孔孟思想為主脈的儒家學說是「成德之教」或「為己之學」，它的眷注和追求不在於某種「權利」分際的悉心分辨，而在於人生「境界」的自律性提升。所以，正像以「辭讓之心」為發端的「禮」並不成全那種被「人權」意識所鼓動的競爭機制一樣，由「不忍人之心」或「仁心」所推出的「仁政」或「王道」不可能是「民主」政治，也不會從中萌生出所謂「民主」的胚芽。[79]

最後，我要講的是，孟子的——

「小」、「大」之辨與「存心」、「養性」的修養論

同性善論與「四端」說、義利之辨與「良貴」說、王霸之辨與「仁政」說相應，孟子把致學歸結於人生修養，而把人生修養歸結於「存心」、「養性」。「學問之道無他，求其放心而已矣」[80]，當孟子這樣說時，他似乎重在強調對放失了的「心」的尋回，但對「求其放心」的覺悟本身也正意味著對「心」依其善端予以擴充或提升。所以「存心」在他那裡也是「盡心」，「養性」在他那裡也是「知性」，這對「心」、「性」的「存」、「養」、「盡」、「知」是儒學從孟子之後一再提倡的人生修養功夫。人養其一己之身，可落在大處，也可落在小處，孟子對人的養身有「小」、「大」之辨。他說：「人之於身也兼所愛，兼所愛，則兼所養也。無尺寸之膚不愛焉，則無尺寸之膚不養也。所以考其善不善者，豈有他哉，與己取之而已矣。體有貴賤，有

---

79 這裡無意一味肯定近現代意義上的「民主」體制，不過，檢討這一體制的得失，已經超出了先秦諸子研究的範圍。

80 《孟子・告子上》。

小大，無以小害大，無以賤害貴；養其小者為小人，養其大者為大人。」[81]依孟子的看法，一個人對於自己的身心總是無處不珍愛因而無處不養護的，考查某個人在養護身心上做得好不好，沒有其他標準，只要看他的所求是什麼。人兼愛因而兼養身心的各個方面，但身心的不同方面畢竟有貴賤和大小之分。孟子稱人的身心中的貴者、大者為「大體」，稱身心中的賤者、小者為「小體」，他認為修養身心不能因為養護「小體」而妨害「大體」，那些注重養護「大體」的人能夠成為德行高尚的人和所謂「大人」，而僅僅養護「小體」的人只會使自己成為平庸、卑俗的「小人」。他所說的「小體」或「體」之「小」者，指耳、目、口、腹等；他所說的「大體」，指人的心志。耳的功能在於聽，目的功能在於視，口、腹的功能在於飲食，都不能思考，不能反省；就其不能反省而言，耳、目、口、腹無異於「物」。以不能思考、不能反省的耳、目、口、腹與外物接觸，是物與物的接觸，人如果只是一味養這些「小體」就難免被物欲所牽累，被外物所誘惑。「心之官則思」，能思考的心在其反省中使人有所覺悟，憑著這覺悟人得以屹立於世而不被物欲和外部境遇所搖奪。所以孟子說：「先立乎其大者，則其小者弗能奪也，此為大人而已矣。」[82]

所謂「先立乎其大」，就是先立其「心」或先立其「志」。立「心」，從消極的意義上說，須得寡欲──減少或節制耳、目、口、腹的嗜欲，孟子就此說過「養心莫善於寡欲」[83]之類的話；立「心」，從積極的意義上說，就是「盡其心」，就是保持、擴充內在於人的「惻隱」、「羞惡」、「辭讓」、「是非」之心，以此為發端而修養「仁」、「義」、「禮」、「智」的德行。「心」這一「大體」立起來了，人就不

81　《孟子‧告子上》。

82　《孟子‧告子上》。

83　《孟子‧盡心上》。

會被物欲所牽動而受制於物，反倒能使人對「萬物皆備於我」[84]的道
理有所領悟。所謂「萬物皆備於我」，是說萬物與「我」（人）相通，
萬物之理無一不在人的性分之內，人能在「存心」、「養性」這樣的
「反身而誠」的修養中覺悟到自己的「心」、「性」，人也就能在這樣
的修養中體會到與人的心性之理一體相通的萬物之理。這「萬物皆備
於我」的「我」，既關聯著一個又一個心中存有「四端」的經驗的個
人，而又在「存心」、「養性」——從而「知性」、「知天」——的祈向
上因著無限逼向更高境界而不受任何經驗個人的局限。就此而言，
「萬物皆備於我」的「我」境，也正是由「善」、「信」、「美」、「大」
而趨向神妙不可測度的「聖」的那種境地。也就是說，「存心」、「養
性」這一「先立乎其大」的修養，就是要把達到修養自覺而具有了
「我」的意識的人，逐步提升其「我」為「善」人之「我」、「信」人
之「我」、賦有「美德」的人之「我」、「大」人之我，以至於「聖」
人之「我」。從一種盡致的意趣上說，那種達到「聖」的境界的
「我」，才真正稱得上「萬物皆備於我」之「我」。不過，正像宋代大
儒張載在詮釋「可欲之謂善，有諸己之謂信，充實之謂美，充實而有
光輝之謂大，大而化之之謂聖」時所說，「『大』可為也，『化』不可
為也，在熟之而已矣。」[85]經驗的人未必能達到「聖」境，即使是孔
子也曾說「若聖與仁，則吾豈敢」，但在「盡其心」的極致處自會有
這一境界，它不可能全然實現於經驗的人的道德踐履，但畢竟是一種
如如而在的真實之境，即所謂虛靈的真實之境。從方便處說，「『大』
可為也」，孟子往往相應於《論語》中所說的「君子」、「成人」而稱
道「大人」、「大丈夫」。例如，他說：「居惡在，仁是也；路惡在，義

---

84 《孟子・盡心上》。
85 見朱熹《四書章句集注・孟子集注》卷十四「大而化之之謂聖」句注所引。

是也。居仁由義，大人之事備矣。」[86]「居天下之廣居，立天下之正位，行天下之大道，得志與民由之，不得志獨行其道，富貴不能淫，貧賤不能移，威武不能屈，此之謂大丈夫。」[87]那前一段話的意思是：存心何在？在於仁；道路何在？在於義。存心於仁，取道於義，一個稱得上大人的人所當奉行的至此才算完備。而後一段話的意思是：存心於天下之廣居「仁」，立身於天下之正位「禮」，奉行天下之大道「義」，志願得以實現就行道於百姓，志願不能實現就獨守自己所體悟到的道，富貴不能亂其心，貧賤不能變其志，威武不能折其節，這樣的人方可稱得上是大丈夫。

與孔子的「四十而不惑」略相當，孟子自稱「我四十不動心」。不過，他也說：「告子先我不動心。」當他的學生公孫丑問他的不動心與告子的不動心有什麼不同時，他回答說：「告子曰：『不得於言，勿求於心；不得於心，勿求於氣。』『不得於心，勿求於氣』，可；『不得於言，勿求於心』，不可。夫志，氣之帥也；氣，體之充也。夫志至焉，氣次焉。故曰：持其志，無暴其氣。」並指出：「志壹則動氣，氣壹則動志也。今夫蹶者趨者，是氣也，而反動其心。」[88]依告子的看法，要是不明白言語的意趣，就不必苦思冥索以求理解；要是心無所得，也就不必借重於「氣」──生命中的某種氣勢、氣度或氣韻──以顯現其心了。像這樣「勿求於心」、「勿求於氣」，當然可以說是「不動心」，但這「不動心」是消極的，它從一開始就取消了心之所動，正如他所謂「生之謂性」的人性觀一樣，由「生」講「性」實際上放棄了人性本有的某種主動。孟子批評告子說，「不得於心，勿求於氣」還說得通，但所講「不得於言，勿求於心」就不妥

---

86 《孟子‧盡心上》。

87 《孟子‧滕文公下》。

88 《孟子‧公孫丑上》。

當了。他認為，「志」或人的心志是「氣」或人的氣度的主宰，而「氣」或氣度是充溢於人的形體的東西；「志」達到怎樣的境地，「氣」會隨之達到怎樣的境地。所以他強調說，一個人要守持他的「志」，而不要亂了他的「氣」。同時，他也認為，「志」專一會影響到「氣」，「氣」專一會影響到「志」；無論人們在挫折中顛跌，還是在順境中前行，身上總會有一種「氣」，這「氣」反過來會影響到人的心志。於是，孟子這樣述說自己的「不動心」對於告子的「不動心」的所長：「我知言，我善養吾浩然之氣。……（浩然之氣）難言也。其為氣也，至大至剛，以直養而無害，則塞於天地之間。其為氣也，配義與道，無是，餒也。是集義所生者，非義襲而取之也。行有不慊於心，則餒矣。我故曰：告子未嘗知義，以其外之也。」[89] 這段文字用我們現在的話說，就是：我善於辨析他人的言辭，我善於養我身上的浩然之氣。浩然之氣這種東西很難用言語說清楚，但它確實存在。它作為一種氣，極其浩大而剛健，如果能正直無私地養護而不要妨害它，它就會充溢於天地之間。它作為一種氣，與道和義相配，沒有了它，人就會空虛貧乏。這浩然之氣與義相合而生，並不是義從外面進入氣而被氣汲取。一個人的行為一旦與義相悖而不能慊心，人就會因為缺了這氣而空虛貧乏。因此我要特別指出這一點，即告子不曾懂得義，以為義外在於人。同是「不動心」，而且這「不動心」都涉及「言」、「氣」、「心」，告子「不得於言，勿求於心；不得於心，勿求於氣」的「不動心」是消極的，孟子的「知言」、「養氣」、「慊心」的「不動心」是積極的；前者是回避式的「不動心」，後者的「不動心」是因為養護那「集義所生」、「配義與道」的「浩然之氣」而使自身不為外境的威壓或誘惑所動。孟子所講求的「養氣」，說到底仍是

89　《孟子・公孫丑上》。

「存心」、「養性」。「志壹則動氣，氣壹則動志」；養「浩然之氣」即
是養心、養志，所養在於「大體」，而不是「小體」。

在孟子這裡，「存心」、「養性」即是「事天」，而這樣「事天」也
是「立命」。他說：「存其心，養其性，所以事天也；殀壽不貳，修身
以俟之，所以立命也。」[90]他又說：「口之於味也，目之於色也，耳之
於聲也，鼻之於臭也，四肢之於安佚也，性也。有命焉，君子不謂性
也。仁之於父子也，義之於君臣也，禮之於賓主也，知之於賢者也，
聖人之於天道也，命也。有性焉，君子不謂命也。」[91]「性」和
「命」在口、目、耳、鼻、四肢等「小體」與「仁」、「義」、「禮」、
「知」等「大體」中的這種交織，表明孟子的「天」、「命」觀念和與
之相伴隨的「養氣」之說，並不就是一些學者所斷言的所謂「神祕主
義」。既然「心」、「性」對人說來是親切的，那麼，始終同「心」、
「性」關聯著的「天」、「命」對人說來也就決不至於神祕而不可領
悟。耳、目、鼻、口、四肢對於聲、色、臭、味、安佚的求取是人與
生俱來的生命衝動，從寬泛的意義上說，這屬於人的追求與人「性」
相關，但無論如何，這種追求可採取的方式（「求之有道」）和可能得
到的結果（「得之有命」）總會受到人的肉體自然和外部環境條件的制
約。所以孟子把它歸結於「命」，而不稱其為「性」。至於對「仁」、
「義」、「禮」、「知」、「天道」等價值的追求，儘管每個人天生的稟賦
中有其表現於「惻隱」、「羞惡」、「辭讓」、「是非」之心的端倪，而且
正因為這樣，這種追求在每個人那裡的實現都會受到稟賦的限制，因
而未嘗不可以說有一定的「命」的背景，但如果一個人真正自覺到了
這種追求的可貴，他總可以讓自己做得更好些。所以孟子認為它「求

---

90 《孟子‧盡心上》。
91 《孟子‧盡心下》。

則得之」而「求」之在「我」，把它歸結於人之「性」，而不稱它為人的不能自作主宰的「命」。對於孟子說來，人的「存心」、「養性」的修養當然有其「命」的前提，這即是《中庸》所謂「天命之謂性」，但「存心」、「養性」本身也意味著人對自己所稟受的「命」的成全，而這又正連著《中庸》所謂「率性之謂道」、「修道之謂教」的宗趣。

第七講

荀　子

　　荀子是先秦時代最後一位大儒，也是一位以足夠的學術自信對百家之學作過「解蔽」式批判的人物。他尊崇孔子而貶斥孟軻，引孔子的弟子子弓作自己的前輩，儼然為儒家教化的正宗傳人。他的門人稱：「今之學者，得孫卿之遺言餘教，足以為天下法式表儀。所存者神，所過者化。觀其善行，孔子弗過，世不詳察，云非聖人，奈何！」[1]但後世的儒者並不認為他的學說是孔門義理的嫡傳。當韓愈說上承堯、舜、禹、湯、文、武、周公而至於孔子、孟軻的道統在孟軻死後「不得其傳」時，荀子實際上被擯於儒家學說的主流之外，而蘇軾甚至說：「荀卿這個人，喜歡提出怪異的見解而不知謙讓，敢於發表不同凡響的論調而無所顧忌。他的那些言論，愚陋的人會發出驚歎，品格卑下的人會感到欣喜。子思和孟軻是世所公認的賢人、君子，唯獨荀卿說他們是擾亂天下人心的人。天下的人如此眾多，仁人義士如此層出不窮，荀卿偏偏要說人的本性是惡的，要說夏桀、商紂那樣的人體現了人性，而堯舜的出現卻是人為地變化了人的本性的結果。由此看來，想必他的為人也一定剛愎自用、驕矜專橫，而不免自以為是，過高地評價自己。」[2]

1　《荀子・堯問》。

2　蘇軾《應詔集・荀卿論》：「荀卿者，喜為異說而不讓，敢為高論而不顧者也。其言愚人之所驚，小人之所喜也。子思、孟軻，世之所謂賢人君子也，荀卿獨曰：亂天下者子思、孟軻也。天下之人如此其眾也，仁人義士如此其多也，荀卿獨曰：人性惡，桀紂性也，堯舜偽也。由是觀之，意其為人，必也剛愎不遜，而自許太過。」（《蘇東坡全集》，776-777頁，北京，中國書店出版社，1986。

不過，荀子終究是儒門中人；雖然與孟子殊途，但畢竟同歸於「宗法聖人，誦說王道」[3]。宋儒陸象山曾就荀子之學這樣提出問題：「孟子之後，被當世的人們稱為儒者的，以荀卿、揚雄、王通、韓愈四人最為著名。荀子撰寫了《非十二子》一文，其中對子思和孟軻提出責難。荀子離孟子的時代不遠，從他的言論看，他非常崇敬孔子，嚴於王道、霸道之辨，而又分外看重師道和禮義。看來他的學說有一定的師承，也一定可以追溯到孔子所立的教化。然而，他為什麼會那麼嚴厲地非難子思和孟軻呢？甚至談到子夏、子游、子張時，也都一概以『賤儒』相貶責，那麼，他所師從的到底是什麼人呢？他所傳承的究竟是什麼樣的道術呢？他之所以排斥子思、孟軻、子夏、子游、子張，果真都出於褊狹的成見或一己的好惡而全然不值得推究嗎？抑或也還有應當考查和評說的東西呢？」[4]陸象山並沒有就他提出的問題作出明確的回答，但這些問題的確是任何一個誠實的研究者都不能不認真面對的問題。下面，我將帶著這些問題進入我們的討論。這裡，首先要提到的一個話題是：

荀子其人與儒門中的荀學

荀子（約前313-前238），戰國後期趙國人，名況，時人稱他為荀

3　《四庫全書簡明目錄・儒家類》。

4　陸象山《策問》：「孟子之後，以儒稱於當世者，荀卿、揚雄、王通、韓愈四子最著。荀子有《非十二子》篇，子思、孟軻與焉。荀子去孟子未遠，觀其言，甚尊孔子，嚴王霸之辨，隆師隆禮，則其學必有所傳，亦必自孔氏者也。而乃甚非子思、孟軻，何耶？至言子夏、子游、子張，又皆斥以賤儒，則其所師者果何人？而其所傳者果何道耶？其所以排子思、孟軻、子夏、子游、子張者，果皆出其私意、私說，而舉無足稽耶？抑亦有當考而論之耶？」（《陸象山全集》，184-185頁，北京，中國書店出版社，1992。）

卿，也稱他孫卿。據《史記》記載：荀卿在年屆五十時才來齊國稷下
遊學，那時，田駢等人已經在齊襄王時去世，荀卿是堪為師表的學者
中年歲最大的人。當時齊國尚設有「列大夫」[5]的名位，荀卿先後三
次被舉為稷下學宮的祭酒（學長）。後來有人以讒言詆毀荀卿，他離
開齊國去了楚國，楚令尹春申君讓他擔任蘭陵令。春申君死後荀卿被
免去公職，這時，他年事已高，就在蘭陵住了下來。李斯曾是荀卿的
弟子，後來去了秦國，做了秦國的相。那個時候，亡國叛君的事接連
發生，諸侯大夫們迷信吉凶的徵兆，不遵行大道而熱衷於占卜和祈
禱，那些鄙陋的儒生一味拘泥小節，而像莊周之類的人又只是以玩世
的方式擾亂風俗。荀卿憎惡戰國亂世這種汙濁的政局，於是探究儒、
墨、道各家學說在踐行中可能帶給世間的治亂興衰，寫下了數萬言的
記敘、陳述和立論性的文字。他死後，葬在了蘭陵。[6]

　　從《荀子》一書的《儒效》、《強國》篇我們得知，荀子曾去過秦
國。秦國留給他的印象是：「其固塞險，形埶（勢）便，山林川谷
美，天材之利多，是形勝也。入境，觀其風俗，其百姓樸，其聲樂不

5　列大夫，秦漢時爵位名，列第七級。齊襄王時或已有「列大夫」之號，但稷下學人
　　為列大夫並未被賦予實際職權，而僅以大夫之名議政罷了。

6　《史記‧孟子荀卿傳》：「荀卿，趙人。年五十始來遊學於齊。……田駢之屬皆已死
　　齊襄王時，而荀卿最為老師。齊尚修列大夫之缺，而荀卿三為祭酒焉。齊人或讒荀
　　卿，荀卿乃適楚，而春申君以為蘭陵令。春申君死而荀卿廢，因家蘭陵。李斯嘗為
　　弟子，已而相秦。荀卿嫉濁世之政，亡國亂君相屬，不遂大道而營於巫祝，信祥，
　　鄙儒小拘，如莊周等又猾稽亂俗，於是推儒、墨、道德之行事興壞，序列著數萬言
　　而卒。因葬蘭陵。」應劭之《風俗通義‧窮通》以《史記》所載「年五十」乃「年
　　十五」之誤，遂改為：「齊威宣之時，孫卿有秀才，年十五始來遊學，至襄王時孫
　　卿最為老師。」晁公武之《郡齋讀書志》亦云：「《史記》所云年五十為十五之
　　偽。」然而，正像民初學者劉師培所說，《史記》、《風俗通義》及劉向之《序》「均
　　云『始來遊學』，審其辭義蓋以荀卿為晚學，即顏氏《家訓》所云：『荀卿五十始來
　　遊學猶為碩儒也。』若五十果作十五，則與『始來遊學』之義辭氣弗符，乃《通
　　義》刻本之誤也」。權衡各家之說，這裡仍願以《史記》所載為準。

流汗，其服不挑，甚畏有司而順，古之民也。及都邑官府，其百吏肅
然，莫不恭儉敦敬，忠信而不楛，古之吏也。入其國，觀其士大夫，
出於其門，入於公門，出於公門，歸於其家，無有私事也；不比周，
不朋黨，偶然莫不明通而公也，古之士大夫也。觀其朝廷，其（朝）
閒，聽決百事不留，恬然如無治者，古之朝也。故四世有勝，非幸
也，數也。是所見也。故曰：佚而治，約而詳，不煩而功，治之至
也。秦類之矣。雖然，則有其矣；兼是數具者而盡有之，然而縣之以
王者之功名，則倜倜然其不及遠矣！是何也？則其殆無儒邪！故曰：
粹而王，駮而霸，無一焉而亡。此亦秦之所短也。」[7]在他看來，秦
國固有的關隘很險要，地理形勢很有利，山林河谷很美，天然資源豐
富而物產眾多，這是它的地利條件的優勝之處。就其境內的風俗而
論，秦國的百姓質樸，其音樂不流於汙穢，其衣著不落於輕佻，百姓
對官府敬畏而順從，頗有古代那樣的淳厚民風。至於郡縣的官府，其
大小官吏都嚴肅認真，無不恭敬、節制、敦厚、謹慎，講求忠信而不
草率行事，頗有古代官吏之風。其士大夫，出家門進公門，出公門進
家門，沒有為一己之私奔走的人；他們不拉拉扯扯，不結黨營私，超
然於世俗而無不明智、通達、克己奉公，頗有古代士大夫之風。其朝
廷清靜悠閒，從聽取奏議到作出決斷，各種事宜從不會耽誤拖延，朝
中往往恬靜沖淡，像是沒有人治理一樣，頗有古代朝廷之風。秦國自
孝公以來能連續四世制勝於諸侯，決不是一時的僥倖，而是其治理有
方。恬然無為而使國家得到治理，措施簡約易行而又不失必要的周
詳，不陷於煩瑣事務而又能取得成功的效果，這可以說是治國之道的
至高境界，而秦國的做法已經很像是這樣的治理了。不過，即使如
此，還是有其令人擔憂的地方。即便「佚而治，約而詳，不煩而功」

7　《荀子・強國》。

幾個方面都做到了，要是用王者的功業和名望或王道的標準來衡量，那還是差得很遠。為什麼這樣說呢？因為秦國幾乎沒有「儒」！可以說，完全採用儒家之道去治理國家者能夠成就王者之業，不純粹按儒家之道去做的也還可能成就霸者之業，要是二者不居其一，那國家就難免衰亡的命運了。「殆無儒」（幾乎沒有儒），這是秦國的所短。荀子對親眼目睹的秦國政教的上述評說，是一位有著王道理想的儒者對商鞅以來法家主張見之於秦國的現實業績的肯定，也是他對他和自己的弟子李斯和韓非間的政見異同的分辨。他沒有簡單地褒揚或貶低秦人在富國強兵、整飭朝廷、變革吏治以至於移風易俗方面所做的努力，而只是在褒貶之間恪守了一個富於現實感的儒者慎於王霸之辨、慎於王霸與「強國之術」（商鞅）之辨的立場。對秦國所短在於「殆無儒」的指出，表明荀子在最終的價值取向上是毫不含糊的儒門中人。

儒能夠為一個國家帶來什麼樣的好處？——當秦昭王這樣問荀子時，荀子回答他說：儒者效法先王，推崇禮義，謹慎地履行自己做臣子的職責而尊敬他的君主。君主任用他，他位列朝廷而勤勉稱職，不任用他，他被編入百姓之列而誠實守分，無論怎樣，都會是忠順的臣民。他即使是窮困到受凍受餓的地步，也決不會步入歧途去做那些不擇手段的事；即使貧苦到沒有立錐之地，也會矢志不移，深明報效國家的大義。他就是落到沒有人願意聽他呼聲的窘迫境地，也會操心於裁成萬物、養護百姓的天下大計。地位在人上，他會是王公之材；地位在人下，他會是社稷之臣，國君之寶。即便隱身在窮巷陋室，人們也都會尊敬他，因為尊敬他也就是尊崇那在他身上確實存在的道。[8]

---

8 《荀子·儒效》：「秦昭王問孫卿子曰：儒無益於人之國？孫卿子曰：儒者法先王，隆禮義，謹乎臣子而致貴其上者也。人主用之，則埶在本朝而宜；不用，則退編百姓而愨；必為順下矣。雖窮困凍餒，必不以邪道為貪；無置錐之地，而明於持社稷之大義。嗚呼而莫之能應，然而通乎財萬物養百姓之經紀。埶在人上，則王公之材

秦昭王接著問：那麼，儒者做君主會是怎麼樣的呢？荀子說：儒者做君主會心胸很開闊，局度很宏大。他內心有堅定的志向，使朝廷有莊重的禮節，能以明確的法度準則端正官署，會以忠信仁愛利人之心體恤下民。對於他說來，即使能得到整個天下，也決不會為此去做一件不義的事，去殺一個無罪的人。這樣的人以仁義取信於人，他的德望通於四海，他的召喚會引起天下人齊聲回應。為什麼會這樣？那是因為他尊貴而顯赫的名聲令天下人傾慕。於是，近者歌頌他，愛戴他，遠者不辭艱辛地投奔他。在他的治理下，四海之內宛如一家，所有為朝廷統轄而政令可達的地方，沒有人不順從而歸服。這樣的人真正稱得上為人之表率。《詩・大雅・文王有聲》所謂「自西自東，自南自北，無思不服」（從西到東，從南到北，無不歸附），說的就是這種情境。[9]荀子這樣談論儒者如何「為人上」（做君主），固然是以所謂「先王」為範本或原型的，但也對秦昭王這樣的現實中的君主寄託了做一個儒者的希望。他所說「行一不義，殺一無罪，而得天下，不為也」，其實是對孟子早就說過的話的轉述[10]；從這耐人尋味的轉述可以看出，在由「聖」而「王」不再有更大的現實性的情況下，促使現實中的「王」由修身而進入「聖」境畢竟是兩位學術分歧頗大的儒者誰也不曾放棄的追求。

也；在人下，則社稷之臣，國君之寶也。雖隱於窮閻漏屋，人莫不貴之；道誠存也。」

9　《荀子・儒效》：「王曰：然則其為人上何如？孫卿曰：其為人上也，廣大矣！志意定乎內，禮節修乎朝，法則度量正乎官，忠信愛利形乎下。行一不義、殺一無罪而得天下，不為也。此君義信乎人矣，通於四海，則天下應之如。是何也？則貴名白而天下治（願）也。故近者歌謳而樂之，遠者竭蹶而趨之。四海之內若一家，通達之屬，莫不從服。夫是之謂人師。《詩》曰：『自西自東，自南自北，無思不服。』此之謂也。」

10　《孟子・公孫丑上》：「行一不義，殺一不辜，而得天下，皆不為也。」

　　從《荀子》的《議兵》篇我們還得知，荀子在遊事於楚國時曾回過趙國，並在趙孝成王面前與楚將臨武君辯論過用兵之道。趙孝成王向臨武君和荀子詢問用兵的要領，臨武君回答說：用兵的要訣在於上得天時，下得地利，明察於敵情變化，在敵方有所動作後自己再採取相應的對策，在敵方考慮到可能的突發性事件之前自己要預先考慮到。荀子說：不然。據我所知，古人的用兵之道，是以民眾一心、步調一致為用兵攻戰的根本：弓和箭不協調，即使像後羿那樣的善射者也不能射中目標；馬和馬之間的動作不和諧，即使像造父那樣的高明馭手也難以駕車遠行；士民對朝廷不親近、不依順，即使像湯武那樣睿智的君主也未必一定會取得征伐的勝利。所以，我敢說，只有那些善於使民心歸附自己的人才是善於用兵的人，而用兵之要端，說到底，不過在於如何使民心歸附罷了。[11]臨武君辯解說：用兵所看重的是乘勢和爭利，所講求的是權變和機詐，善於用兵的人深藏不露，計謀所出神奇莫測，孫武、吳起正是這樣用兵才無敵於天下，哪裡一定要百姓的歸附？荀子反駁說：我所說的是仁人的用兵，王者的志業。你所看重的是權謀和勢利，所講求的是攻戰中的應變和機詐，而與這相應的只是諸侯所追求的那種霸業。仁人用兵，不講求詐術；講求詐術的往往是士氣不足、軍心渙散之師，而常懷機詐之心也不免影響君臣上下的關係，使其離散而難以同心同德。所以，可以這樣說，要是桀一類的人對桀一類的人用詐術，也許還會因為巧拙之分而僥倖取勝，要是桀一類的人對堯一類的人用詐術，那就如同以卵擊石，如同

11　《荀子‧議兵》：「王曰：請問兵要？臨武君對曰：上得天時，下得地利，觀敵之變動，後之發，先之至，此用兵之要術也。孫卿子曰：不然。臣所聞古之道，凡用兵攻戰之本在乎壹民：弓矢不調，則羿不能以中微；六馬不合，則造父不能以致遠；士民不親附，則湯武不能以必勝也。故善附民者，是乃善用兵者也。故兵要在乎善附民而已。」

以手指去攪動沸水，或者如同投身於水火，終究被火燒焦或被水淹沒。而仁人居於上位，百將一心，三軍同力，臣對於君，下對於上，就會像兒子事奉父親，弟弟事奉兄長，就會像手臂保護頭、目、胸、腹。這樣，不用詐術偷襲敵人，而是在警告對方之後再施以攻擊，照樣可以取勝。……於是，仁人治國日益賢明，諸侯中先歸服者安，後歸服者危，那些敵對者的勢力會日漸削弱，而反抗者必定會自取滅亡。《詩‧商頌‧長髮》所謂「武王載斾，有虔秉鉞，如火烈烈，則莫我敢曷」（湯王發兵，斧鉞森森，如火烈烈，誰敢攖我鋒），說的就是這樣的情境。[12]其實，臨武君一再為之辯解的「用兵之要」只是一種「術」，而荀子所強調的是更根本的「道」。在對兵事上的「道」和「術」作了如上的分辨後，荀子進而這樣概括他所認可的用兵之道：「君賢者其國治，君不能者其國亂；隆禮貴義者其國治，簡禮賤義者其國亂。治者強，亂者弱，是強弱之本也。上足印（仰）則下可用也，上不足印（仰）則下不可用也；下可用則強，下不可用則弱。是強弱之常也。隆禮效功，上也；重祿貴節，次也；上功賤節，下也。是強弱之凡也。」並且，他指出：「齊之技擊不可以遇魏氏之武卒，魏氏之武卒不可以遇秦之銳士，秦之銳士不可以當桓、文之節制，桓、文之節制不可以敵湯、武之仁義；有遇之者，若以焦熬（被火燒

---

12 《荀子‧議兵》：「臨武君曰：不然，兵之所貴者勢利也，所行者變詐也，善用兵者感忽悠暗，莫知其所從出；孫、吳用之無敵於天下，豈必待附民哉！孫卿子曰：不然。臣之所道，仁人之兵，王者之志也。君之所貴，權謀執（勢）利也，所行，攻奪變詐也，諸侯之事也。仁人之兵，不可詐也；彼可詐者，怠慢者也，路亶者也。君臣上下之間，渙然有離德者也。故以桀詐桀，猶巧拙有幸焉。以桀詐堯，譬之若以卵擊石，以指撓沸；若赴水火，入焉焦沒耳！故仁人上下，百將一心，三軍同力；臣之於君也，下之於上也，若子之事父，弟之事兄，若手臂之扞頭目而覆胸腹也，詐爾襲之與先驚(警)而後擊之，一也。……故仁人用國日明，諸侯先順者安，後順者危，慮敵之者削，反之者亡。《詩》曰：『武王載發，有虔秉鉞，如火烈烈，則莫我敢遏。』此之謂也。」

焦、被沸水煎熬）投石（以卵擊石）焉。」[13]依他的看法，用兵之道最終在於治國之道，治國之道最切要者莫過於君主賢明而足以為臣民所仰賴，至於君主賢明與否，說到底是要看他能否「隆禮貴義」（尊崇禮儀而推重道義）。由此，兵的強弱被歸結於國的強弱，而國的強弱又被歸結於國家上下在多大程度上被儒家所講求的仁義所教化。把仁義之教作為終極性的標準，取決於國力強弱的兵力強弱也就被排出了一個差等分明的序列：齊國所鼓勵的「技擊」不如魏國所訓練的「武卒」，魏國所訓練的「武卒」不如秦國以「功賞相長」激發起來的「銳士」，秦國以「功賞相長」激發起來的「銳士」不如當年齊桓公、晉文公的受禮義節制的軍隊，而齊桓公、晉文公的霸者之軍又不如商湯、周武那樣的仁義之師；如果有悖逆之軍膽敢與湯、武的仁義之師爭鋒，那實在不啻於以指撓沸，以卵擊石。

孔子、孟子對兵事的態度要審慎得多，雖然孔子說過「足食、足兵」[14]、「以不教民戰，是謂棄之」[15]一類話，孟子也有過「一怒而安天下之民」[16]這樣的對於周文、周武拒敵除暴的讚頌之詞，但總的說來，孔孟並不曾對一個國家的武備有更多的關注。孔子所謂「軍旅之事，未之學也」[17]，孟子所謂「善戰者服上刑」[18]，所謂「今之事君者曰『……我能為君約與國，戰必克』，今之所謂良臣，古之所謂民賊也。君不鄉（向）道，不志於仁，而求為之強戰，是輔桀也」[19]，

---

13 《荀子・議兵》。
14 《論語・顏淵》。
15 《論語・子路》。
16 《孟子・梁惠王下》。
17 《論語・衛靈公》。
18 《孟子・離婁上》。
19 《孟子・告子下》。

所謂「有人曰：『我善為臣，我善為戰』，大罪也」[20]，當然是話出有因，未必表明他們一概厭棄戰爭，但從這些說法畢竟看得出他們立論或施教的重心並不落在屬於「外王」範疇的富國強兵上。兵事所體現的是對富強價值的追求，孔孟與荀子在用兵之道上話題的詳略所透露的是荀子學說與孔孟義理在價值取向上的某種微妙差異。

同是兼攝所謂「內聖」和「外王」，在孔孟那裡，「內聖」的相對獨立性顯然更大些，對於他們說來，「內聖」本身就是價值自足的，這種價值不必借著「外王」可能取得的成就去評判；在荀子這裡，「外王」上的成功要重要得多，因此，「內聖」往往被視為「外王」獲得可能大的成功的根本保證。或者，換一種方式說，在孔孟看來，「內聖」所涉及的「仁」、「義」、「忠」、「信」等價值對於任何人來說都是「由己」（「為仁由己」[21]）或「在我」（「求在我者」[22]）的，只要有所「求」，必定有所「得」，而「外王」所涉及的「富」、「強」、「治」、「平」等價值卻不同，對於這類不可與「仁」、「義」、「忠」、「信」價值相匹的價值即使是「求之有道」，也會因為外在條件的制約而「得之有命」[23]；荀子卻不同，他對「命」不再多所顧及，他相信期望中的「外王」總可以憑藉「內聖」方面的努力獲得實現，因此不像孔孟那樣甚至相當程度地脫開「外王」而肯定「內聖」。孔子說過：「天下有道則見，無道則隱」[24]，「賢者辟（避）世」[25]，「隱居以求其志」[26]。孟子也說過：「古之人，得志，澤加於民，不得志，修身

---

20 《孟子‧盡心下》。
21 《論語‧顏淵》。
22 《孟子‧盡心上》。
23 《孟子‧盡心上》。
24 《論語‧泰伯》。
25 《論語‧憲問》。
26 《論語‧季氏》。

見於世；窮則獨善其身，達則兼善天下。」[27]這是他們真切的心靈剖白，也是在表達「內聖」與「外王」不能兩全時儒者所應作出的價值選擇。「隱」、「窮」是就對待性關係中的「外王」而言的，「志」與「獨善」屬於「內聖」範疇；這類以對「外王」的「隱」、「窮」談論「內聖」的「志」與「獨善」的話題，對於孔孟是親切的，而在荀子的著述中至少已經不再那麼突出。荀子也講修身，不過他所謂「儒效」或「大儒之效」主要是從儒者在「外王」上的效用說起的，這正像孔孟也講「足兵」、「義戰」但終究還是語焉不詳一樣。

就荀子之學依然在「內聖外王」的格局內而言，它當然屬於儒學。只是這可被稱作荀學的儒學已經對於與孔孟的名字關聯著的主流儒學有所歧出，儘管這歧出還不至於打破儒學內蘊的可能大的張力。

下面，我要講的是荀子學說對於主流儒學歧出的一個根本方面，即荀子所謂：

「天人之分」與「制天命而用之」

「天」對於孔孟是神聖的，也是親切的。探究天人之際，孔孟總是關聯著「天」說「人」，關聯著「人」說「天」；「天」和「人」在主流儒學中的關係，借用二十世紀新儒家學者熊十力所引述並作了修正的揚雄的一句話作概括，那就是：「人不天不因，天不人不成」[28]——人沒有了天，就失去了人成其為人的本始原因，天沒有了人，天道就無從通過人而顯現並因此而最終得以成全。到了戰國後期，荀子不再恪守主流儒學的這種天人不二的信念，他由「明於天人之分」鼓吹

---

27 《孟子・盡心上》。

28 熊十力：《原儒》下卷，6頁，上海，上海龍門書局，1956。其所引揚雄語已經熊氏修正。

「制天命而用之」[29]，對天人關係作了另一種辨說。

儘管孔子的學生子貢有過「夫子之言性與天道，不可得而聞也」[30]的感歎，我們仍可以從《論語》和其他儒學典籍中找到孔子談論「天」的一些話。他曾說：「天何言哉？四時行焉，百物生焉。天何言哉？」[31]（天何曾說過什麼？我們看到的只是四時的更替，萬物的發生。天何曾說過什麼？）他也曾說：「獲罪於天，無所禱也。」[32]（要是得罪了天，那是什麼樣的禱告都沒有用的。）「不怨天，不尤人；下學而上達。知我者其天乎！」[33]（不抱怨上天，不責怪他人，在人倫日用中學習，以求提高自己而向上通達於天道。恐怕真正了解我的心志的只有上天了！）學者們往往把孔子所說「天何言哉」的「天」更多地理解為一種自然的天，而把「獲罪於天」或「知我者其天乎」的「天」更多地理解為那種有意志因而主宰世界和人類命運的天。但真正說來，孔子既沒有把「天」僅僅看做某種沒有溫情的自然，也沒有把「天」視為殷商以至西周時代人們心目中的那種「帝」、「上帝」或「天帝」。事實上，即使是殷人對「帝」的崇拜或周人對「天」的崇拜，那崇拜說到底也只在於對生命的崇拜。人的生命總是在兩個向度——對待性向度和非對待性向度——上展開的；在對待性向度或人與其生存環境發生關係的向度上，人因為生存環境的變化難以預料而不免產生切近吉凶、利害考慮的「命運」感，這「命運」感向著期待中的某種終極性力量的投射，就引生了起先的「帝」的觀念和後來的「天」的觀念。相對於對待性向度，人類對生命的非

---

29 《荀子・天論》。

30 《論語・公冶長》。

31 《論語・陽貨》。

32 《論語・八佾》。

33 《論語・憲問》。

對待性向度或心靈反觀自照向度的自覺要晚得多，這種自覺在西方最早發生於古希臘出現蘇格拉底的時代，在東方最早發生於古印度出現釋迦牟尼、古中國出現孔子的時代。孔子在春秋末年的出現標誌著古代中國人心靈眷注的重心開始由「命運」轉向「境界」，「境界」意味著人的內在世界的開闢，這使靈魂得以安頓的內在世界的開闢是關聯著人生意義的尋問的，而對人生終極意義的尋問必致尋問者不再為利害所牽絆，不再為關聯著利害權衡的命運感所局限。當孔子說「無求生以害仁，有殺身以成仁」[34]時，他是在確立一種以「仁」為終極價值的人生境界，這境界對於孔子說來比肉體生命的持存更為重要。而當孔子說「若聖與仁，則吾豈敢」[35]時，他實際上又向人們指示了「仁」這一終極價值可能實現的最高境地——「聖」。像孔子這樣的把由「仁」至「聖」視為人生至高追求的人，是決不至於執著於生死利害因而決不至於執著於同生死利害關聯著的那種「天」或「天帝」信仰的；他即使是按照歷史留給人們的習慣在當時依然以感喟的口吻說到「天」，那「天」也已不再是世俗信仰中賦有意志而能主宰一切的至上的神靈。孔子是把「仁」而「聖」的境地投射給了「天」的，他在「天」那裡寄託了超出任何個人或群體的一隅之私的公義。因此，可以說，他所謂「天何言哉？四時行焉，百物生焉」的「天」，固然有了「仁」而「聖」的大德因而不是毫無情愫的自然之「天」，而他所謂「獲罪於天，無所禱也」的「天」，所謂「知我者其天乎」的「天」，也不過是公義的代稱而絕非萬物主宰意味上的實體的神。「子曰：大哉堯之為君也，巍巍乎唯天為大，唯堯則之。」[36]孔子以

34　《論語·衛靈公》。

35　《論語·述而》。

36　《論語·泰伯》。

「大」所稱歎的「天」顯然是那種公義的天，這公義之天是他所真正崇仰的。

「天」在孔子這裡有時也指那種非可人為改變因而人為努力在它面前無可奈何的情形，這時的「天」與「命」略相當，不過，「命」對於孔子並沒有命定或宿命的意味，它指示著某種偶然或不可測度的遭際。例如，孔子就說過「死生有命，富貴在天」[37]這樣的話。相對於由「仁」而「聖」這一人生非對待性向度上的價值，對待性向度上的「死生」、「富貴」的價值對於孔子所理解的人生並不是最重要的，而「有命」、「在天」所表達的也決不就是命中註定或上天安排的意思。依孔子的態度，人成其為人在於「仁」，對於一個人說來，最無可推諉也最不該推諉的是以「仁」為中心價值的德性境界的提升，相比之下，「死生」、「富貴」不僅不像德性境界那麼重要，而且也不像德性境界那樣完全可以由人為的努力所決定，因此在兩重價值難以兩全的情況下，一個人決不可稍稍捨棄德性境界，而對於「死生」、「富貴」，倒盡可以聽「天」由「命」——任其自然。當然，在「天」之所「命」的意義上，孔子也會說到「天命」，但「天命」已經不再是「死生有命，富貴在天」中的所謂「天」、「命」。孔子之前，出現在《詩》、《書》中的「天命」大都是指上天的意旨或命令，如所謂「天命多辟，設都於禹之績」[38]（上天命令眾多諸侯，把都城設在大禹曾經治理過的地方）、「先王有服，恪謹天命」[39]（先王設立制度，恪守上天的意旨），而孔子所說的「天命」雖保留了先前人們賦予「天命」的那份神聖感，但「天命」的內涵已經主要不在於某種至上權威的意旨，而在於一種至高的系著「仁」、「聖」價值的公義的境地。無論是

---

37 《論語・顏淵》。
38 《詩・商頌・殷武》。
39 《書・商書・盤庚》。

「五十而知天命」[40]，還是所謂「君子有三畏：畏天命，畏大人，畏聖人之言」[41]，其「天命」都關聯著「仁」而「聖」的價值祈向。

孟子與孔子學說一脈相連，「天」在孟子這裡依然作為公義的代稱指示著人對「仁」、「義」價值的追求。「仁也者，人也；合而言之，道也。」[42]孟子的這句話是對他所體悟到的「人」與「仁」的關係的道破，也是他對「人」、「仁」與「道」或「天」的關係的道破。「仁」使人成其為人，而「仁」只是在人對「人之所以異於禽獸者幾希（少之又少）」[43]有所覺悟並對這「幾希」自覺予以提升、擴充時才被人確認為「仁」的；人因為「仁」而為人，「仁」因為人而成「仁」，這兩者的相即不離被孟子稱作「道」，而這樣的「道」通著公義意味上的「天」。因此，孟子也說：「盡其心者，知其性也；知其性，則知天矣。」[44]所謂「盡其心」，當然是指「盡」人之「心」，也就是盡可能大地擴充內在於人的「惻隱」、「羞惡」、「辭讓」、「是非」之心；所謂「知其性」，是說人只有在盡可能大地擴充那點有異於禽獸的靈明，擴充「惻隱」、「羞惡」、「辭讓」、「是非」之心時，才會真正了悟什麼叫做人性；以這種方式懂得了人性，也就懂得了那不為褊狹的私欲所局限的公義的「天」。孟子的「盡心」、「知性」、「知天」，是從「人」說到「天」，其實也可以看做從「天」說到「人」，再從「人」說到「天」：人「盡」其「心」，所「盡」──盡可能大地擴充──的「惻隱」、「羞惡」、「辭讓」、「是非」之心，原是作為天賦存在於人身上的「不學而能」、「不慮而知」[45]的東西，這天賦也可視為

40　《論語・為政》。

41　《論語・季氏》。

42　《孟子・盡心下》。

43　《孟子・離婁下》。

44　《孟子・盡心上》。

45　《孟子・盡心上》。

「天」；從「天」之所賦到「人」提升、擴充這一份天賦，這是從「天」到「人」。人把天賦予人的「惻隱」、「羞惡」、「辭讓」、「是非」之心──孟子所謂「四端」，向著「仁」、「義」、「禮」、「智」四達德作無底止的提升、擴充，其極致或可能達到的至高境地已不再為任何經驗個人的生命所能包舉，這極致的境地即是孟子所說的公義意味上的「天」；「天」在人對「仁」、「義」、「禮」、「智」追求的無限祈向上，卻又顯現於人的「盡心」、「知性」的實際踐履中，這是從「人」到「天」。從「天」到「人」，再從「人」到「天」，最初的天賦之「天」與終究可稱作天理或公義的「天」因為人的「盡心」、「知性」而內在地關聯著，這關聯構成儒家所信守的「道」──此「道」的獨特性，如果用孔子的話作概括，即是「人能弘道」[46]，如果用子思的話作概括，即是「天命（天之所賦）之謂性，率性之謂道」[47]。

　　與孔孟的意趣構成一種張力，荀子把「天」理解為外在於「人」的自然。天不再指代虛靈的公義，在變化著的自然的意義上它也不再有任何神聖感。荀子說：「列星隨旋，日月遞炤，西（四）時代御，陰陽大化，風雨博施，萬物各得其和以生，各得其養以成，不見其事而見其功，夫是之謂神。皆知其所以成，莫知其無形，夫是之謂天。」[48]他是在描繪一幅天體運行、萬物生息的自然圖景，也由此指出自然的神奇以說明他心目中的「天」：日月交替照耀，列星相隨旋轉，四時更迭有序，陰陽變化不已，風雨廣博地施予萬物，萬物各得其適當條件而生長，各得其養潤而成熟，看不見它做了些什麼，只看得見顯現於萬物生息的功效，這就是它神奇的地方。人們都知道它成全著萬物，卻不知道它如何成全萬物於無形，這就是所謂「天」。這

46　《論語・衛靈公》。

47　《禮記・中庸》。

48　《荀子・天論》。

樣的「天」不涉及人間的善惡，不問津天下的治亂，它有它運行的常則，既不喜好堯那樣的聖王而為他存在，也不厭惡桀那樣的暴君而因他消亡。在荀子看來，採取了好的治理對策就會吉祥順利，採取了引起動亂的對策就會遭遇兇險；勉力於農事而又能節約用度，天不能使你貧窮；積蓄充足而勞作適時，天不能使你遭受疾苦；遵照自然常則而不背道而行，天不能帶給你禍患。因此，水旱災害不能使你饑饉，寒暑失調不能使你患病，即便有怪異反常的事情發生也不會使你遭到危害。相反，農耕荒廢而用度奢侈，天不能使你富足；積蓄微薄而又勞作怠惰，天不能使你生計周全；違反自然律則而肆意妄為，天不能使你吉幸無恙。於是，往往水火災害還沒有到來就發生了饑饉，寒暑失調的情形還沒有降臨就患上了疾病，怪異反常的事情還沒有出現就已經招致了殃禍。遇到的天時與安寧之世沒什麼兩樣，遭逢的禍害卻與安寧之世大不相同，這是不能遷怒於自有其常則的天的，而是你的所作所為使結果成了這樣。荀子由此推論說：「明於天人之分，則可謂至人矣。」[49]——通曉天與人的不同職分，從而把天的常則和人的責任分別清楚，那才稱得上是境界至高的人。

　　既然天與人的職分不同，而天的職分原本在於「不為而成，不求而得」，那麼，人就盡可以不必動用心智猜測天道的詭祕，而只須把握好天時、地利做好人間之事以與天地並立為三。如果人撇開自己所應當做的事，由對天的敬慕而一心想著如何窺知天意，那在荀子看來就是「與天爭職」。荀子說：「唯聖人為不求知天。」[50]這「不求知天」即是不去探求所謂天意。他認為，某個星體的墜落、某一樹木突然發出鳴叫聲，這些罕見的現象是由天地陰陽變化中我們所不知道的

49　《荀子·天論》。

50　《荀子·天論》。

原因引起的，人們對它們感到奇怪是可以理解的，但沒有理由為此驚
慌、恐懼。像日食月食的發生，風雨來得不合時令，某個怪異的星體
偶然出現等，所有這些都是世代常有的事，並沒有什麼天意要借此透
露。事實上，要是君主開明而政局清平，即使這些現象在同一時間一
併出現，也不會對國家有什麼妨害；要是君主昏昧而政局險惡，即使
這些現象沒有任何一種發生，那也不會對國家有什麼補益。荀子指
出，對於人說來，真正可怕的不是怪異的天象，而是「人妖」。所謂
「人妖」有三種：一是田地荒蕪，穀物歉收，糧價昂貴，百姓饑饉，
路有餓殍；二是政局兇險，政令不明，舉動、措施不合時宜，農桑之
事無人問津；三是不修禮義，內外無別，男女淫亂，父子相疑，上下
不和，外敵入侵，以至各種災害接踵而來。如果這三種「人妖」交錯
發生，那就國無寧日了。「人妖」與天無關，避免「人妖」的發生是
人的職分。人盡這一職分，就是要時時「切瑳而不捨」地講求「君臣
之義，父子之親，夫婦之別」[51]。至於大旱時節人們祈神求雨，日食
月食時人們擊鼓祭禱以求相救，每有大事人們以占卜、問卦的方式預
測吉凶以做決斷，所有這些做法在一般百姓那裡信「以為神」，而在
君子那裡卻僅「以為文」──百姓往往以為這祈禱和求告會使神祇顯
靈，而君子則只把它看做因襲古人禮俗的一種文飾。荀子認為，把這
類儀式視為文飾有益於撫慰人心、安定時政，因而可以取得「吉」的
成效，而如果由對這些儀式的執著而相信神靈和天意，那就難免捐棄
人的職分，把一切推諉於天，這樣反倒可能出現「凶」的結局。

　　天「無為」而「不求」，無所謂天意，但天的運行畢竟有常則。
就「天」無所謂天意而言，荀子主張「不求知天」，不求窺探冥冥之
中的天意何在；就「天行有常」而言，荀子又勉勵人們對這天的常則

---

51 《荀子‧天論》。

有所了解，因而主張「知天」以求「制天命而用之」。他勸誘人們：「大天而思之，孰與物畜而制之！從天而頌之，孰與制天命而用之！望時而待之，孰與應時而使之！因物而多之，孰與騁能而化之！思物而物之，孰與理物而勿失之也！願於物之所以生，孰與有物之所以成！故錯人而思天，則失萬物之情。」[52]這意思是說：與其崇尚天的偉大而仰慕它，何如把它作為物來畜養而制服它！與其順從天的威勢而頌揚它，何如把握它的運行規則而利用它！與其坐望天時而等待賜予，何如施展人的才能而化育它！與其一味冥想如何駕馭物而不受制於物，何如對物加以治理而不要錯過盡物所用的時機！與其經心於尋問物何以生的緣故，何如對物予以佑助而使它得到合於其本性的成全！如果捨棄人為努力而只是一門心思探究所謂天意或天機，那反倒會有違萬物的本性而與天行的常則相悖離。荀子否定了天意的存在，由此，天被歸結為價值中立的自然。單就這天意出自一個主宰一切因而帶給人某種命運感的天而言，孔孟未嘗與荀子存在根本性的分歧，不過，孔孟以「天」代稱境界形態的公義，不僅賦予了「天」以明確的價值取向，而且使「天」具有了超越經驗世界的形而上的性質。就是說，荀子的「天」是自然之天，孔孟的「天」是道義之天，二者都沒有了先前人們在命運攸關意味上所相信的天意，但前者在被確定為人的「使」（驅使）、「用」（利用）、「制」（支配）、「有」（佑助）的物件時，只同人生對待性向度上的感性經驗和認知理性發生關係，而與人生的非對待性向度無關，也不再涉及人生的形而上的境界追求，後者卻存在於人的自覺的價值祈向上，而且這被祈求的價值主要體現於可上達形而上境地的人生非對待性向度。

下面講荀子學說對主流儒學歧出的又一個方面，即所謂：

---

52 《荀子・天論》。

「性偽之分」與「化性起偽」

　　與「天」的觀念的差異可以相互說明的是人「性」觀念的差異；相對於孟子的「性善」說，荀子提出：「人之性惡，其善者偽也。」[53]依他的看法，人的本性是惡的，而人之所以有善行，那是人為地教化於禮義的緣故。

　　無論是孟子還是荀子，都承認人身上有某種「不學而能」或「不可學」的東西，他們既把這種東西歸之於天賦或天之所賦，又把這種東西關聯於人性或人的本性。不過，孟子只把天賦予人的「惻隱」、「羞惡」、「辭讓」、「是非」之心等關聯於人性，所以他稱：「人之所不學而能者，其良能也；所不慮而知者，其良知也。」[54]「良知」、「良能」是從人的「不學而能」、「不慮而知」的生命性狀中作了「善」的選擇的「知」、「能」，以這樣的「知」、「能」為依據談人性，必至於認可人性向「善」或人具有善的本性。荀子從天賦予人的生命性狀中更多地看到了另一種情形，這不同於孟子的觀察角度決定了他的另一種人性論。當他說「性者天之就也，不可學，不可事」[55]或「性者，本始材樸也」[56]時，他所稱述的「性」不過是人的自然之性，這相應於自然之天的自然之性就自然成其為自然在於價值中立而言，原是無所謂善惡的。但當他以「辭讓」、「忠信」、「禮義」比照他所看到的人的自然之性的趨向時，那「天之就」（天所成就）的「本始材樸」的性就被判之以「惡」了。他指出：「今人之性，生而有好利焉，順是，故爭奪生而辭讓亡焉；生而有疾惡焉，順是，故殘賊生

53　《荀子・性惡》。
54　《孟子・盡心上》。
55　《荀子・性惡》。
56　《荀子・禮論》。

而忠信亡焉；生而有耳目之欲，有好聲色焉，順是，故淫亂生而禮義
文理亡焉。然則，從人之性，順人之情，必出於爭奪，合於犯分亂理
而歸於暴。」[57]他認為，人生來就有好利的趨向，順著這一趨向，人
與人之間不免發生爭奪而捨棄辭讓；人生來就有嫉恨自己所厭惡的東
西的趨向，順著這一趨向，人們不免相互殘害而忘記忠信；人生來就
有喜好聲色、滿足肉體感官欲望的趨向，順著這一趨向，人們不免陷
於淫亂而不顧及禮義所要求的行為規範。總之，順從人的性情，必然
會出現爭奪，以至於不守倫理分際、敗壞禮義而歸於暴戾。事實上，
荀子和孟子所遵循的善惡標準是相通的，這相通的善惡標準決定了他
們的學說都屬於儒門義理。然而，孟子以「仁」、「義」、「禮」、「智」
為善，依據這一善的標準發掘人的天賦中的「惻隱」、「羞惡」、「辭
讓」、「是非」之心，提出了他的所謂仁義內在的性善論；荀子以「辭
讓」、「忠信」、「禮義」為善，借這一善的標準對照人的天賦中的「好
利」、「疾惡」、「好聲色」等趨向，所論證的是一種所謂「饑而欲食，
寒而欲暖，勞而欲息，好利而惡害」[58]的性惡論。兩相比較，孟子所
確立的善的標準與他所主張的性善論邏輯更一貫些，這善的標準在人
性中有其內在的根基因而與儒家道德自律的立教宗趣也更契合，而荀
子性惡論所涉及的善的標準顯然外在於人性，因此難免在義理上有欠
圓融。

　　人雖然「性惡」，但按荀子的說法，人又是不甘於「惡」而「欲
為善」——想要有善的作為的。人「性惡」而又「欲為善」，這本身
就構成了一種自相抵牾，但荀子是這樣解釋的：「凡人之欲為善者，
為性惡也。夫薄願厚，惡願美，狹願廣，貧願富，賤願貴，苟無之中

57　《荀子·性惡》。
58　《荀子·榮辱》。

者，必求於外。故富而不願財，貴而不願執（勢），苟有之中者，必
不及於外。」[59]就是說：人之所以想變善，是因為人的性惡。薄者希
望變厚，醜者希望變美，狹小者希望變得廣大，貧窮者希望變得富
有，低賤者希望變得高貴，只要自身沒有的，就一定會向外求取。所
以，富有者不再渴望錢財，高貴者不再嚮往權勢，只要自身已經有了
的，就一定不會向外索求。從「性惡」到「欲為善」，荀子的推理用
的是「貧願富」、「賤願貴」的邏輯，很明顯，這推理同推理的邏輯前
提是不相應的。「貧願富」、「賤願貴」所遵循的是「饑而欲食，寒而
欲暖，勞而欲息，好利而惡害」的邏輯，它本身屬於「性惡」範疇，
而從「性惡」範疇是無從推出超出「性惡」範疇的「欲為善」的。荀
子之所以斷言「人之性惡」，是由於他認為人在稟性上「好利而惡
害」因而總是局守於利害考慮的，但「欲為善」作為一種選擇，原本
不屬於利害判斷而屬於善惡判斷。用合於利害判斷的「貧願富」、「賤
願貴」推理屬於善惡判斷的「欲為善」，荀子的疏漏出在利害範疇與
善惡範疇的混淆上，況且，在現實中，所謂「富而不願財」（富有者
不再想要錢財）、「貴而不願執（勢）」（高貴者不再想要權勢），也決
然找不到有著通則意味的依據。

　　上面所談的是荀子學說在「人之性惡」而又「欲為善」這一問題
上遇到的邏輯困難，下面接著要說的是荀子學說在另一相關問題上遇
到的邏輯困難，這另一相關問題是：人既然「性惡」，那用以教化人
從而使人為善的禮義又是如何產生的呢？前一個問題可以歸結為「性
惡」之人「欲為善」的那種「欲」從何而來，後一個問題可以歸結為
「性惡」之人「欲為善」的那種「善」的規範從何而來。荀子對這第
二個問題的回答是：「凡禮義者，是生於聖人之偽，非故生於人之性

---

59 《荀子‧性惡》。

也。故陶人埏埴而為器；然則器生於工人之偽，非故生於人之性也。故工人斲木而成器；然則器生於工人之偽，非故生於人之性也。聖人積思慮，習偽故，以生禮義而起法度，然則禮義法度者，是生於聖人之偽，非故生於人之性也。若夫目好色，耳好聽，口好味，心好利，骨體膚理好愉佚，是皆生於人之情性者也；感而自然，不待事而後生之者也。夫感而不能然，必且待事而後然者謂之生於偽。是性偽之所生，其不同之征也。故聖人化性而起偽，偽起而生禮義，禮義生而制法度；然則禮義法度者，是聖人之所生也。故聖人之所以同於眾其不異於眾者，性也；所以異而過眾者，偽也。」[60]在他看來，禮義出於聖人的人為制訂，並非本來就存在於人性中。猶如陶匠用黏土燒製陶器，陶器出於陶匠的製作，並非生於人本來的稟性。又如木匠把木材加工製成器皿，木器出於木匠的製作，並非出自人本有的稟性。聖人積聚才思智慧，修習既有典籍，以此創生禮義而創制法度，這些禮義法度產生於聖人的人為創制，不是產生於人的固有的稟性。目喜好美色，耳喜好樂聲，口喜好美味，心喜好利益，肢體肌膚喜好安逸，所有這些都出於人的稟性，是不用做什麼就存在於人身上的自然感應。另有一種東西不屬於自然感應，它的產生一定要經過人為的努力。是否需要人為的努力，這是產生於人的自然稟性的東西和產生於人的創制或製作行為的東西的不同特徵所在。所以，聖人為了變化人的性情而提倡人為努力；由人為創制而產生了禮義，隨著禮義的產生就有了種種法度的規定。在這個意義上，可以說，禮義法度是產生於聖人的。聖人與眾人相同而不相異的地方，在於聖人有著與眾人一樣的「性」；聖人與眾人不同而超出眾人的地方，在於聖人宣導「偽」。——就這

---

60 《荀子・性惡》。

樣，荀子由「性偽之分」[61]推到了「聖人」與眾人之別。聖人制禮作樂或所謂「生禮義而起法度」，原是孔孟和荀子都認可的，但孟子心目中的「聖人」與眾人或一般人的關聯更內在些，荀子強調「性偽之分」而又把「偽」僅僅歸之於「聖人」卻不免把「聖人」與眾人判然兩分。孟子認為，凡是人，無論是一般人還是「聖人」，都有相通的心靈認同或所謂「心之所同然」，「心之所同然者何也？謂理也，義也。聖人先得我心之所同然耳」[62]。就是說，「理」、「義」是聖人和一般人都認同於心靈的，聖人成其為聖人只在於他比一般人先覺悟到了這些被人的心靈一致認同的東西。所以，他斷言：「人皆可以為堯舜。」[63]荀子似乎並不否認在人這裡確實存在的「心之所同然」，但這是在「性偽之分」的前提下對「性」、「心」作了質地上的區分之後。他指出：「不事而自然謂之性，性之好、惡、喜、怒、哀、樂謂之情，情然而心為之擇謂之慮，心慮而能為之動謂之偽，慮積焉，能習焉，而後成謂之偽。」[64]在「性」、「情」、「心」、「慮」、「偽」的關係中，「心」處於仲介和樞紐的地位：「性」是與生俱來、沒有人為因素的稟賦，「情」是「性」以愛好、厭惡、喜悅、憤怒、悲哀、歡樂等方式的流露或顯現，「心」對顯現「性」的種種情愫作出選擇而有所謂「慮」（思考），經過思考，人的能力被調動起來而有行為，進而積聚思考、增益能力而達到成功，這就是所謂「偽」。這裡所說的「心為之擇」的「擇」應該是價值意味上的選擇，至少其中有價值取捨的因素，因為只有這樣，「偽」才有可能與聖人「生禮義而起法度」關聯

---

61 《荀子‧性惡》。
62 《孟子‧告子上》。
63 《孟子‧告子下》。
64 《荀子‧正名》。

起來，並相對於「性」的「本始材樸」而被界定為「文理隆盛」[65]。
於是，「性」通過「心為之擇」而達到了「偽」，「性」與「偽」在被
「分」為兩端後又經由「心」關聯了起來。荀子所謂「心為之擇」是
就一般意義上的人心而說的，並非專指聖人之心，但他還是把「生禮
義而起法度」之「偽」僅僅賦予了聖人。不過，無論如何，「心為之
擇」是所有人的「心」都具有的功能，因此荀子借了這一能
「擇」──能作價值抉擇──的「心」照樣可以說出與孟子所謂「人
皆可以為堯舜」一樣的話：「塗（途）之人可以為禹」。

　　荀子說：「『塗（途）之人可以為禹』，曷謂也？曰：凡禹之所以
為禹者，以其為仁義法正也。然則仁義法正有可知可能之理，然而塗
之人也，皆有可以知仁義法正之質，皆有可以能仁義法正之具；然則
其可以為禹明矣。……今使塗之人伏術為學，專心一志，思索孰
（熟）察，加日縣久，積善而不息，則通於神明，參與天地矣。故聖
人者，人之所積而致也。」又說：「小人可以為君子而不肯為君子，
君子可以為小人而不肯為小人。小人君子者，未嘗不可以相為也，然
而不相為者，可以而不可使也。故塗之人可以為禹，則然；塗之人能
為禹，未必然也。雖不能為禹，無害可以為禹。」[66]依他的看法，任
何人都可以成為禹那樣的人，因為禹之所以成為禹，是由於他按照
仁、義、法規行事，而仁、義、法規的道理是可以認識可以做到的，
並且一般人又都有認識仁、義、法規的資質和踐行仁、義、法規的能
力。一個人只要能崇尚道術，修養學問，專心致志，勤於思索，仔細
觀察，日積月累，持之以恆，多做善事而不停息，就能與神明相溝
通，與天地相參合。因此，可以說，聖人的境地是人的「積善而不

65　《荀子·禮論》。
66　《荀子·性惡》。

息」的努力造成的。小人可以成為君子而不願成為君子，君子可以成為小人而不願成為小人；小人、君子未嘗不可以相互轉換，他們終究沒有轉換是因為可以轉換的小人、君子不讓自己轉換。所以，說一般人可以成為禹那樣的人，那是對的；說一般人能夠成為禹那樣的人，就不一定對了。不過，即使一般人不能成為禹那樣的人，並不妨礙我們說他們可以成為禹那樣的人。荀子對「塗之人可以為禹」的解釋是以他所謂「人之性惡」為出發點的，有趣的是，它居然與孟子由「性善」論所推出的「人皆可以為堯舜」的斷語意趣相通。

這裡有必要指出的是，同是由「性」而涉及「心」，荀子的「心」、「性」之說與孟子的「心」、「性」之說至少有兩點差異是值得留意的：（一）孟子是從「心」說到「性」的，荀子是從「性」說到「心」的。對於孟子說來，「盡心」才可以「知性」，而所「盡」之「心」是從「人之所以異於禽獸者幾希」說起的「惻隱」、「羞惡」、「辭讓」、「是非」之心，這「四端」是人「性」的初始而又指向終極的依據；對於荀子說來，「生之所以然者謂之性」[67]，「性」只是人與生俱來的某種「好利」、「疾惡」、「好聲色」的趨向，人成其為人須得在聖人的引導下「化性而起偽」，而「化性起偽」的關鍵在於「心為之擇」。正像孟子的「惻隱」、「羞惡」、「辭讓」、「是非」之「心」作了「人皆可以為堯舜」的保證一樣，荀子的有所「擇」之「心」作了「塗之人可以為禹」的保證。（二）孟子所謂「盡心」之「心」，即「惻隱」、「羞惡」、「辭讓」、「是非」之心，與生俱來，而且本身就是「善」的，在「盡心」中由「善」心通往「善」性完全順情入理而邏輯一貫。荀子所謂「心為之擇」之「心」，所突出的更多是一種反省或反思中的價值選擇，而價值選擇不可能不遵循某種價值標準。這標

---

67 《荀子・正名》。

準如果是人「心」之外的某種權威加予人「心」的，與之相關的價值
選擇就具有他律的性質；如果價值標準在人「心」中有它的根芽，那
就意味著這「心」本身就是「其善者偽也」那個「善」的源頭。荀子
是不可能主張價值他律的，這至少可以從他所謂「百姓以為神」者而
「君子以為文」的說法得到證實，但他也不願讓價值之根紮在人的某
些先天稟有的生命性狀上，因此他要一再強調「生之所以然者」的
「性」是「惡」的。他在作一種努力，努力從人自身找到「善」的依
據，不過這人自身不是人的先天因素，而是人的後天因素。他說：
「禮者所以正身也，師者所以正禮也。」68「禮」是「正身」——修
身以「善」——的價值標準，「師」是「禮」這一「善」的「正身」
標準的把握者和矯正者，而「聖人」又無疑是最高的「師」。說到
底，荀子是把人的可能的「善」歸之於後天教育的；他所謂「其善者
偽也」的「偽」，即是「正禮」的「師」對人所施的「禮」的教化。
但問題在於，教育者須得自己先受教育，而後天教育的一個必不可少
的前提是受教育者須有接受教育的先天可能或先天因素，而且，正像
認知意義上的教育須得受教育者有先天的認知可能一樣，價值意義上
的「善」的教育須得受教育者有先天向「善」或趨於「善」的可能。
儒家「修身」的道理不可能不觸及這一點，一旦觸及這一點，荀子所
說的「心」就不可能不從孟子所說的「心」那裡有所汲取，否則，否
定了人的先天的向「善」或趨於「善」的可能，「塗之人伏術為學」
就無從說起，作為「人之所積」的聖人「化性而起偽」也無從說起，
而一旦對孟子性善論賴以立基的「盡心」之「心」——有先天的
「善」端之心——有所汲取，荀子的標舉「性偽之分」而以「心為之
擇」為契機的「性惡」論也就有所動搖了。其實，孟子的「盡心」、

---

68 《荀子·修身》。

「知性」的「性善」論未必對人的心性修養的後天因素關注更少些，他所說的「惻隱」、「羞惡」、「辭讓」、「是非」之心固然是有著先天性質的善根善源，但善成其為善、人性成其為人性也還在於對這善根善源有所「盡」（盡最大可能地擴充、提升），「盡心」之「盡」即是一種後天的、沒有止境的努力。就心性之說只有在先天與後天因素全然相應的情形下才稱得上圓融而論，孟子所謂「性善」的心性論顯然要比荀子所謂「性惡」的心性論更富於理論和踐履的價值。

下面講荀子學說的另一個層面：

「明分使群」與「隆禮」、「重法」

荀子即使就「內聖」立論，也往往驗證於行為效果，不像孟子那樣側重於動機，而看重效果又勢必關注相對外在的倫理，並由倫理涉及屬於「外王」範疇的「政事」或天下、國家的治理。他認為「君子養心莫善於誠」，卻又說：「誠者，君子之所守也，而政事之本也。」[69]把「養心」而「誠」作為「政事之本」，體現了儒家學說對「內聖外王」一以貫之的追求，也多少表達了荀子由「外王」驗證「內聖」而學說重心偏於「外王」之學的致思傾向。荀子所謂「人之性惡」的心性論，首先關注的當然是「化性」，但最後的落腳點仍在於「使天下皆出於治」。他說：「人之性惡，故古者聖人以人之性惡，以為偏險而不正，悖亂而不治，故為之立君上之執（勢）以臨之，明禮義以化之，起法正以治之，重刑罰以禁之，使天下皆出於治，合於善也；是聖王之治而禮義之化也。」[70]這實際上是在借「性惡」而為

---

69 《荀子‧不苟》。
70 《荀子‧性惡》。

一種他視為理想的「聖王之治」作論證：由於人生來稟性不善，聖人認為具有這種不善稟性的人行為自私、險詐而不端，往往悖逆作亂而難以治理，所以就樹立君主的威勢以監督他們，宣明禮義以教化他們，制定法規以管理他們，借重刑罰以控制他們，使天下能安定、太平而一致向善，這是聖王的政治，禮義的教化。綜觀荀子學說，雖然仍在儒家內聖外王的義理規模中，但畢竟偏重於外王範疇的社會政治，而他的社會政治見解，如果概而論之，也可一言以蔽之為：「明分使群」。

荀子指出：「水火有氣而無生，草木有生而無知，禽獸有知而無義，人有氣有生有知亦且有義，故最為天下貴也。力不若牛，走不若馬，而牛馬為用，何也？曰：人能群，彼不能群也。人何以能群？曰：分。分何以能行？曰：義。故義以分則和，和則一，一則多力，多力則強，強則勝物。故宮室可得而居也。故序四時，裁萬物，兼利天下。無它故焉，得之分義也。」[71]他是從人與水火、草木、禽獸的比較中確認人之為人的可貴的，這可貴就在於人不僅像水火那樣有氣，像草木那樣有氣、有生，像禽獸那樣有氣、有生、有知，而且講求「義」（道義）。人的氣力不如牛，行走不如馬，牛馬反倒被人所用，這原因就在於人能「群」，能結成有組織的群體，而牛馬不能。人之所以能結成有組織的群體，是因為人能在群體中按自己所處的地位各盡其職，各守其分，而人之所以能夠按自己在群體中所處的地位履行其職分，是因為人在人與人的關係中講求「義」（道義）。人在人與人的關係中講求「義」（道義），這使有著不同職分的人能夠和諧相處，和諧相處就能團結一致，團結一致就能產生強大的力量，有了這強大的力量就能制勝萬物。所以人能夠棲居於自己建造的房屋中，能

71　《荀子・王制》。

夠按照春夏秋冬的時令節制萬物、成全萬物而兼利天下。人能做到這
樣，不是由於其他原因，而是得益於人在等級有序的群體中履行職
分、講求道義。這裡所說的「分」──人依其所處的不同地位因而依
其與他人發生的種種關係而履行本分──其實就是「禮」，荀子對
「分義」的看重也就是對「禮義」的看重。但「分義」或「禮義」所
以被看重，一個被明確說出的緣由在於「分義」或「禮義」能夠帶來
「力」（力量）、「強」（強大）而使人得以有「勝物」之「利」並兼利
天下。同是在人與禽獸的對比中強調人之所以為人，孟子把人之所以
為人歸結於人生在非對待性向度上的價值，即所謂「仁」，因而他說
「仁也者，人也」；荀子把人之所以為人歸結於人與人關係上的人生
對待性價值，即所謂「分義」或「禮義」，並由此引導到增大增強了
的人的「力」和與之相應的人的「利」。在由「分義」或「禮義」引
出可能大的「力」和「利」的價值取向上，寄託著荀子的社會政治理
想或對所謂「聖王之治」的期待。荀子說：「離居不相待則窮，群而無
分則爭。窮者患也，爭者禍也。救患除禍，則莫若明分使群矣。」[72]
人如果離群索居互不來往，那一定會因為各個個人的勢單力薄而陷入
窮困；人如果結成群體卻沒有劃定各自的職分，那又一定會因為相互
推諉或相互侵奪而出現紛爭。無論窮困還是紛爭，都是人的禍患，若
要救患除禍，就只有使人們結成群體並在結成的群體中明確規定各個
人的職分。所謂「明分使群」，在一般意義上講，是要讓人去過那種
各自職分明確的群體生活，在更高的意義上講，就是要探討如何通過
「明分使群」的途徑或採取什麼樣的「明分使群」的措施以求達到
「聖王之治」。

　　「明分使群」重在「明分」，從淺近處說，就是「使人載其事而

---

72 《荀子‧富國》。

各得其宜」，就是「農以力盡田，賈以察盡財，百工以巧盡械器，士
大夫以上至於公侯莫不以仁厚知能盡官職」[73]。這即是說，「明分」就
在於：使每個人去做與自己的身份地位相稱因而相宜的事，使農人以
他們的勞力悉心從事耕作，使商賈以他們的精明專門經營貿易，使百
工以他們的技巧專門製作器物，使士大夫以至公卿王侯都能以仁愛、
敦厚、智慧和才能盡心於自己的職守。但「明分」最重要的還在於明
確規定人在君臣、父子、兄弟、夫婦關係中的倫理分際。荀子這樣設
問並作出相應回答：「請問為人君？曰：以禮分施，均遍而不偏。請
問為人臣？曰：以禮待君，忠順而不懈。請問為人父？曰：寬惠而有
禮。請問為人子？曰：敬愛而致文。請問為人兄？曰：慈愛而見友。
請問為人弟？曰：敬詘而不苟。請問為人夫？曰：致功而不流，致臨
而有辨。請問為人妻？曰：夫有禮則柔從聽侍，夫無禮則恐懼而自竦
也。此道也，偏立而亂，俱立而治，其足以稽矣。」[74]這是說：君主
的本分在於以禮把恩澤分別施予臣子，公平、普遍而沒有偏頗；臣子
的本分在於以禮侍奉君主，忠貞、順從而不懈怠；人父的本分在於對
子女寬厚、仁慈而有禮；人子的本分在於對父母敬重、愛戴而恭順；
人兄的本分在於對弟、妹慈愛而友善；人弟的本分在於對兄長謙恭而
不苟；丈夫的本分在於對妻子相處以和而不嬌縱，相待以禮而內外有
別；妻子的本分在於丈夫有禮時溫順而聽從，丈夫無禮時惴惴而自我
勸誡。荀子認為，這「明分」的道理如果被用來偏求於君臣或父子、
兄弟、夫婦中的一方，就只會把倫理的規範搞亂，如果在雙方那裡都
能夠確立，那倫常關係就健全而正常了；這足以作為準則。就「明
分」而守分的道理也以「道」而言，君明其分而恪守其分可稱作「君

---

73 《荀子·榮辱》。

74 《荀子·君道》。

道」，臣明其分而恪守其分、父明其分而恪守其分、子明其分而恪守
其分、兄明其分而恪守其分、弟明其分而恪守其分、夫明其分而恪守
其分、婦明其分而恪守其分，也可分別稱作「臣道」、「父道」、「子
道」、「兄道」、「弟道」、「夫道」、「婦道」。著眼於治國的大端，荀子
對「君道」、「臣道」顯然更看重些。

在荀子看來，君主的本分或為君之道不僅在於「以禮分施，均遍
而不偏」，而且還在於管束臣民，使其各守臣、父、子、兄、弟、夫、
婦當守的分際，各盡農、賈、百工、士大夫當盡的職分，所以他說：
「人君者，所以管（束）分（各類人的本分、職分）之樞要也。」[75]
君主被認為是「管分之樞要」，而人的群體生活的契機又在於「分」，
由此荀子稱：「君者何也？曰：能群也」[76]；「君者，善群也」[77]。這
「能群」、「善群」與其說是對現實中那些君主的業績的肯定或讚譽，
不如說是對當有的或更可稱道的君主的期待。他所謂君主「能群」或
「善群」是指他心目中的君主善於採取獎勵農耕、縮減工商、禁止盜
賊、清除奸邪的措施，使百姓家給人足、繁衍生息；善於通過依法設
置官爵——天子設三公，諸侯立一相，大夫有專任，士謹守其職——
的方式，有效地管理社會，統率國人；善於讓賢良之人施展抱負，按
德行的高低、才能的大小確定次序選用人才，使他們任相應的職務，
做適合於他們做的事情；善於規定不同等級的人穿戴不同款式、圖案
的衣冠，佩戴不同類型的飾物，從而使人由衣著裝飾的講求受到禮制
儀節的陶冶。荀子把這四個方面稱作「四統」，他認為，「善生養人（善
於使百姓家給人足、繁衍生息）者，人親之（人們親近他）；善班治
人（善於依法設置官爵管理社會、統率國人）者，人安之（人們擁戴

75　《荀子·富國》。
76　《荀子·君道》。
77　《荀子·王制》。

他），善顯設人（善於按德行、才能授官用人）者，人樂之（人們樂於
輔佐他）；善藩飾人（善於使人由著裝差等的講求而受禮儀的陶冶）
者，人榮之（人們稱讚他）。四統者俱（具備），而天下歸之」[78]。這
「四統」也被概而言之為「愛民」和「好士」。所謂「愛民」，依荀子
的說法，即是「君者，民之原也；原清則流清，原濁則流濁」[79]；只
有君主清明公正，百姓也才能純正而不汙濁，只有君主愛民利民，百
姓也才會為君主所用，為君主效死。所謂「好士」，即荀子所指出的
那樣，明智的君主首先看重的是如何求得賢德之士，而昏庸的君主首
先看重的是如何抓住賴以獨斷專行的權勢，看重賢德之士的君主不用
事必躬親就能把國家治理好，從而功績顯赫而美名傳揚，上可以稱
王，下可以稱霸；看重賴以獨斷專行的權勢的君主雖事無巨細勞其一
身，國家仍終不免處在混亂之中，以至於朝政衰敗，名聲受辱，社稷
瀕於危殆。[80]

　　相應於君主「好士」而任用賢德之人，被任用的臣子理應恪盡本
分，忠貞不渝。由此，而有所謂「臣道」或人臣之道。荀子把人臣分
為四類，那些內不足以協調百姓使其行動一致而外不足以抵禦外敵以
守衛疆土的臣子，被稱為「態臣」（偽詐之臣），「態臣」不能親近百
姓，不能取信於諸侯，只善於邀寵於君上；那些上不忠於君主而下能
籠絡人心、善於沽名釣譽於百姓的臣子被稱為「篡臣」（篡逆之臣），
「篡臣」不顧忌公理、道義，朋比為奸，培植黨羽，所作所為只在於
熒惑君主而圖謀私利；那些內足以使百姓步調一致、令行禁止，外足

---

78 《荀子·君道》。

79 《荀子·君道》。

80 《荀子·君道》：「明主急得其人，而暗主急得其埶（勢）。急得其人，則身佚而國
治，功大而名美，上可以王，下可以霸；不急得其人，而急得其埶（勢），則身勞
而國亂，功廢而名辱，社稷必危。」

以抵禦外侮而守衛疆土的臣子，被稱為「功臣」，「功臣」親近百姓，受到士人信賴，對上忠於君主，堅貞不二，對下愛護百姓而不倦於操勞；那些上能尊君、下能愛民、發令施教使百姓效法於上如影隨形的臣子，被稱為「聖臣」，「聖臣」能夠迅速應對突發事變，就像聲音一旦發出即刻就有迴響那樣快捷，這種應對沒有固定的成規，只是隨機應變而宛轉成一種方略。荀子是襃揚「聖臣」、「功臣」的，人臣之道在這裡實際上是以他心目中的「聖臣」、「功臣」為範本說起的。他讚賞「正義之臣」，主張臣子對君主「諫、爭、輔、拂」[81]。所謂「諫」，是指在君主的過失危及國家時，臣子當敢於進言，反復規勸，如果君主拒不採納，臣子寧可離君而去，也決不曲意逢迎；所謂「爭」，是指君主不聽規勸，臣子可犯顏冒死進諫以至於以死相爭；所謂「輔」，是指君主不聽勸諫時，臣子可以率百官群吏強制性地要求君主矯正錯誤決定，接受正確主張，以消除國家的禍患，解救社稷的危難，達到尊君安國的目的；所謂「拂」，是指必要時臣子可以抗拒君主的成命，甚至擅自動用君主的權力，違逆君主的意旨，以使國家在危難之際得以安定，使君主免於可能的凌辱，其功勳業績足以成全國家的最大利益。荀子當然稱道所謂「從命而不拂，微諫而不倦」（順從君主之命而不違拗，委婉地勸諫而不厭倦）的人臣事君之風的，但他也以伊尹、箕子、比干、伍子胥、平原君、信陵君等前賢為範例，勉勵士大夫做「正義之臣」而「從道不從君」[82]。

「分莫大於禮」[83]；明君、臣之「分」，明父、子、兄、弟、夫、婦之「分」，明農、賈、工、士、大夫、諸侯、天子之「分」，必至於「隆禮」──推崇禮儀。上承孔子以「禮」體現「仁」、以「禮」履

---

81 《荀子‧臣道》。

82 《荀子‧臣道》。

83 《荀子‧非相》。

行「義」的思想，荀子指出：「君子處仁以義，然後仁也；行義以禮，然後義也；制禮反本成末，然後禮也。」[84]在他這裡，「禮」是用以處「仁」行「義」的，所以他也常常以「禮義」合稱。不像孟子直接把「仁」、「義」的根荄、端倪追溯到人性，荀子是以「禮」這一先王或聖人之「偽」作為「仁」、「義」與人性的仲介的。他說：「禮起於何也？曰：人生而有欲，欲而不得，則不能無求，求而無度量分界，則不能不爭。爭則亂，亂則窮。先王惡其亂也，故制禮義以分之，以養人之欲，給人之求。使欲必不窮乎物，物必不屈於欲，兩者相持而長，是禮之所起也。」[85]對於他說來，先王或聖人所以制定禮義，原是為了節制人生的欲求，使人與人之間不至於因為欲求的過度引起紛爭和動亂，使人對物的需求和物對人的滿足保持一種「相持而長」的張力，以維繫人與人、人與物相生相養的關係的平衡。不過，「禮」雖然創制於先王或聖人，但先王或聖人制禮並不是只憑純粹的想像。「禮」的制定是有所根據的，這根據被荀子歸結為三點，他稱之為「三本」：「天地者，生之本也；先祖者，類之本也；君師者，治之本也。……故禮，上事天，下事地，尊先祖而隆君師。」[86]就是說，天地是人得以存在而賦有生機的根據，先祖是人血緣所系而使人歸於一個特定族類的根據，君主和師長是人獲取教化而使人與人構成的社會群體得以治理的根據；人應當供奉天地，尊仰祖先，敬重君師，這是「禮」的三個基本出發點。因此，就「恭敬辭讓之所以養安」、「禮義文理之所以養情」[87]而論，荀子說：「養生安樂者，莫大乎

---

84 《荀子‧大略》。
85 《荀子‧禮論》。
86 《荀子‧禮論》。
87 《荀子‧禮論》。

禮義」[88]，「禮者，所以正身也」；就「禮以定倫」[89]而為「法之大分，類之綱紀」[90]而論，荀子說：「禮者，治辨之極也，強國之本也」[91]，「國之命在禮」[92]；就禮既通於「內聖」而「以順人心為本」[93]，又通於「外王」而為「治之始」[94]而論，荀子說：「禮者，理之不可易者也」[95]，「禮者，人道之極也」[96]。由這些對「禮」的論說可以斷言，被認為有著「反本成末」功能的「禮」是荀子學說的重心所在，而「禮」的「正身」、「養生」、「安樂」的作用也在這一學說中最終被歸結於「定倫」（確定倫常）以「治國」（治理國家）。

如果說「隆禮」（崇尚禮儀）在相當程度上延續著孔子的「立於禮」[97]、「齊之以禮」[98]的倫理政治取向，那麼，可以說荀子對「法」的看重已經是對孔子以至孟子的「德治」或「仁政」追求的歧出了。荀子往往以「禮」、「法」並舉，如他說：「其（治國）百吏好法，其朝廷隆禮」[99]（一個治理得當的國家，其官吏看重法禁，其朝廷崇尚禮儀），「隆禮至法，則國有常」[100]（崇尚禮儀，施行法禁，國家才會有常規可循）。相對於「禮」，他所強調的「法」主要在刑律或法禁，

88 《荀子・強國》。

89 《荀子・致士》。

90 《荀子・勸學》。

91 《荀子・議兵》。

92 《荀子・強國》。

93 《荀子・大略》。

94 《荀子・王制》。

95 《荀子・樂論》。

96 《荀子・禮論》。

97 《論語・泰伯》。

98 《論語・為政》。

99 《荀子・富國》。

100 《荀子・君道》。

他所說「治之經，禮與刑」[101]（治理國家的常行不變的規則在於禮和刑）的「刑」即是「法」。荀子是主張罪與罰相稱的，他認為，「罪至重而刑至輕，庸人不知惡矣，亂莫大焉……刑稱罪則治，不稱罪則亂」[102]。這意思是說，重罪處以輕刑，不足以使一般人認識到什麼是罪惡，國家的禍亂沒有比這更大的了。刑罰與所犯罪過相稱，社會就會安定；刑罰與所犯罪過不相稱，社會就可能生出變亂。不過，荀子畢竟是儒家人物，總的來說，他是把「法」籠罩在「禮」之下的。他指出：「禮者，法之大分，類之綱紀」（禮是法的大原則，是法度的綱紀），「禮義生而制法度」（有了禮義的產生才有了法度的制定），「禮者，法之樞要也」[103]（禮是法的樞要所在）。甚至，在他那裡，「禮」對於「法」的更值得看重，也表達在這樣的關於「王霸」的論說中：「人君者，隆禮尊賢而王，重法愛民而霸」[104]——崇尚禮義敬重賢者的君主可以成就王者的大業，推尊法治愛護百姓的君主可以稱霸於諸侯。

儒家並不一般地排斥「霸道」，孔子對於「管仲相桓公，霸諸侯，一匡天下」就曾有過「如其仁！如其仁！」[105]的讚歎，孟子也以「今之諸侯，五霸之罪人也」[106]的說法對春秋時的「霸」者——尤其是齊桓公——作了相當的肯定。但儒家的政治理想終究在於「王道」，因此，孔子即使稱道管仲輔佐桓公成就的霸業，也仍以為「管仲之器小」[107]，而孟子也說「五霸者，三王之罪人也」[108]。荀子同樣

101　《荀子・成相》。

102　《荀子・正論》。

103　《荀子・王霸》。

104　《荀子・強國》。

105　《論語・憲問》。

106　《孟子・告子下》。

107　《論語・八佾》。

經心於「王」、「霸」之辨，但除《仲尼》篇[109]外，《荀子》一書中其他涉及「王」、「霸」的論述，都對「霸道」有更大程度的同情理解，甚至把「霸」作為次於「王」而仍然值得追求的國家治理目標。與所謂「隆禮尊賢而王，重法愛民而霸」意趣相貫，他還有過「王者富民，霸者富士」、「修禮者王，為政者強」[110]、「義立而王，信立而霸」[111]、「尊聖者王，貴賢者霸」[112]等提法。這些提法與孔孟對霸者的評價已經有較大出入，它從又一個側面顯現出荀子學說對以孔孟為代表的主流儒學的歧出。不過，可以肯定的是，荀子是始終把「王道」作為政治的最高理想的，而且即使講「霸道」也與法家人物所鼓吹的「強國之術」有涇渭之判，這正像荀子「重法」而決不至於落到韓非所謂「不務德而務法」[113]的地步一樣。「人道莫不有辨；辨莫大於分，分莫大於禮，禮莫大於聖王」，荀子的社會政治邏輯在於由「分」而「王」的提升；他的「明分使群」的觀念是通向「聖王」的，而「聖王」之「偽」見之於天下國家的治理，即是所謂「王道」。

最後，我想講一講荀子的教育思想：

108　《孟子・告子下》。

109　郭沫若在考察荀子言「術」的文字時指出：「《荀子》全書反復強調禮字……不見禮字的就只有《仲尼》和《宥坐》兩篇。但自《大略》、《宥坐》以下六篇乃『弟子雜錄』，早成定論，足見向來認為荀子手筆的二十六篇之中，就只有《仲尼》一篇沒有禮字了。以這樣作為中心思想的表徵文字，應該見而不見，這也可以成為《仲尼篇》有問題的一個證據。故爾我斷定《仲尼篇》也是『弟子雜錄』，因此那些言『術』的卑鄙不堪的思想，不一定出於荀子。」（郭沫若：《十批判書》，見《郭沫若全集》歷史編，第二卷，249頁，北京，人民出版社，1982）

110　《荀子・王制》。

111　《荀子・王霸》。

112　《荀子・君子》。

113　《韓非子・顯學》。

「化性」、「解蔽」而「終乎為聖人」

「人之生固小人，無師無法則唯利之見耳。」[114]在荀子看來，人就其生性而言，原本是小人，如果不修習禮義不效法賢者，那他就只知道謀取一己之利。荀子重「師法」（師範、效法）即是重教育，不過他不像孟子那樣基於人性本善的信念使教育的重心落在「盡心」而「知性」上，而是從「人之性惡」出發，賦予教育以「化性」和「解蔽」的使命。教育當然會涉及認知和由認知所獲得的知識和智慧，荀子既然主張「制天命而用之」而讚賞「善假於物」，也就不可能不關注人對自然律則或所謂「物之理」的認識，但由認知而獲得知識和智慧對於他說來畢竟是次要的，教育在他這裡最重要的功用是把「性惡」的人轉化或化育為明「禮」盡「分」的人。「知」（智）、「勇」、「能」、「察」、「辯」等功能性的價值往往是人們所稱道的，而荀子立於「師法」卻對它們的不同情形作了這樣的分辨：「人無師無法而知，則必為盜；勇，則必為賊；云（有）能，則必為亂；察，則必為怪；辯，則必為誕。人有師有法而知，則速通；勇，則速威；云（有）能，則速成；察，則速盡；辯，則速論。」[115]就是說，如果不曾經過「師法」教化，那麼，人的智慧就會用於偷竊，人的勇敢就會用於搶劫，人的能力就會用於作亂，人的精明就會導致怪僻，人的雄辯就會流於荒誕；相反，如果經過了「師法」教化，那麼，人的智慧就會使他很快通達事理，人的勇敢就會使他很快贏得威嚴，人的能力就會使他很快有所成就，人的明察就會使他很快有所長進，人的雄辯就會使他很快作出評斷。從荀子對兩種「知」（智）、「勇」、「能」、「察」、「辯」的

---

114 《荀子·榮辱》。
115 《荀子·儒效》。

比較可以看出，他宣導「有師有法」或「師法」教化主要不在於增益人的技藝或能力，而是在於「化性」以「修身」。關於這一點，用他的另一句話作表達，即是：「人之性惡，必將待師法然後正」[116]──人的生性是惡的，一定要經過師法教化才會端正過來。

荀子對教育的論述可以用他說過的三句句式相同的話作概括，這三句話是：「學至乎沒而後止也」，「學至乎禮而止矣」，「學至於行之而止矣」。

所謂「學至乎沒而後止」，是說學習應當與人生相始終，不到生命結束，學習的過程不可終止。荀子說：「學至乎沒而後止也。故學數有終，若其義則不可須臾舍也。為之，人也；舍之，禽獸也。」[117]他認為，學習在一個人的生命終結時才可以停止，我們所學的科目是有限的，因而總會有終了，至於所學的道理，卻是一刻也不可捨棄的。按這些道理去做，人才成其為人；捨棄了做人的道理，那就跟禽獸一樣了。既然學習是為了「化性」，為了轉化「惡」的生性，而「化性」或轉化「惡」的生性又是人終其一生的過程，那麼，人要持續地使自己成其為人而不至於順著「惡」的生性淪為禽獸，就決不能中止學習。所以荀子要告誡人們：「學不可以已（止）。」[118]荀子勸學，循循善誘。他用過許多生動而貼切的比喻，這些比喻中有些是用來啟迪人們孜孜以求認識的拓展或知識、技能的提高的，如所謂「登高而招，臂非加長也，而見者遠；順風而呼，聲非加疾（響亮）也，而聞者彰（清楚）。假（憑藉）輿（車）馬者，非利（快）足也，而致千里；假舟（船）楫（槳）者，非能水也，而絕（渡）江河。君子

---

116 《荀子・性惡》。
117 《荀子・勸學》。
118 《荀子・勸學》。

生非異（不同尋常）也，善假（利用）於物也」[119]。但更多的勸學的
比喻是用於規誡人們「積善」、「成德」以求「知明」而「行無過」
的，如所謂「積土成山，風雨興焉；積水成淵，蛟龍生焉」所要引出
的是「積善成德，而神明（精神）自得，聖心備（具備）焉」，而所
謂「木受繩則直，金就礪（磨）則利（鋒利）」所要誘導的是「君子
博學而日參（三）省（反省）乎己，則知（智識）明（明達）而行無
過（過錯）矣」[120]。荀子指出，一個人沒有「冥冥之志」（默守著的
志向），就不可能有「昭昭之明」（顯現出來的明智），不致力於「惛
惛之事」（下不引人注目的功夫），就無從獲取「赫赫之功」（顯著而
令人驚歎的功績）；而「冥冥之志」的確立、「惛惛之事」的著手又都
須得用心專一。並且他認為，「君子之學也，入乎耳，箸（著）乎
心，布乎四體，形乎動靜，端（喘）而言，蝡（蠕）而動，一可以為
法則」[121]。就是說，君子之學是一種這樣的學問，它聽之於耳，了然
於心，表達於人的形體，顯現於人的舉止；有了這種學問的人，他的
任何輕微的言語、舉動都可以作為效法的榜樣。這裡所說的「一可以
為法則」的依據，其實就是「禮」。如果說「學至乎沒而後止」所強
調的主要在於「學」在人一生中的持續不輟，那麼，「學至乎禮而
止」所申明的就是學問的底蘊或要義了。

　　所謂「學至乎禮而止」，是說學習最終在於把握作為「理之不可
易者」[122]的「禮」，在沒有完全了悟這一無可替代的人生道理之前，
學習的過程不可終止。荀子說：「《書》者，政事之紀也；《詩》者，
中聲之所止也；《禮》者，法之大分，類之綱紀也。學至乎禮而止

---

119 《荀子‧勸學》。

120 《荀子‧勸學》。

121 《荀子‧勸學》。

122 《荀子‧樂論》。

矣，夫是之謂道德之極。」[123]依他的看法，《書》是政務的綱領，
《詩》是中正之聲所達到的境地，《禮》是典章的原則和法度的綱紀
所在，因此，學習只有在達到了對「禮」的完全把握之後才可以終
止——他以為這是道德的準則所在。「禮」是人修身、正身的依據，
「禮」又是國家得以治理的根本，所以荀子在指出「禮者，所以正身
也」、「禮及身而行修」[124]（禮用於修身，人的德行就會變得美好）的
同時，也指出：「禮之於正國家也，如權衡之於輕重也，如繩墨之於
曲直也」[125]（禮對於治理國家說來，就像秤對於輕重的稱量，繩墨對
於曲直的分辨那樣），「故修禮者王」（履行禮的人可以成就王者的大
業）。猶如孔子施教主張「博學於文，約之以禮」[126]，荀子論學注重
「積文學，正身行，能屬於禮義」[127]。所謂「屬於禮義」，即是與禮
義規範相符合。荀子像孔孟一樣以「仁」、「義」為至高的人生追求，
他說過「仁義德行，常安之術」[128]、「（君子）唯仁之為守，唯義之為
行」[129]、「聖人也者，本仁義，當是非」之類的話。但「仁」、「義」
虛靈而無形，對「仁」、「義」的踐履往往見之於人與人交際中的禮儀
規範，所以荀子勸學施教總是言必稱「禮」。他認為，「將原先王，本
仁義，則禮正其經緯蹊徑也」[130]。這是說，如果要溯源於先王，歸本
於仁義，「禮」正是達到這一目標的縱橫相宜的途徑。他承認「先王
之道」的最重要的特徵在於「仁之隆」，即仁愛之風的隆盛，不過，

---

123 《荀子‧勸學》。
124 《荀子‧致士》。
125 《荀子‧大略》。
126 《論語‧雍也》。
127 《荀子‧王制》。
128 《荀子‧榮辱》。
129 《荀子‧不苟》。
130 《荀子‧勸學》。

他說，要繼承這「仁」道或「先王之道」，只有「比中而行之」，即順著恰當的路徑去奉行，這恰當的路徑即是「禮」或「禮義」。[131]「君子學以致其道」[132]；既然通往「仁」道或「先王之道」的恰當路徑在於「禮」，那麼，在荀子這裡，著意對所謂「學至乎禮而止矣」作一種申明也就是很自然的了。

確定了「禮」在為學、施教中的地位，也就確定了為學、施教的方向和步驟。「學惡乎始，惡乎終？曰其數則始乎誦經，終乎讀禮，其義則始乎為士，終乎為聖人。」[133]依荀子的看法，為學或施教從方法上說，應當開始於誦讀《詩》、《書》、《禮》、《樂》、《春秋》等經書，最終歸結於對「禮」的修習；從旨趣上說，為學或施教最初是要把人培養為「士」，而最終是要把人成全為「聖人」。從成為「士」到成為「聖人」，重要的不在於知識的增益，而在於身心的修養和對禮義的踐行。所以，荀子說：「不聞不若聞之，聞之不若見之，見之不若知之，知之不若行之，學至於行之而止矣。行之，明也；明之為聖人。聖人也者，本仁義，當是非，齊言行，不失豪（毫）釐，無它道焉，已乎行之矣。故聞之而不見，雖博必謬；見之而不知，雖識必妄；知之而不行，雖敦必困。」[134]在為學和施教的意義上，他把「聞」、「見」、「知」、「行」作了一種由低到高的排列，認為沒有聽見不如聽見，聽見不如看見，看見不如知曉，知曉不如踐行，學習只是到了對所領會的道理能夠踐行時才算達到了目的。由此，他指出，能躬行自己認識到的道理，那才稱得上明白、通達，能明白、通達地做人的人是聖人。聖人是那種以仁義為本、能夠確當地分辨是非而言行一致、

131　《荀子・儒效》：「先王之道，仁之隆也。比中而行之，曷謂中？曰：禮義是也。」
132　《論語・子張》。
133　《荀子・勸學》。
134　《荀子・儒效》

不失毫釐的人，他成其為聖人沒有其他途徑，只在於他能躬行他自己
的所學。因此，以「學」而論，如果一個人只是聽了許多傳聞而沒有
親身感受，即使他聽到的再廣博，也一定難免於以訛傳訛；如果一個
人只是目有所見而並沒有弄懂事理的原委，即使他見識到的東西再繁
多，也一定難免於妄加推斷；如果一個人只是知曉了一些道理而終於
不能躬行實踐，即使那些停留在口頭上的道理有千條萬條，也一定難
免於被言辭所困擾。其實，「禮」作為滲透著「理」的人倫規範，本
身就不只是一種知識，它的生機在於學禮者的篤行；所謂「學至於行
之而止」與所謂「學至乎禮而止」是可以相互詮釋、相互補充的。

荀子把「學」分為「為己」之學與「為人」之學，並稱「為己」
之學為「君子之學」，稱「為人」之學為「小人之學」。他說：「古之
學者為己，今之學者為人；君子之學也以美其身，小人之學也以為禽
犢。」[135]「為己」，是說把所學的道理用在自己身上，在踐行中提高
自己的德行品操；「為人」，是說以所學的道理炫耀於人，取悅於人。
「為己」的「君子之學」是用於完善學人自身的，「為人」的「小人
之學」把其所學當作為著干祿進身而作為禮物饋獻的禽和犢。荀子所
謂「學至乎沒而後止」、「學至乎禮而止」、「學至於行之而止」的
「學」，當然是指「君子之學」，這「君子之學」為人生提供一個精神
的支點，使人「生乎由是，死乎由是」。荀子稱這使人「生乎由是，
死乎由是」的東西為「德操」，並指出：「德操然後能定，能定然後能
應，能定能應，夫是之謂成人。」[136]他是說，人有了德行而能操持自

---

135 《荀子‧勸學》。孔子就已經說過：「古之學者為己，今之學者為人。」（《論語‧
　　憲問》）劉向之《新序》載：「齊王問墨子曰：古之學者為己，今之學者為人，何
　　如？對曰：古之學者得一善言以附身，今之學者得一善言以悅人。」荀子顯然是
　　上承孔子之旨趣相對於「今之學者」而推崇「古之學者」的。

136 《荀子‧勸學》。

已就能做到內心堅定，做到了內心堅定才能自如地回應外物，能定心於內而應物於外，就稱得上「成人」了。這裡所說的「成人」可以理解為人成就其為人或人成全其為人的過程[137]，它的起點是「士」，而最終的目標是「聖人」，處在「士」與「聖人」之間的是「法後王，一制度，隆禮義而殺（敦）詩書」的「雅儒」，及「法先王，統禮義，一制度，以淺持博，以古持今，以一持萬」的「大儒」[138]。「雅儒」和比「雅儒」品位更高的「大儒」都可以稱作「君子」，於是，由「學」而「化性」、「解蔽」以成全人的大致階序就成了這樣：「好法而行，士也；篤志而體，君子也；齊明而不竭，聖人也。」[139]依荀子的意思，喜好禮法而能躬行不怠，就可以稱作「士」了，篤守致道之志而能在踐行中有真切體悟，就可以稱作「君子」了，而智慮敏睿、明達、所思無不與道相合的人才可以稱作「聖人」。「聖人者，道之管也」[140]，「聖人者，道之極也」[141]，「聖人者，人之所積而致矣」，在「人能弘道」的意義上，聖人啟示著道的樞要，聖人顯現著道的準則，聖人卻又是人的「化性」努力的積累所造就的。聖人體現了人與道的一致，這一致是人「學」而「化性」、「解蔽」的結果。因

137　《論語・憲問》有云：「子路問成人，子曰：若臧武仲之知，公綽之不欲，卞莊子之勇，冉求之藝，文之以禮樂，亦可以為成人矣。」朱子注：「成人，猶言全人。」荀子在其《勸學》中所謂「成人」，似與孔子所論「成人」相通，但此處之「成人」不必以朱注之「全人」去理解。楊倞注《荀子》所說「成人」謂「內自定而應物，乃為成就之人」，本講所釋「成人」對楊注略有引申──把「成就之人」引申為一個過程。

138　《荀子・儒效》所謂「彼學者，行之，曰士也；敦慕焉，君子也；知之，聖人也」，《荀子・解蔽》所謂「向是（聖王）而務，士也；類是而幾，君子也；知之，聖人也」，其意致與《修身》篇對「士」、「君子」、「聖人」的說法相通。

139　《荀子・修身》。

140　《荀子・儒效》。

141　《荀子・禮論》。

此，就「學者，固學為聖人也」[142]而言，所謂「學至乎沒而後止」、
「學至乎禮而止」、「學至於行之而止」，也可一言以蔽之為學至乎聖
人而止。

荀子雖然說了「（學）始乎誦經，終乎讀禮」這樣的話，但他畢
竟知道「君子之學」不是知識，而從「誦經」中體會「德操」並不是
件容易做到的事。他看到「《禮》、《樂》法而不說，《詩》、《書》故而
不切，《春秋》約而不速」——《禮》、《樂》中雖含有法度，但未能
詳盡說明；《詩》、《書》中有不少典故，與當下人的生活並不那麼貼
近；《春秋》的旨趣隱微，使人難以較快領會其中的寓意，所以，從
勸學、施教的角度，他提出「學莫便乎近其人」，「學之經（徑）莫速
乎好其人」[143]。「學莫便乎近其人」，是說學習的最便當的方法就是接
近那些值得討教的人；「學之經莫速乎好其人」，是說學習的最快途徑
在於找到那些自己愛戴而心悅誠服的人。「近其人」、「好其人」說的
都是選擇自己心儀的師長，這師長可以是自己能親見的人，也可以是
自己所向慕的先聖先賢，而最好的師長就是可堪作為萬世師表的「聖
王」。荀子勸學、施教是分外看重「師法」的，而最高的「師法」即
是他所說的「以聖王為師，案以聖王之制為法」[144]。為師者固然可以
施予弟子道理上的教誨，而值得效法的制度、禮儀也可以以知解的方
式去認識，但重要的在於「師以身為正儀」[145]（為師者以自身的行止
為端正他人行止的準則），而踐行中的制度、禮儀也是一種活生生的
示範。因此，荀子由重「師法」所提倡的實際上是一種範本或範型教
育，這種範本或範型教育同他在學習或教育上重「行」、重「禮」的

---

142 《荀子‧禮論》。

143 《荀子‧勸學》。

144 《荀子‧解蔽》。

145 《荀子‧修身》。

取向是一致的。事實上，荀子是選擇了可作為自己效法的範本或範型的，這範本或範型即是孔子和子弓。他稱孔子、子弓為「聖人之不得勢者」，認為「孔子仁知且不蔽，故學亂（治）術足以為先王者也」[146]（孔子仁厚、明智而不蔽塞，他所修習的治理天下之術足以與先王相匹），從而主張人們「上則法舜禹之制，下則法仲尼子弓之義」[147]（遠可取法舜、禹的法度，近可取法孔子、子弓的義理）。

146　《荀子・解蔽》。
147　《荀子・非十二子》。

第八講

名　家

　　戰國中葉出現了一批「以善辯為名」的「辯士」，這些人從漢代開始被人們稱為「名家」。名家人物並不只是以口舌之爭為能事，他們往往「欲推是辯，以正名實，而化天下」[1]——試圖推擴這樣的論辯，借著端正名實的關係，為天下人立一種教化，但顯然一直未能如願。歷來學者評說名家總會帶著譏諷或輕蔑的口吻，不過有趣的是，這些不走運的「辯者」在被歷史一再邊緣化的同時，也被人們作為先秦諸子中個性鮮明的一家一再提起。荀子就曾責難名家人物：不效法先王，不尊重禮儀，喜好鑽研古怪的論題，玩弄詭異的言辭，分析過於瑣細而不切實際，徒有辯論技巧而沒有什麼用處，耗費精力多卻功效甚微，不可以靠他們來確立治國的法度。然而，他們所持見解有一定的根據，所說的那些話又都有條有理，這足以蒙蔽和蠱惑愚昧的民眾。[2]莊子也批評名家人物說：其道術乖張而駁雜，所說的那些話往往與道不相契合；不看重德行的修養，只是一味在外物的分辨上逞強，這樣的致道途徑實在不免迂曲而褊狹。[3]相比之下，史家對名家

1　《公孫龍子·跡府》（名家部分引文以明正統《道藏》為底本，參以黃克劍注：《名家琦辭疏解——惠施公孫龍研究》，北京，中華書局，2010）。

2　《荀子·非十二子》：「不法先王，不是禮儀，而好治怪說，玩琦辭，甚察而不惠，辯而無用，多事而寡功，不可以為治綱紀，然而其持之有故，其言之成理，足以欺惑愚眾，是惠施、鄧析也。」

3　《莊子·天下》：「惠施多方，其書五車。其道舛駁，其言也不中。」「弱於德，強於物，其塗隩矣！」

的治學初衷顯然有著更多的同情理解。司馬談「論六家之要指」說：名家看重「名」，使人檢點自己的行為而約束於名分，但容易忽略當下人生的那份真切感受；不過，對於他們在端正名實關係上所作的努力還是不能不看到的。又說：名家過多地糾纏於煩瑣的細節，往往使人難以領會他們說話的本意。[4]班固也在《漢書》中援引劉歆的話指出：名家之流的學說，大致出於古代負責禮儀事宜的官署。古時候，人們的名位不同，與不同名位相應的禮儀也有不同的規定。孔子說：「一定要正名」，「名不正，就會言不順；言不順，要辦的事就不能成功」。這所謂正名是名家的所長。但如果由那種喜歡挑剔細枝末節的人來做這件事，就只會把一切弄得支離破碎，使人不得要領。[5]

近代以來，學人們探究名家學理仍不時以「詭辯」相評，而又常常一言以蔽之以「唯心主義」。[6]這期間，不被時潮所搖撼，對名家別具一格的「琦辭」作切近原委的考釋的王琯、錢穆、伍非百、譚戒甫、胡適、馮友蘭、牟宗三等人，應該說是十分難得的了。但無論是作為注家的王琯、錢穆、伍非百、譚戒甫，還是作為思想家兼思想史家的胡適、馮友蘭、牟宗三，似乎都不曾對名家「琦辭」、「怪說」中涵貫的價值取向多所留心，而這種價值祈求，在我看來，相當程度地決定並限制了名家運思的大致格局和可能歸宿。在上述既有學術背景下，我想從價值進路上找到一種契機，就此探尋名家人物孜孜於「名實之辯」的心跡，也借此對一些具體論題作某種補正性的闡釋。這

---

4 《史記‧太史公自序》：「名家使人儉（檢）而善失真，然其正名實，不可不察也。」「名家苛察繳繞，使人不得反其意。」

5 《漢書‧藝文志‧諸子略序》：「名家者流，蓋出於禮官。古者名位不同，禮亦異數。孔子曰：『必也正名乎』，『名不正則言不順，言不順則事不成』。此其所長也。及警者為之，則苟鉤析亂而已。」

6 侯外廬、趙紀彬、杜國庠所著《中國思想通史》，稱名家惠施的學說為「相對主義唯心思想」，稱公孫龍的學說為「絕對主義唯心思想」，在學術界頗具代表性。

裡，當然會涉及名家學說發生的時代機遇，因此我首先要講的一個話
題就是：

「辨說」與名家

　　從《漢書》對劉歆《諸子略》的引述可以看出，至少，西漢時的
學者們已經把名家的出現關聯於孔子的「正名」之說。不過，孔子所
說的「正名」是一種「道之以德，齊之以禮」[7]的倫理而政治的實
踐，並不倚重由「名」牽帶出來的種種概念的分辨。他的「正名」說
可歸結為一句話，即所謂「君君，臣臣，父父，子子」[8]。「君君，臣
臣，父父，子子」不是對當下現實中的君、臣、父、子狀況的被動描
述或辯護性肯定，而是以「君」、「臣」、「父」、「子」的名分督責現實
的君、臣、父、子提升自己，使自己與這有著天職意味的名分盡可能
地相符：做君者合於「君」的名分，做臣者合於「臣」的名分，做父
者合於「父」的名分，做子者合於「子」的名分。孔子通過「正名」
所要確立的是一種「禮」，而「禮」的確立的依據在於「道」、「德」
和「仁」。所以，無論是做君、做父，還是做臣、做子，重要的不在
於對外在的倫理或政治位次的守持，而在於「志於道，據於德，依於
仁」[9]而「壹是（一切）皆以修身為本」[10]。在孔子看來，「道」、
「德」、「仁」都不是巧言或雄辯所可述說或論證的，它只能在人的致
道、修德、求仁的真切生命踐履中「默而識之」[11]。因此，對於

7　《論語・為政》。

8　《論語・顏淵》。

9　《論語・述而》。

10　《禮記・大學》。

11　《論語・述而》。

「君」、「臣」、「父」、「子」這樣的有著天職內涵的名分，孔子從不借重概念予以界說，從不作言詮上的分析或論辯，他更多地只是以那種可作為範本的實例對人們作必要的啟迪或引導。「祖述堯舜」是一種範本引導，同樣，作《春秋》以「上明三王之道，下辨人事之紀」[12]，也是一種範本引導。孔子對言說的局限性和由言說可能帶來的消極後果是敏感而有所警覺的；他有過「天何言哉？四時行焉，百物生焉，天何言哉」的感歎，由此他曾由衷地告訴他的弟子「予欲無言」[13]。「無言」或「默而識之」的生命體證是不可能導致論爭的，依孔子的「君君，臣臣，父父，子子」式的「正名」要求，決不至於引發名家那樣的名實之辨。

　　比孔子略早，道家的創始人老子就已經體悟到隱貫在森然萬象中的形而上的「道」，而且在他那裡，伴隨著這一重體悟的還有另一重體悟──對言語用於表達「道」時的那種困窘的體悟。「道可道，非恒道；名可名，非恒名」[14]；「恒道」的不可言說，「恒名」的不可命名，使老子在不得已的言說中主張「行不言之教」[15]。此後，道家學說的另一位宗師莊子，以「大道不稱」（大道無名可稱）、「道昭而不道」[16]（能被昭示出來的道不是真正的道）的說法，重申了老子所謂「行不言之教」，並基於「大辯不言」（高明的論辯不借重語言）的論斷痛切地提出了「言無言」[17]（以無言為言）。如同儒家的「默而識之」，道家的「不言之教」不可能對借助概念的辯難推波助瀾，而且正因為這樣，各有宗趣的儒家、道家學說在它的創始者那裡並沒有引

12　《史記‧太史公自序》。

13　《論語‧陽貨》。

14　《老子》一章。

15　《老子》二章。

16　《莊子‧齊物論》。

17　《莊子‧寓言》。

出任何口舌或刀筆之爭。

　　老子、孔子之後，墨子在道家、儒家之外另立一種教化，為了抗衡儒術以闡揚「兼愛」、「非樂」的學說，開了字句必較的論辯之端。墨子的辯鋒是犀利的，這從他同一位「日者」——借觀測天象變化而預斷人事吉凶的人——的一場辯論多少可以看出。一次，墨子到北方的齊國去，途中遇到一位日者，日者對他說今天帝顓頊殺黑龍於北方，你的膚色發黑，不宜北去。墨子沒有聽他的話，繼續向北；結果，淄水氾濫，無法渡河，只好返回。日者自詡有先見之明，於是墨子就以膚色白的人照樣無法渡河為理由同他辯論了起來。辯論到最後，墨子說：「以你的那些話非難我說的道理，這就像是以卵擊石，即使把天下的卵都擊碎了，石頭還是石頭。」[18]這些話說得咄咄逼人，毫不相讓。此外，在辯論中，墨子往往對論戰雙方所用概念的辨析也分外執著。例如，他同一位儒者有過這樣一場辯論：「子墨子問於儒者曰：『何故為樂？』曰：『樂以為樂也。』子墨子曰：『子未我應也。今我問曰：「何故為室？」曰：「冬避寒焉，夏避暑焉，室以為男女之別也。」則子告我為室之故矣。今我問曰：「何故為樂？」曰：「樂以為樂也。」是猶曰：「何故為室？」曰：「室以為室也。」』」[19]這段論戰性對話的大意是：墨子問一位儒者：「為什麼要有音樂」，這位元儒者說：「樂是為了樂。」墨子於是就說：「你這樣說等於沒有回答我。要是我現在問：『為什麼要有房屋？』你一定會說：『那是為了冬天避寒，夏天避暑，為了男女有別，便於居住。』而我現在問的是『為什麼要有音樂』，你卻說『樂是為了樂』，這就像我問你『為什麼要有房屋』，你卻回答我『有房屋是為了房屋』一

18　《墨子・貴義》：「以其言非吾言者，是猶以卵投石也；盡天下之卵，其石猶是也。」
19　《墨子・公孟》。

樣。」可以說，墨子把「樂以為樂」置換為「室以為室」從邏輯上責難論敵是有涉詭辯的，因為以「室以為室」這樣的同義反復的說法比擬「樂以為樂」並不妥當——「室以為室」的說法中前後兩個「室」字內涵完全相重，而「樂以為樂」的說法中前面的「樂」字應讀為「樂」（ㄩㄝˋ），是指音樂，後面的「樂」字應讀為「樂」（ㄌㄜˋ），是指音樂帶給人的那種快樂或歡悅。不過，正是從這裡，我們反倒清楚地看到，墨子所發起的論辯是立足於概念辨析的；就這一點而言，墨子的確開了戰國時代注重「名」、「言」論辯的先河，他不再像老子、孔子那樣出於對言說局限的警惕而恪守「不言之教」或「默而識之」的信念。

出於對墨家一味非難儒學的回應，儒家從孟子起「十字打開」而力辯諸子。孟子在所謂「聖王不作（興起），諸侯放恣（放縱），處士（未進入仕途的士人）橫議，楊朱、墨翟之言盈（滿）天下」的情形下，「閑（衛）先聖之道，距（拒）楊、墨，放（去除）淫辭（邪曲不正之辭）」，時人稱他「好辯」，而他自己為自己聲辯說：「予豈好辯哉？予不得已也。」[20]面對遍佈天下的「楊朱、墨翟之言」，他不能不「言」；他的所言雖然主要在於駁斥楊、墨，但也有不少屬於與告子之徒及有著黃老之學背景的稷下學人宋鈃、淳於髡的論爭。論辯是以儒家學說為尺度的，那些與孔儒之道相違離的言辭被一概貶責為詖辭、淫辭、邪辭、遁辭。孟子自稱他是「知言」的，這「知言」意味著「詖辭知其所蔽，淫辭知其所陷，邪辭知其所離，遁辭知其所窮」[21]。就是說，所謂「知言」，即是：對於那些偏頗過當的言辭，知道它在哪裡出了弊端；對於那些浮誇失實的言辭，知道它在哪裡出現了失

---

20 《孟子・滕文公下》。

21 《孟子・公孫丑上》。

誤；對於那些邪僻乖謬的言辭，知道它在哪裡背離了正道；對於那些支吾搪塞的言辭，知道它在哪裡理屈詞窮。從孟子對「詖辭」、「淫辭」、「邪辭」、「遁辭」及其弊害的分析和辨別，可以想像這位上承孔子思想的儒學宗師曾怎樣參與了那種種辭豐意雄的辯論。孟子與告子曾有過一場關於人性的辯難，從中最可看出孟子辯術的精到和他對抗辯中所用「名」、「言」的微妙意蘊的經心。告子宣稱人性就像內蘊流勢而迴旋著的水，從東面決口就向東流，從西面決口就向西流，無所謂善與不善，孟子反駁說：水，的確不能說它一定向東流或一定向西流，但誰能說它的流向跟地勢高低沒有關係呢？人性向善就像水流向下，水沒有不向下流的，人性沒有不善的。而當告子說「生之謂性」時，孟子與告子有了下面一段辯難的對話：「孟子曰：『生之謂性也，猶白之謂白與？』曰：『然。』（曰：）『白羽之白也猶白雪之白，白雪之白猶白玉之白與？』曰：『然。』（曰：）『然則犬之性猶牛之性，牛之性猶人之性與？』」[22] 這段對話用現在的話說，就是——孟子說：你說「生之謂性」，那不就像是說「白之謂白」嗎？告子回答：「是的。」孟子接著說：「那麼，白羽之白就可以說是白雪之白，白雪之白就可以說是白玉之白了？」告子回答：「是的。」於是孟子說：「要是這樣，豈不是可以說犬之性就是牛之性、牛之性就是人之性了嗎？」像這樣的辯難，顯然已經與後來被人們稱作「名家」的那些人的辯難很有些相似了。宋儒程頤評價孟子說「孟子有功於聖門，不可勝言」，卻又說「孟子有些英氣，才有英氣，便有圭角，英氣甚害事」[23]。他所說的「英氣」、「圭角」是就整個生命格局、學術氣象而言的，但「不得已」的「好辯」可能是這英氣的最直觀的表現。

---

22 《孟子·告子上》。

23 朱熹：《四書章句集注·孟子序說》。

　　戰國中後期，辯難之風盛行，關聯著「正名」祈求的「名實之辯」在一個特定的向度上把問題引向對言喻分際的留意。於是，被後來史家稱為「名家者流」的一批「辯士」或「辯者」應運而生。這名家中最負盛名的人物是惠施和公孫龍。不像墨子和孟子那樣只是為了申述或辯解墨家或儒家既經確認的觀點才起而辯難，惠施和公孫龍把辯難所涉及的思維方式或語言性狀本身拓展為一個有獨立探討價值的領域，儘管無論是惠施還是公孫龍在言辯中都有自己的主導價值取向。荀子一向鄙薄惠施、公孫龍之徒，不過，他曾這樣談到「辨說」的起因：「夫民易一以道，而不可與共故。故明君臨之以埶（勢），道之以道，申之以命，章之以論，禁之以刑，故其民之化道也如神，辨埶（說）惡用矣哉！今聖王沒，天下亂，奸言起，君子無埶（勢）以臨之，無刑以禁之，故辨說也。」[24]那意思是說：憑藉「道」使百姓達到一致並不難，但不宜讓他們都知道所以如此的緣故。因此，高明的君主以權勢統率他們，以道引導他們，以政令約束他們，以輿論昭示他們，以刑律禁阻他們。所以依這種方式教化百姓往往會有神奇的收效，哪裡還用得上「辨說」呢？當今，沒有了聖明的天子，天下大亂，奸言四起，有才德的人沒有統率百姓的權勢，不能以刑律禁止那些不法的行為，於是才不得不採用「辨說」的辦法。這之後，韓非再一次說起「辯」在戰國時代的發生，他指出：「是以儒服帶劍者眾，而耕戰之士寡，堅白無厚之詞章（彰），而憲令之法息。故曰：上不明，則辯生焉。」[25]依荀子的看法，「辨說」原是出於「聖王沒，天下亂，奸言起」情勢下的不得已，因此捲入「辨說」的戰國諸子——當然包括名家在內——還被稱作「君子」；而韓非說「辯」，重在譴責由

---

24 《荀子‧正名》。
25 《韓非子‧問辯》。

於「上不明」而被放縱的「儒服帶劍者」和持「堅白無厚之詞」的人，他直截了當地把這些儒家、墨家和名家的人物稱作徒害無益的「蠹」蟲。但無論對於韓非還是荀子說來，「辯」或「辨說」的風行都意味著世風的頹敗，只是韓非對「辯」的非難所用的是「令者，言最貴者也；法者，事最適者也。言無二貴，法不兩適」的法家繩墨，荀子雖然在對「辨說」的評論中也透露了他對「臨之以勢」、「禁之以刑」的看重，但從總體上看，他所念念不忘的還是最能體現儒家學說宗趣的「道之以道」（以道引導之）。

其實，惠施、公孫龍等「辯士」的出現，除開「天下亂」、「上不明」這一「辨說」可能發生的背景外，「名」或「言」的自覺——其獨立價值和內在限度的被反省——也是一個不可忽視的原因。名家人物的話語往往詭譎怪異，但他們的任何一個被嘲諷為「琦辭」、「怪說」的命題都不是討巧的遊戲。《莊子·徐無鬼》篇記有一則莊子的逸聞，說的是，有一次莊子送葬路過惠施的墓地不禁感慨起來，就對跟從他的人們說了一個故事——莊子說：楚國都城郢這個地方，有一個人在鼻尖上塗了一片白灰，像蒼蠅的翅膀那麼大，讓一位姓石的匠人用斧子削下來。那位姓石的匠人揮動斧子，帶著風聲信手砍去，白灰被清除得乾乾淨淨，鼻子卻一點也沒有傷著，而鼻尖上塗白灰的那個人若無其事地站在那裡，沒有絲毫驚慌的神情。宋元君聽說了這件事，就把姓石的匠人找來，對他說：「你試著為我照樣做一遍看看。」姓石的匠人說：「我是能削掉鼻尖上的白灰的，但可惜我的那個搭檔早就死了。」說完這段故事後，莊子說，惠子一死，我沒有了對手，我再也找不到一個能跟我對談的人了。[26]自夫子之死也，吾無

---

26 《莊子·徐無鬼》：「莊子送葬，過惠子之墓，顧謂從者曰：『郢人堊慢其鼻端，若蠅翼，使匠石斫之。匠石運斤成風，聽而斫之，盡堊而鼻不傷，郢人立不失容。宋元君聞之，召匠石曰：「嘗試為寡人為之。」匠石曰：「臣則嘗能斫之。雖然，臣之

以為質矣，吾無與言之矣！』」莊子自比那位斧藝絕倫的姓石的匠人，這當然可以看出他那恣縱不儻的生命情調，而他把惠施比作那個面對揮動的利斧「立不失容」的楚國人，也足見被莊子引為論辯對手的惠施是何等沉著、從容而涵養深厚的人物。與惠施齊名的公孫龍在諸子甚至史家那裡遭遇的誤解顯然更大些，但這位以「白馬非馬」之辯聞名於世的「辯士」，同樣是一個富於學識魅力的人。《公孫龍子》一書的《跡府》篇記載了他的這樣一段事蹟：有一次，公孫龍與孔子的後人孔穿在趙國平原君的家中相遇。孔穿說：「早就聽說先生有高深的義理，想做您的弟子已經很久了，只是不敢苟同先生的『白馬非馬』之說。希望您放棄這個說法，我願意拜您為師。」公孫龍說：「先生的話欠妥了，我之所以為人所知，只是因為『白馬論』而已。要是讓我現在放棄它，那就沒有什麼可以教人的了。況且，一個人想拜人為師，往往是因為自己的智力和才學不如人，可是現在您倒要指使我放棄『白馬論』，這是先示教於我然後再拜我為師。先示教於人再拜人為師，這是於理有悖的。」[27]公孫龍的這些話說得機智而又莊重，在他的嚴謹的論辯邏輯中，洋溢著的是坦誠而執著的生命氣韻。名家雖然以「辨說」聞名，但無論是惠施，還是公孫龍，都從來沒有因為游走於虛辭浮文而失去他們精神的重心。同是在「聖王沒，天下亂」的世道中尋找一種可能的出路，儒、道、墨、法、陰陽家在價值取向上都有自己的抉擇，名家人物同樣有其毫不含糊的價值判斷。名家的社會歷史良心是滲透在看似奇詭的辯難中的，他們的「琦辭」、

質死久矣！」

27 《公孫龍子‧跡府》：「龍與孔穿會趙平原君家。穿曰：『素聞先生高誼，願為弟子久，但不取先生以白馬為非馬耳！請去此術，則穿請為弟子。』龍曰：『先生之言悖。龍之所以為名者，乃以白馬之論爾。今使龍去之，則無以教焉。且欲師之者，以智與學不如也。今使龍去之，此先教而後師之也；先教而後師之者，悖。』」

「怪說」貫穿著認真得多的救世主張。如果看不到這一點，那是不足以尋問名家立論的真諦的，更不用說去評判名家學說的得失了。

下面講：

惠施的「合同異」之辯

兩漢以來，學者們討論「名家者流」往往把出於不同角度的名家命題混為一談。明清之際，方以智注意到歷來所謂「名家」其實是不可一概而論的，但只是到了20世紀30年代初，馮友蘭撰寫《中國哲學史》時，名辯的派系才有了切近真趣的劃分。馮友蘭指出：名家「當分二派：一派為『合同異』；一派為『離堅白』。前者以惠施為首領，後者以公孫龍為首領」[28]。此後，這種對名家兩派的辨別在學術界獲得了持續的認同。不過，贊同這一劃分的某些學人往往把「合同異」與「離堅白」放置在相互駁斥的地位，而實際上，「合」只是合「同異」而不是合「堅白」，「離」也只是離「堅白」而不是離「同異」，「離」、「合」在這裡並不構成真正的對立。相比之下，這一劃分的提出者顯然要清醒得多，他說：「惠施、公孫龍代表名家中的兩種趨向，一種是強調實的相對性，另一種是強調名的絕對性。」[29]強調「實的相對性」與論說「名的絕對性」是理路的錯落，而不是論旨的抵牾，二者各執一端，卻又相互補充。

據莊子說，「惠施多方，其書五車」，可惜他的著述到漢代時就已經逸失殆盡了。《漢書・藝文志》所著錄的《惠子》僅有一篇，而至少在隋唐之後，人們想一睹惠施當年「辨說」的風采，就只能借助那

28　馮友蘭：《中國哲學史》，268頁，上海，商務印書館，1934。

29　馮友蘭：《中國哲學簡史》，100頁，北京，北京大學出版社，1985。

些散見於《莊子》、《荀子》、《韓非子》、《呂氏春秋》等古籍的輯錄或
評說性文字了。在這類文字中，《莊子》的《天下》篇中所輯錄的惠
施「曆物之意」的十個論題，最能表達立論者假物取譬、「遍為萬物
說」的學術意趣。這十個論題是：

（一）「至大無外，謂之大一；至小無內，謂之小一。」

（二）「無厚不可積也，其大千里。」

（三）「天與地卑，山與澤平。」

（四）「日方中方睨，物方生方死。」

（五）「大同而與小同異，此之謂小同異；萬物畢同畢異，此之
謂大同異。」

（六）「南方無窮而有窮。」

（七）「今日適越而昔來。」

（八）「連環可解也。」

（九）「我知天下之中央，燕之北，越之南是也。」

（十）「泛愛萬物，天地一體也。」

這十個論題都在於借「合同異」的辨說來提示一種「泛愛」的價
值取向。其中，首先值得留意的是（一）、（五）、（十）三個論題。

第一個論題所指示的是「合同異」這樣一個說法的適用範圍，或
「合同異」這一觀念所能籠罩的領域，這即是「大一」與「小一」之
間的「實」的世界。至大無外──大到沒有邊際因而沒有它之外可言
的境地──的「大一」，至小無內──小到沒有跡象因而沒有它之內
可言的境地──的「小一」，是「大」、「小」的兩極或所謂兩個極
端，這兩極只能由下定義或作界說得到，不能從經驗的世界中得到，
因此，它們只能存在於我們的觀念中，永遠不可能被我們的經驗所證
實。「大一」與「小一」只有「異」而沒有「同」，兩者無從講「合同
異」，也就是說，「合同異」的說法不適用於對「實」（實際事物）無

所指的純「名」（純概念）或絕對的「名」（絕對概念）的領域。除此之外，「實」的世界或經驗世界——「至大」與「至小」或「大一」與「小一」之間的世界——中的一切，所有事物相互間的「同」、「異」都是相對的，都可以「合」其「同」、「異」而將「同」、「異」作一體把握。[30]

　　第五個論題說的是「合同異」的層次：經驗事物的個體在「種」內的「同異」之辨或經驗事物的「種」在它所「屬」範圍內的「同異」之辨是「小同異」之辨；「萬物」各個相「異」，而相異的萬物畢竟在它們各個為「物」這一點上有它們的相「同」之處，這樣的「同異」之辨是整個經驗世界的「大同異」之辨。「小同異」之辨是一定範圍的「同異」之辨，也就是一定範圍的事物之間既「同」又「異」的「合同異」之辨；「大同異」之辨是整個經驗世界範圍內萬事萬物既「異」又「同」之辨，也就是天地萬物範圍的「合同異」之辨。對於惠施說來，經驗事物間的「合同異」之辨，既包括了對這一物與那一物、這一種物與那一種物、這一物與所有其他物在同一時刻的既「異」又「同」的分辨，又包括了對某一物或某一種物在這一時刻與那一時刻既「同」又「異」的分辨；因此，無論是「小同異」，還是「大同異」，都既可以在空間擴展的意味上去說，也可以在時間推移的意味上求取，因而，真正說來，所謂「合同異」之辨總是那種動態的時空視野中的「異」中求「同」或「同」中涵「異」之辨。

---

30 郭沫若關於「大一」、「小一」的一個看法顯然是錯的，他說：「惠施承繼著老聃的『大一』的思想，似乎把它擴展到了無神，他是把本體來代替了天。但他的思想比老聃更進了一步是提出了『小一』來。這個觀念頗如今之原子、電子，他是說萬物都有其『大一』的本體，而萬物之實現是由『小一』所積成的。無論由『大一』言或由『小一』言，天地萬物都是一體。……」侯外廬等所著《中國思想通史》在引述這段話時表示，他們對郭沫若所說「大體可以同意」（侯外廬、越紀彬、杜國庠：《中國思想通史》第一卷，431-432頁）。

　　第十個論題申明的是「合同異」之辨的價值內涵：既然「大一」與「小一」之間的天地萬物都既相「異」又相「同」，那麼，從相對的「同」處看，天地原只是「一體」，一個不可割裂的整體，人處在這樣的「一體」世界中，就應該同類相惜、同體相愛而「泛愛萬物」。「泛愛」是「合同異」之說的主題，是惠施所有「苛察繳繞」之辭的命意所在、謎底所在。

　　上面說到的三個論題都是「合同異」之說創意、立制的元論題；它們是其他若干論題的意義最後得以確定的依據。第一、五兩個論題的原創特徵是顯而易見的，「合同異」之說只是從這裡出發才有了它的統緒可辨的格局。第十個論題似乎是前面的那些論題推導出來的一個結論，其實，它作為一種被認定的價值取向，從一開始就賦予了其他論題某種內在的韻致，而使那些奇詭的措辭最終不至於落為機辯的遊戲。

　　第二、三、四、六、七、八、九等論題，是對第五論題的取譬式發揮，出語雖然「琦」、「怪」，但意趣都極其懇切。前人對這些論題有過種種疏解，下面，我將按照第一、五、十等論題的提示對它們逐一重新作一種破譯。

　　論題（二）：「無厚不可積也，其大千里。」

　　破譯這一論題的要害在於「無厚」一語，前人對此考辨頗多，但大都似是而非，不足為訓。《莊子》的《養生主》篇，寫有一段庖丁解牛的故事，其中庖丁在談到自己解牛的訣要時說：「彼節者有間，而刀刃者無厚，以無厚入有間，恢恢乎其於遊刃，必有餘地矣。」這話的意思是：牛的骨節相接的地方總有間隙，而鋒利的刀刃是薄得幾乎沒有厚度的，以這無厚度的刀刃進入骨節間的空隙，遊刃其中必有大得多的餘地。馮友蘭引用了這個典故，以「刀刃者無厚」的「無厚」解「無厚不可積也」的「無厚」，這對於論題的破譯邁出了決定

性的一步，但很快，他的思路就從這裡岔開了。他說：「無厚者，薄之至也。薄之至極，至於無厚，如幾何學所謂『面』。無厚者，不可有體積，然可有面積，故可『其大千里』也。」[31]當「無厚」最終被確定為「幾何學所謂『面』」時，他丟棄了他起初找到的那個出發點。事實上，惠施所說「無厚」是就經驗世界的「實」──如「刀刃」的「無厚」──而言的，是對薄的東西的一種形容，不是指「幾何學所謂『面』」那樣的純「名」或純概念意義上的「無厚」。馮友蘭一方面認為惠施的這一論題重在強調「在形象之內」的「實的相對性」，一方面又把「無厚」理解為「幾何學所謂『面』」那樣的「超乎形象」而非可「實」指的狀態，這是他的邏輯的自相乖離。如果以「無厚」為「刀刃者無厚」那種對「實」有之薄的形容，而不是對幾何學的面那樣的「無厚」（沒有厚度）的稱謂，那麼，這個論題就應該做下面的解釋：「不可積」──難以見到體積而幾乎不可量度──的「無厚」極薄之物，仍可以使它薄而又薄，在動態的薄下去而趨近（不是達到）幾何學的面時，它可以延展到千里之大。可以用「無厚」來形容的極小極薄的「實」物（如金箔、錫箔等），其在上下維度上薄而又薄的動態延展中卻在長寬維度或四圍維度上可大到千里，這「小」、「大」的相依相隨正說明著「異」（小大有別）、「同」（同一個「無厚」之物）的相「合」。換句話說，這是小（厚度小）與大（面積大）的「合同異」。

論題（三）：「天與地卑，山與澤平。」

這裡的「卑」與「比」相通，「比」有「近」、「靠近」、「親近」

---

31 馮友蘭：《中國哲學史》，247頁；又見馮友蘭：《中國哲學簡史》，103頁，其云：「『無厚不可積也，其大千里。』這是說，大、小之為大、小，只是相對地。沒有厚度的東西，不可能成為厚的東西。在這個意義上，它可以叫做小。可是，幾何學中理想的『面』，雖然無厚，卻同時可以很長很寬。在這個意義上，它可以叫做大。」

的意思。因此，荀子也把這一論題轉述為：「山淵平，天地比。」[32]唐人楊倞注《荀子》一書，在注「山淵平，天地比」時援引了一段話，他說：「或曰：天無實形，地之上空虛者盡皆天也，是天地長親比相隨，無天高地下之殊也。在高山則天亦高，在深泉則天亦下，故曰天地比。地去天遠近皆相似，是山澤平也。」這個被引述的「或曰」，對「天與地卑，山與澤平」剖釋得很透徹，可謂不易之論。這裡要強調的是，「卑」（「比」）天地、「平」山澤不過是「合同異」的一個例說──山與澤一高一下兩者相「異」，但高下相「異」的山澤在吻接天地而使天地處處親比無間這一點上又完全相「同」，「同」、「異」由此相「合」於一體。

論題（四）：「日方中方睨，物方生方死。」

這是在說萬物處在不捨剎那的時間之流中每一刻都在變化，不會有瞬息的停頓。在古人的觀念中，地是靜止的，「日」是不停地在大地上空依一定的方向移動的。依惠施的看法，不停地移動著的「日」在它剛剛處於天的正「中」的那一刻就已經在偏斜（「睨」），這正和偏或「中」和「睨」在太陽看似正中的一剎那同時存在於移動著的「日」。同樣，「物」有「生」必有「死」，它的「生」的開始也是它的「死」的開始，「生」是一個過程，「死」也是一個過程；物「生」著的時候物也「死」著，「生」、「死」在同一物上如影隨形。一旦「生」的過程結束，「死」的過程也就結束了，它「生」的剎那就是「死」的剎那，這叫「方生方死」。「中」與「睨」（斜）對於「日」相「異」而又相隨，「生」與「死」對於「物」相異而又相即，這是「同」、「異」相「合」或「合同異」的又一個例證。

論題（六）：「南方無窮而有窮。」

---

32 《荀子‧不苟》。

　　論題（七）：「今日適越而昔來。」

　　論題（八）：「連環可解也。」

　　對這三個論題，有的學者是關聯在一起求解的，為了便於指出其求解中的失誤，這裡也把三個論題一併提出來。近人張默生在他所著的《莊子新釋》一書中說：「今日適越而昔來」句，「殊違反邏輯，不免涉於詭辯，（古來）各家所解，均難使人心服」[33]。其實，如果過多地執著於文辭的表面推理，論題（六）和（八）也同樣可以用「殊違反邏輯，不免涉於詭辯」去指責的。「（古來）各家所解，均難使人心服」，也許是一個事實，但由此對面前的論題以「詭辯」相貶斥可能恰恰表明了認真的解釋者的困窘。從胡適編撰《中國哲學史大綱（卷上）》（1919）以來，西學東漸背景下的中國學人往往以惠施已諳曉地圓說為預設來解釋其相關論題。胡適指出：「惠施論空間，似乎含有地圓和地動的道理，如說『天下之中央，燕之北，越之南，是也。』燕在北，越在南。因為地是圓的，所以無論哪一點，無論是北國之北，南國之南，都可以說是中央。又說：『南方無窮而有窮。』因為地圓，所以南方可以說有窮，可以說無窮。南方無窮，是地的真形；南方有窮，是實際上的假定。又如『天與地卑，山與澤平』，更明顯了，地圓旋轉，故上面有天，下面還有天；上面有澤，下面還有山。又說『今日適越而昔來』，即是《周髀算經》所說『東方日中，西方夜半；西方日中，東方夜半』的道理。我今天晚上到越，在四川西部的人定要說我『昨天』到越了。……」[34]儘管胡適在推斷惠施論空間「含有地圓和地動的道理」時，用了「似乎」這樣的字眼以表明他的出語謹慎，但他對惠施論題的解讀畢竟始終立足在這個「似乎」上。

---

33 張默生原著、張翰勳校補：《莊子新釋》，754頁。

34 胡適：《中國哲學史大綱》卷上，203-204頁，北京，東方出版社，1996。

上承胡適，當代新儒家著名代表人物牟宗三甚至沿著同一思路進而把論題（六）、（七）、（八）聯為一題以尋求答案。這個有趣的失誤是值得一提的，它至少表明，生活在今天的人們想要求得與古人心靈的相通是件多麼不容易的事。牟宗三認為：「『連環可解也』並不是獨立的一條，而是對前兩句的提示。『連環』是副詞，《天下篇》言『其書雖瑰瑋，連犿無傷也。』語中的『連犿』用字雖不同，但意思相同。『連犿無傷也』意為『宛轉無妨礙』，『連環可解也』意為『圓轉可理解』，也是個提示語……『南方無窮而有窮，今日適越而昔來，連環可解也』就是把宇宙看成圓的。……惠施於此有個洞見，即『宇宙是圓的』。」[35]「宇宙是圓的」被說成是惠施的「洞見」，但正是這一「洞見」的發現又使他發現了惠施的一個「錯覺」，他說：「惠施這句話中包含了一個錯覺。『南方無窮而有窮』是從空間而言，而『今日適越而昔來』則是個時間的問題。惠施把時間問題空間化，而將時空混一。」[36]。這別出心裁的說法當然可以在名家研究中聊備一格的，不過，比起前人的其他解釋來，新提法的邏輯上的矛盾反倒更多了一層。如果「連環可解也」果真不過是「提示語」，為什麼它只是被放在第六、七兩論題後作「提示」而不是放在第九論題後一併作「提示」呢？而第九論題「我知天下之中央，燕之北，越之南是也」原是可以與前兩個論題歸為一類的。至於說惠施「將時空混一」，那完全是因為責備惠施的牟宗三把六、七兩論題合而為一（「混一」）的緣故，如果對幾個論題分別求解，那麼，「時」原本只是「時」，「空」也原本只是「空」，所謂「時空混一」自然也就無從說起了。

把「宇宙是圓的」推想為惠施的「洞見」，似乎是得了「南方無

35 牟宗三：《中國哲學十九講》，195頁，上海，上海古籍出版社，1997。
36 同上書，196頁

窮而有窮」的真解，但當論題被框進一種科學視野時，其中所蘊涵的
哲學意趣也就被遮蔽了。戰國時期的惠施是否已經有「地圓和地動」
的「洞見」是不能輕率下斷語的，而重要的是，由「無窮」和「有
窮」所表達的「南方」的相對性原是不需要以「地圓」或「宇宙是圓
的」為前提去解說的。在惠施看來，任何一個被稱作「南方」的地方
對於比它稍南的地方來說都是北方，在「實」的世界或經驗世界裡，
永遠不會有絕對意義的「南方」。換句話說，正是因為「南方」沒有
邊際（「無窮」），所以無論怎樣「南」的「南方」，都會相對地成為
「北方」（「有窮」）；動態地看「南方」，「南方」可以說到「無窮」遠
處，但在這動態的「南方」中，每一處「南方」又無不可以說是更南
方的某個地方的北方。南方在「無窮」地延續著，而構成這無窮延續
的是無限多個「有窮」的可稱作某某地方的「南方」。

　　與「南方無窮而有窮」所表述的空間維度上的「南」、「北」的相
對性相應，「今日適越而昔來」要告訴人們的是時間維度上的「今」、
「昔」的相對性。破譯這一論題的關鍵在於鬆開「今日」的執著。時
光如水，原是剎那都在流逝的。人們通常以「今日」、「昔日」計時，
把時間分成有節奏的段落，只是為了生活上的方便，但習慣也往往使
人們靜態地看待某一時段，以致把這一時段與那一時段絕對地間隔開
來。張默生說「今日適越而昔來」的說法「違反邏輯，不免涉於詭
辯」，就是失誤於今昔時段的機械劃分。實際上，「日」在古代兼有
「時」的意思，因此「今日」也可以解釋為「今時」。如果以「今
時」解「今日」，「今」與「昔」的相對就是當下的相對而不只是某個
較長時段的相對。在時間之流中，「今」當下即是「昔」，才說是
「今」，「今」已成「昔」。時間的方「今」方「昔」，正好與「日方中
方睨」的理趣相貫；才「中」即「睨」方有日影的移動，才「今」即
「昔」方有時間的永無止息的流逝。「適越」在「今」，但「今」在剎

那間即變為「昔」，由「今」、「昔」的剎那轉換領會「今日（時）適越而昔來」，並沒有邏輯上的不通，稱這一論題「不免涉於詭辯」，實在是委屈了論題提出者的靈動的智慧。

至於「連環可解」，當然也可以表述為「環方連方解」，這樣，這個論題的寓意就和論題（四）「物方生方死」完全一致了。馮友蘭解這個論題說：「連環是不可解的，但是當它毀壞的時候，自然就解了。」[37] 這樣破解論題大體上是說得通的，不過，如果把連環的自己解除看做一個過程，由「環」的方「連」方「解」──「連」的過程同時也是「解」的過程──理解「連環可解」，那會使意味更圓融一些。

論題（九）：「我知天下之中央，燕之北，越之南是也。」這對於以燕之南、越之北的中原地區為「天下之中央」的習慣性看法是一個悖論，這樣斷言「中央」的位置等於是在告訴人們無邊無際的「天下」本來就無所謂中央。西晉經學家司馬彪在他撰述的《莊子注》中詮釋這一論題說：「天下無方，故所在為中；迴圈無端，故所在為始也。」這個解法與惠施對空間方位的相對性的指示是契合的，可以稱得上是一種達解了。

惠施還有「卵有毛」、「馬有卵」、「龜長於蛇」、「白狗黑」一類詭異的辯說之辭，這些「琦辭」正像上述論題（二）、（三）、（四）、（六）、（七）、（八）、（九）一樣，只有關聯著論題「大同與小同異，此之謂小同異；萬物畢同畢異，此之謂大同異」，才能從邏輯上獲得相當的理解，也只有關聯到論題「泛愛萬物，天地一體」，也才能透過措辭的詭異真正領悟這種種說法的意趣所歸。莊子對惠施的學術有

---

37 馮友蘭：《中國哲學簡史》，105頁。

「駘（放）蕩而不得，逐萬物而不反（返）」^{38}之歎，但細細品味那些
煞似怪誕的言辭，其實無不統之有宗，會之有元。它們的邏輯樞紐在
於「萬物畢同畢異」的「合同異」，它們所蘊涵的價值取向在於一體
天地而「去尊」以「泛愛」。那些被認為是「逐萬物」或「散於萬
物」的論題——例如「南方無窮而有窮」、「今日適越而昔來」、「卵有
毛」、「馬有卵」等——都不過是就近取譬的種種隱喻，其辭「散」，
其意不散，在看似「逐」於「萬物」的言辯中始終貫穿著一種「愛」
的情愫。對這一份「愛」不能了悟，不足以討論「合同異」，更不足
以評說以「合同異」的辯難為能事的惠施。

下面，接著講：

公孫龍的「離堅白」之辯

萬物的「同異」可以「合」而論說，指稱天下事物種種性狀的
「名」又可以「離」而分辨。惠施「遍為萬物說」取的是「合」的路
徑，由此他認可「天地一體」；比惠施晚出約半個世紀的公孫龍以
「離」為契機，由「正名實」而稱述「古之明王」。

《漢書・藝文志》著錄《公孫龍子》十四篇，現存的《公孫龍
子》一書僅有六篇。其中《跡府》篇是後人編纂的有關公孫龍生平事
蹟的文字，其餘五篇——《白馬論》、《指物論》、《通變論》、《堅白
論》、《名實論》——屬於公孫龍本人的遺作。《白馬論》是公孫龍最
知名的論著。《跡府》篇稱，公孫龍「疾名實之散亂，因資材之所
長，為『守白』之論。假物取譬，以『守白』辯，謂『白馬為非馬』
也」。由此可見，《白馬論》在《公孫龍子》一書中的地位。

---

38 《莊子・天下》。

　　《韓非子》中記有這樣一則逸事：宋國人兒說擅長辯論，曾以「白馬非馬」之說折服齊國稷下的那些辯者。但他乘白馬過城門，照樣得按規定繳納馬稅。[39]韓非的本意是要用這則逸事諷刺被他稱為「五蠹」之一的「言談者」的，不過逸事本身卻告訴人們，「白馬非馬」之說並不創始於公孫龍——至少，在比公孫龍早出約一代之久的兒說那裡就已經提出來了。只是兒說畢竟沒有留下這方面的任何文字。可以斷言的是，即使「白馬非馬」之說早就有人討論了，它也只是在公孫龍的《白馬論》中才得到系統而嚴謹的闡述。

　　「馬」是「屬」，「白馬」是「馬」這個「屬」中的一個「種」，「白馬非馬」之說從淺近處講，無非要強調「種」、「屬」有別罷了。人們通常認為「白馬非馬」的說法帶有「詭辯」的性質，那是因為習慣化了的思維往往把「非」理解為「不是」或「不屬於」，而這裡的「非」原是「不等於」或「不同於」的意思。如果把「白馬非馬」按公孫龍的本意了解為「白馬不等於馬」或「白馬與馬不等同」，這個命題就只是說了一個極平實的道理。用語方式的陌生化融進了遣詞造句者的匠心，由陌生的一維引出的思路使人們有可能發現以前一直熟視無睹的認識的死角。沿著「非」——「不等於」——這一否定指向，「白馬非馬」所展示的逐層深入的意趣大致有三重：（一）「馬者，所以命形也；白者，所以命色也。命色形非命形也。」[40]「馬」這個概念（「名」）是用來命名一種形狀的，「白」這個概念（「名」）是用來命名一種顏色的，命名顏色、形狀不等於只命名形狀。所以，

39　《韓非子‧外儲說左上》：「兒說，宋人，善辯者也。持『白馬非馬』也，服齊稷下之辯者。乘白馬而過關，則顧白馬之賦。」

40　《公孫龍子‧白馬論》。「命色形非命形也」句，《道藏》本等原文為「命色者非命形也」，今依譚戒甫之校釋改「者」為「形」。見譚戒甫：《公孫龍子形名發微》，24頁，北京，中華書局，1963。

當我們說「馬」時，就只是指出了一種形狀，當我們說「白馬」時，就不僅指出了一種形狀，而且指出了一種顏色。換句話說，就「馬」和「白馬」的「名」或概念而言，「馬」這一概念（「名」）只有形狀的內涵，「白馬」這一概念（「名」）除了有形狀的內涵外，還有顏色的內涵，不同內涵的概念不相等同，因此可以說「白馬非馬」。（二）「求馬，黃、黑馬皆可致；求白馬，黃、黑馬不可致。」[41]有人要一匹馬，給他黃馬、黑馬都沒有什麼不可；有人要一匹白馬，給他黃馬、黑馬就不行了。「馬」這一概念（「名」）的內涵少，所以外延大，包括了黃馬、黑馬、白馬等；「白馬」這一概念（「名」）的內涵多，所以外延小，它不能包括黃馬、黑馬。從外延的角度講，「白馬」當然屬於「馬」，但「馬」卻不能說屬於「白馬」，因此「白馬」與「馬」二者不相等同。（三）「馬固有色，故有白馬」，「白馬者，言白定所白也。定所白者，非白也。馬者，無去取於色，故黃、黑皆所以應；白馬者，有去取於色，黃、黑馬皆所以色去，故唯白馬獨可以應耳。」[42]這是說，馬原本就有顏色，所以才有「白馬」這個說法。「白馬」是指被白色規定了的那種馬，規定在白馬中的白色不再是白色本身。單說「馬」，那是不限定於顏色的，它對於顏色沒有取捨，所以黃馬、黑馬都與「馬」這個概念相應；「白馬」的概念不同，它對於顏色有取捨，黃馬、黑馬因為它們的顏色都被排除在這個概念之外，只有白色的馬才與這個概念相應。不受顏色規定的「馬」的概念不同於受顏色規定的「白馬」的概念，由此，公孫龍再一次強調「白馬非馬」。

　　《白馬論》辨說「白馬」、「馬」、「白馬非馬」，都是就概念

41　《公孫龍子・白馬論》。
42　《公孫龍子・白馬論》。

（「名」）而論，並不執著於經驗世界中那些實際的馬。這樣立論，一
個不言而喻的前提是認可概念或「名」對於實際事物的獨立性。作為
一個概念或一個「名」的「白馬」，不是對經驗中的某匹馬或某種馬
的如其既成狀態的被動描摹，而「白」與「馬」也因此在顏色
（「色」）與形狀（「形」）的性向上有自是其是的純粹一維。「定所白
者，非白也」，「白」成其為「白」不受「定所白者」的限制，因而
「白」是「自白」其白。「白」的「自白」其白，是「白」這一色的
性狀對一切「定所白者」──例如「白馬」、「白石」等白色某物或白
色物種──的相「離」；這個「離」的特徵的得以成立，意味著指示
事物性狀的一切概念或「名」──「黃」、「黑」、「馬」、「石」等──
都可以與「定所名者」相「離」而獨立。「名」與以「名」稱說的實
際事物相「離」而獨立，才能以內涵穩定而具有某種絕對性的「名」
衡量或評判當下的被命名的實際事物，這即是所謂「正名實」。「正名
實」是用一種本當有的情狀（本然）鑒定和督責實際存在的狀況（實
然），這樣的「正名」與春秋時孔子所說的「正名」一脈相牽，又與
戰國時法家人物所謂「循名責實」有著內在的關聯。雖然各家的價值
取向不盡相同甚至大相徑庭，但出自一種價值關切──而不是純粹的
認知興趣──去探究「名」與稱「名」而談的實際事物的關係，卻是
儒、法、名家的共通之處。

　　沿著「定所白者，非白也」的說法作一種思路的延伸，必然會從
《白馬論》引出《堅白論》。《堅白論》的主題在於「離堅白」，即
「白」、「堅」對「定所白者」、「定所堅者」的相「離」；這「離」是
公孫龍學說的根底所在。「離堅白」所蘊涵的意味有兩層：（一）「（堅
白石，）視不得其所堅而得其所白者，無堅也；拊不得其所白而得其

所堅者，無白也。」[43]石的「白」色與「堅」性不能被人的同一感官所感知，它們分別相應於人的視覺和觸覺。「白」不被觸覺所覺而「自藏」，「堅」不為視覺所覺而「自藏」，二者「離」而不合。（二）「物白焉，不定其所白；物堅焉，不定其所堅。不定者兼，惡乎其石也。」「堅未與石為堅而物兼，未與物為堅而堅必堅。其不堅石物而堅，天下未有若堅，而堅藏。」[44]任何「白」色的物都不能限定「白」色只「白」此物，任何「堅」性的物也都不能限定「堅」性只「堅」此物。不限定在某一物上的「白」色可以被其他物所兼有，不限定在某一物上的「堅」性也可以為其他物所兼備。「堅」、「白」既然可以不限定在某一物或任何一物上，它們也就不必限定在一切物上；不限定在物上的「堅」、「白」依然不失其為「堅」、「白」——所謂「未與物為堅而堅必堅」、未與物為白而白必白，這種不能為人所經驗（所觸、所視等）的「堅」、「白」是可以僅僅作為「名」而「離」人的經驗自己潛在地存在（「自藏」）的。

　　「離堅白」的「離」在公孫龍這裡有兩重含義，一是經驗層次的「堅」（手拊之「堅」）與「白」（目視之「白」）的「離」，二是「堅」（「不堅石物而堅」）、「白」（不「白」石物而「白」）對於人的經驗的「離」。「離也者天下，故獨而正。」[45]這是《堅白論》所論「離堅白」的點睛之筆。公孫龍以「堅白」為譬喻而辨「離」，想用以「化天下」的就是這「獨而正」。「白固不能自白，惡能白石物乎？若白者必白，則不白物而白焉。」[46]依公孫龍的意思，「白」如果不能自己使自己成其為「白」，又怎麼能以它指稱石或其他物的那種

43　《公孫龍子‧堅白論》。

44　《公孫龍子‧堅白論》。

45　《公孫龍子‧堅白論》。

46　《公孫龍子‧堅白論》。

「白」呢？要是「白」畢竟是自己使自己成其為「白」的，那也就不必在稱某物顏色為「白」的情形下表現自己為「白」了。同樣的道理，「堅」如果不能自己使自己成其為「堅」，又怎麼能以它指稱石或其他物的那種「堅」呢？要是「堅」畢竟是自己使自己成其為「堅」的，那也就不必在稱某物性質為「堅」的情形下表現自己為「堅」了。「白」者「自白」，「堅」者「自堅」，以至於「石」者「自石」，「自白」、「自堅」、「自石」之「自」即是由「離」而「獨」；有了這自己是自己的根據的「獨」，或者說，有了種種「名」的獨立自足，才能按照這種種獨立自足的「名」對照、評判實存的萬物而「正」天下。

任何「物」總是在指認（「指」）中才被人把握為某物的，而指認（「指」）又只能是以內涵確定的某一概念（「名」）對個別事物的描摹，於是，就產生了概念或共相（「名」）同由這概念或共相所描摹的個別事物的關係問題，也就是所謂「指」與「物」的關係問題。公孫龍為了解決這個「指」與「物」的關係問題，寫了與《白馬論》、《堅白論》意趣相貫通的《指物論》。《指物論》是《公孫龍子》中行文最晦澀的一篇，它的中心論題是：「物莫非指，而指非指。」[47]（一）在公孫龍看來，「物」總是被指認、被命名的物，這指認、命名可以簡稱為「指」，所以他說：「物莫非指」。指認或命名總是以某個概念或「名」對某一個別事物的述說，而概念或「名」一旦出現在具體的指認或命名情形中就不再是純概念或純「名」本身了；一個概念或一個「名」可以兼指一類事物中的所有事物，這種兼指之「指」與它出現在一次具體指認中的那種「指」是不同的，所以公孫龍又說：「而指非指」──這「指」（「物指」或「與物」之「指」）不是那「指」（非「與物」之「指」）。如果對公孫龍持一種同情理解的態度，我們可以

---

47 《公孫龍子・指物論》。

舉下面這個例子來解釋他的所謂「指非指」：當我們用「堅」這個概念或「名」形容一塊木材的堅硬時，這當然是一種「指」，是用一個類名指認或指示一個個別物體的某種性質，不過，出現在這具體的「指」中的「堅」顯然已經不同於那個可以兼「指」一切堅硬物的「堅」了，因為兼「指」一切堅硬物的「堅」可以指示這塊木材的堅，也可以指示那塊木材的堅，還可以指示這塊石頭或那塊石頭的堅，以至於指示這塊鋼材或那塊鋼材的堅等等。這能夠兼「指」一切堅硬物的「堅」不同於那專「指」某一堅硬物的「堅」，因此可以說，「堅」（「定其所堅」之「堅」）非「堅」（「不定其所堅」之「堅」）而「指非指」（定其所指之「指」不同於不定其所指之「指」）。（二）也許你可以這樣責難公孫龍：「指也者，天下之所無也；物也者，天下之所有也。以天下之所有，為天下之所無，未可。」[48]就是說，用以「指」或指認、命名事物的概念（「名」）並不實存於天下，實存於天下的只有「物」，以天下所實存的「物」歸於天下所沒有的「指」，這是不能允可的。但依照公孫龍的邏輯，他會這樣反駁你：當你說「物也者，天下之所有也」時，你已經是「指」著那「物」在講話了，只要你說「物」不可「指」或這「物」、那「物」如何如何與「指」沒有關係，你就是在「指」著物而談「物」，換句話說，不「指」物就無從說「物」，而這正說明了「物莫非指」。另外，你是在具體場合「指」著「物」而談的，這樣涉及的「指」是定其所指的「指」，它不同於那種不定其所指的「指」或你說的那種「天下之所無」——實際上是「自藏」——的「指」，而這又恰好說明了「而指非指」。公孫龍所要強調的是，作為不定其所指的「指」的純概念或純「名」，與作為具體指認事物時的「指」的概

48　《公孫龍子·指物論》。

念或「名」所保持的既相聯繫又相區別的張力。例如上面所提到的
「堅」，它既可以是兼「指」一切堅硬事物因而可以不定在於一切堅
硬事物上以至於「自藏」的「堅」，也可以是專「指」某一堅硬事物
的「與物」之「指」或「物指」[49]的那種「堅」。在這「堅」非那
「堅」中「堅」保持著既自藏而又顯現的張力，在這「指」非那
「指」的「指非指」中保持著「指」所以為「指」的內在張力。
（三）這由作為不定其所指的「指」的純粹概念或純「名」，與作為
定其所指的「指」或「物指」的概念間構成的張力在於：「使天下無
物指，誰徑謂非指？天下無物，誰徑謂指？天下有指無物指，誰徑謂
非指、徑謂無物非指？」[50]這是說，假使天下沒有「與物」之「指」
或「物指」，亦即沒有作為具體指認事物時的「指」的概念（「名」），
誰還徑直去說這「與物」之「指」或「物指」不同於「指」，或這具
體指認事物的概念（如「堅」石之「堅」或「與石為堅」之「堅」）
不同於純粹概念本身（如「堅」本身或「不堅石物而堅」之
「堅」）？假使天下沒有「物」，誰還徑直去說「指」？假使天下有作
為純粹概念或純「名」的「指」而這種「指」不「與物」或不與事物
的具體指認發生關係因而沒有「物指」，誰還徑直去說「物指」（指認
具體事物時用的概念或「名」）不同於「指」（「自藏」狀態的純粹概
念或純「名」）？誰還徑直去說沒有哪種物不是指認中或「指」中的
物？這裡，公孫龍再三述說的是這樣一個道理：作為概念或「名」的
「指」，既指認或命名「物」因而與「物」、「物指」（定其所指之
「指」或「與物」之「指」）牽連，卻又超越「物」、「物指」而「自
藏」。「指」的這種超越或「自藏」即是對定其所指之「指」的

---

49 《公孫龍子‧指物論》。
50 《公孫龍子‧指物論》。

「離」;《指物論》有如《白馬論》、《堅白論》,「離」依然是所論「指」、「物」、「指物」、「物指」的神韻所在。

作為對「白馬論」、「堅白論」一類設譬式論題的形式化、規範化,公孫龍在他的《通變論》中提出了「二無一」的論式。這論式奇異而有趣,它把某一純概念(純「名」)與定在化了的同名概念的相「離」以通則的方式確定了下來。「二無一」也被表述為「二無右」(其「一」)、「二無左」[51](又其「一」),它所說的是在兩個概念結合而成的新概念(「二」)中,不再存在原來的這一概念(「一」、「右」)或那一概念(「一」、「左」)。「左」(「一」)和「右」(「一」)相與(相結合)而「變」為整體之「二」,這時「左」、「右」都是定於「二」或相互定了的「一」,定於「二」或相互定了的「一」不再是原來的「一」,沒有定於「二」的「一」對於定於「二」的「一」是相「離」的。這樣的論式作為通則是不變的,相應的事例代入式中都可以得出相應的結論。例如,將「白馬論」代入這個論式,它的結論就是「白馬非馬」:「白馬」是「馬」和「白」相與(相結合)而有的「二」的整體,這整體中的「馬」(「左」之「一」)是被「白」(「右」之「一」)所定因而定於「白馬」的「馬」,這整體中的「白」也是被「馬」所定因而定於「白馬」的「白」,「白馬」(「二」)之「白」已不再是未定於「馬」的「白」(「一」),「白馬」(「二」)之「馬」也已不再是未被「白」所定的「馬」(「一」)。由「二無一」說「白馬論」的話題,既可以說「白馬非馬」(「二無左」),也可以說「白馬非白」(「二無右」)。兩「一」相與為「二」後變得不再有「一」可言,這「變」是通例,因此可以稱作「通變」。

如果說「離」——「白」與「定所白者」(「白馬」、「白石」等)

---

51 《公孫龍子·通變論》。

相離、「堅」同「定所堅者」相離、「指」同「與物」之「指」或「物指」相離──是《公孫龍子》中一以貫之的邏輯主脈，那麼，這邏輯主脈中的價值神經就是「獨而正」──「離也者天下，故獨而正」──所指示的在公孫龍看來可以「化天下」的「正名」。明確說出「正名」的《名實論》是《公孫龍子》一書的最後一篇，這樣編次正好與戰國之後古人著述把序或緒論排在卷末的慣例相合。「名實」之辨是對「白馬」、「堅白」、「指物」、「通變」等篇所論的祕密的道破，是公孫龍著書立說的初衷的吐露。《名實論》從「物」說到「實」，從「實」說到「位」，從「位」說到「正」，由「正」而點出以「離」為契機的「名」、「實」之辨的宗趣：「其正者，正其所實也，正其所實者，正其名也。」[52]公孫龍是把這種「審其名實，慎其所謂」的「正名」托始於「古之明王」[53]的，從這裡又正可以看出他的與「先王之道」、「仁義之行」[54]關聯著的價值追求。

「天地與其所產者，物也。物以物其所物而不過焉，實也。實以實其所實而不曠焉，位也。出其所位非位，位其所位焉，正也。」[55]這些很像是在為「物」、「實」、「位」、「正」等概念下定義的話，其實是公孫龍從最初的「物」的概念向著他所謂的「正」的觀念所作的推理：（一）所謂「物」，是指可用以涵蓋天地及天地所產的一切東西的概念，換一種說法，所謂「天地與其所產者，物也」，也可以表述為「天地與其所產者」都可以用「物」命名，或都可以稱其為「物」。這個「物」的概念既然可以用來指稱天地及其所產的一切東西，它就不會局限在任何種屬或個體的東西上。因此，它理應是「指物論」中

52　《公孫龍子・名實論》。

53　《公孫龍子・名實論》。

54　《莊子・秋水》。

55　《公孫龍子・名實論》。

所說的那種非「物指」的「指」。這作為非「物指」之「指」的「物」，一旦定於某一種物，就如同所謂「白定所白」那樣而「物定所物」，這時，依照「定所白者非白」的邏輯就可以說它是「定所物者非物」。（二）依公孫龍的邏輯，撇開物，無所謂「實」，而既有的形形色色的物卻未必都稱得上「實」；稱得上「實」的物，須合於一個尺度，這尺度即是「物其所物而不過」。「物以物其所物而不過」，其第一個「物」是指各各自在的個體事物，第二個「物」略具「體現」、「實現」意，第三個「物」與「所」連用，則指事物的實質或本真。總核「物以物其所物而不過焉，實也」，其意當為：某物（「物」）如果（「以」）體現（「物」）了這類物（「其」）所具有的實質（「所物」）而沒有偏差（「不過」），方可稱之為「實」。（三）當「物以物其所物而不過」的「實」完滿到它應有的程度而沒有缺欠時，公孫龍稱其為「位」。此即他所謂「實以實其所實而不曠焉，位也」。「位」是「實」的完滿境地或絕對境地，確立了「位」的觀念也就確立了用以衡量「實其所實」達到怎樣程度的一個具有絕對性的標準。不符合這個標準即是「出其所位」（越出了其應處的分際）或不當其位，符合這個標準或處在其當處的格位上才是事物的正態。於是，公孫龍在這裡由「位」確定了「正」的內涵。

「正」與「不正」是一種價值判斷，「正名」對於公孫龍說來並不只在於邏輯上的辯難。「正」當然是關聯著「實」而言的，但「實」所以為「實」終究在於「物」依其「指」（「物指」）是否當「位」。公孫龍所謂「以其所正，正其所不正；不以其所不正，疑其所正」[56]，歸根結底是要「正名實」。這所謂「正名實」，即是「物」

---

56 《公孫龍子・名實論》。《道藏》、《說郭》、《備要》及守山閣、崇文諸本皆無此段話中的「不以其所不正」句，《子匯》及馬驌《繹史》本中則為「以其所不正」。胡適、伍非百據《墨子・經說下》所謂「夫名以所知，正所不知；不以所不知，疑所

之「實」當其「位」，亦即如下這種情形：當以某「名」稱謂的某物體現了由此「名」指稱的這一類物的共相或實質，並且這被「名」指稱的共相或實質盡其完滿而達到其極致狀態時，方可以謂之「正」。不過，「正名實」畢竟需要某種價值上的最後斷製作為前提，而公孫龍並沒有像道家、儒家人物那樣把問題探尋到「形而上」的「道」，他只是借著對「古之明王」在「審其名實，慎其所謂」上的「至矣哉」的讚歎，隱約透露了他的那種有著終極意味的嚮往。

在對惠施的「合同異」之辯和公孫龍的「離堅白」之辯作了上述考察後，我想就他們的學說在學術史上的地位簡要地作──

幾點評說

（一）被後人稱作「名家者流」的惠施、公孫龍，雖然比起先秦其他各家人物來更多地「以善辯為名」，但他們那些被人指責為「琦辭」、「怪說」的話語中畢竟隱貫著切實而確鑿的價值取向。早期雜家人物尸佼曾論列他視野中的先秦各家說：「墨子貴兼，孔子貴公，皇子貴衷，田子貴均，列子貴虛，料子貴別囿。其學之相非也數世矣而已，皆弇（蔽）於私也。天、帝、皇、後、辟、公、弘、廓、宏、溥、介、純、夏、幠、塚、晊、阪皆大也，十有餘名而實一也。若使兼、公、虛、均、衷、平易、別囿一實也，則無相非也。」[57]他當然不可能品評比他晚出的惠施，更不用說更晚的公孫龍了，但惠施所推崇的「去尊」、「泛愛」，公孫龍所推崇的「獨而正」，都與「兼」（兼而愛之）、「公」（天下為公）、「衷」（中正）、「均」（均平）、「虛」（不

───────────────

明」，於「以其所不正」五字前補一「不」字。今從胡、伍之說。

57 《尸子‧廣澤》。

執著於任何一物）、「別囿」（不局限於任何一隅）相通。「兼」、「公」、「衷」、「均」、「虛」、「別囿」和「去尊」、「泛愛」、「獨而正」，都是價值範疇而不是認識或知解範疇，它們名稱不同，但嚮往公、正、均、平的價值追求實際上確有一致之處。依尸佼的見解，用「實一」──實際一致──的說法貫通各家學說，的確難免會對各家學說間的某些微妙差異有所忽略，不過宏觀地考察先秦諸子的思路，卻也有助於我們辨別中國人文精神在它的源頭處的基本特徵。

先秦諸子學術萌發於痛切的人生價值關懷，即使是以名辯見長而留給人們以「苛察繳繞」之嫌的「名家」也不例外。

（二）同樣是提倡不落在褊狹處的「愛」，墨子「以天為法」（「法天」），取法「天之行廣而無私，其施厚而不德，其明久而不衰」[58]而鼓吹「兼愛」，孔子由一以貫之的「仁」道教誨人們「愛人」[59]而「泛愛眾」[60]，惠施卻是以「萬物畢同畢異」的「合同異」之辯論說「泛愛萬物」。墨子以「天志」為「兼愛」的終極依據，「兼愛」最終所遵從的是他律（以他在的「天」為「法儀」）原則；孔子把「愛人」而「泛愛眾」的那種情懷歸結於人心中內在的「仁」，由「篤親」到「泛愛」所憑藉的是「人能弘道」的價值自律。但無論是孔子，還是墨子，在「愛」的祈向上都有「形而上」的信念，儘管墨子的「天志」所指示的是某種外在超越的形而上學，孔子的由「仁」而「聖」（「仁」的極致）的「中庸」之道（執「過」與「不及」之兩端而用其「中」的修養之途）所開闢的是一種切近生命體認的價值形而上學。惠施是取論理──辯說「物」理──的方式對「泛愛」作論證的，這使他終於與形而上的祈求無緣。少了形而上眷注的「愛」沒有

---

58 《墨子・法儀》。

59 《論語・顏淵》。

60 《論語・學而》。

它的極致情境或理想之境，缺了這種極致情境或理想之境的論理無從立以為教而引導天下的風化。

（三）就「名家」重「名」而言，「名家」的稱謂顯然更適合於公孫龍。[61]公孫龍學說的宗趣，可以一言以蔽之為「正其名」或「正其所實」。「正名」的提法開始於孔子，不過，對孔子說來，「正名」是對為政「奚先」（什麼為先）之問的一種應答，而他所說的「為政以德」[62]本身就意味著倫理之「名」（名分）的理想境地須由「我欲仁，斯仁至矣」[63]那樣的德性修省來涵養。就是說，「正名」在孔子那裡並不是最根本的，何以「正名」或所以「正名」才使問題深入到所謂「志於道」、「據於德」、「依於仁」，而這由「依於仁」確立的儒家「道德」是孔子學說的底蘊所在。與孔子的倫理的「名」相比，公孫龍的論理的「名」借著「離」的思辨有了某種形而上的性質，但這「形而上」的「名」既不能像孔子所說的「名」那樣由「執兩用中」、祈向「聖」境的道德形而上學賦予生機，也無從附麗於墨子所信奉的「天」或「天志」那樣的形而上的實體。這由「離」而產生的有著絕對意義的「名」也有其超越經驗世俗的理想之維，它在更大程度上使公孫龍成為理想主義者──邏輯的而非道德而倫理的理想主義者。

（四）並非價值中立的論辯態度使惠施、公孫龍那些「琦辭」、「怪說」不可漫評為「詭辯」，但也正因為這樣，聰慧的名家人物終於沒能把名言之辯引向純形式化的道路以建構嚴格的語言學或邏輯學。公孫龍的學說離嚴格的邏輯學或語言學只有一步之遙，他的「二

---

61 這並不是說「名家」的稱謂對於惠施不適合。惠施所以為「名家」，在於其以取譬的方式為人們演示了描摹事物的實際情形時如何用「名」。如表述某一生命物的真實存在，僅名之以「生」似可卻又不可，僅名之以「死」似不可卻又未始不可，而以「兩可」的方式將其謂為「方生方死」則切當不過。

62 《論語‧為政》。

63 《論語‧述而》。

無一」的論式已經接近純粹的邏輯學表達，但他所做的仍然只在於
「假物取譬」，以引導一種認定的價值取向。至於惠施，幾乎所有論
題都是設譬之辯。他的「遍為萬物說」當然有其內在邏輯，甚至具有
所謂辯證思維的性質，但就形式而論，巧妙的設譬帶給辯難的更多是
引人入勝的修辭效果。「天與地卑，山與澤平」、「日方中方睨，物方
生方死」、「南方無窮而有窮」、「今日適越而昔來」，這類論題每一個
都生動而富於意趣，而每一個又都可以看做對於「萬物畢同畢異」而
「天地一體」這一中心觀念的隱喻。惠施曾說：「夫說者，固以其所
知喻其所不知而使人知之，今……無譬，則不可矣。」[64]這是他對自
己的言說風格的自白，也是他對自己的那些論題的隱喻特徵的道破。

　　公孫龍的「名理」對於後期墨家和荀子在「名學」探索上的導向
作用是明顯的，惠施的「善譬」對於莊子取寓言、重言、巵言方式論
說「不稱」之「道」的啟迪更是一個不容爭辯的事實，儘管印證這導
向和啟迪作用的大都在於後者對前者的駁難。

---

64 轉引自劉向：《說苑·善說》。

第九講

法　家

　　在孔子十六歲那一年（魯昭公六年，西元前536年），鄭國發生了「鑄刑書」的事。所謂「鑄刑書」，就是把刑法條文鑄在鼎上公之於眾，作為約束國家上下的常法。這在當時顯然是「冒天下之大不韙」的，晉國大夫叔向就曾寫信給主持鄭國政務的子產，指責他這樣做會使鄭國在他手裡敗落。[1]但有趣的是，在過了二十三年後，晉國也出現了刑鼎。按西周的禮制，禮儀是不為處在下層的庶民設立的，刑律也不行使於處在上層的公卿大夫[2]；刑法條文一旦作為常法鑄在鼎上，那就等於告知國家中所有的人：無論對於處在下層的庶民，還是對於處在上層的公卿大夫，都要「齊之以刑」[3]。鄭國「鑄刑書」時的執政者子產往往被追溯為後來所謂「法家」人物的先驅[4]，其實，法家作為諸子中的一家，它的出現可能不會比李悝「相魏文侯，富國強兵」[5]的時代更早。

　　法家所經心的是「富強」價值取向下的治國之術。韓非有一段話

1　《左傳・昭公六年》：「三月，鄭人鑄刑書。叔向使詒子產書曰：始吾有虞於子，今則已矣。……民知爭端矣，將棄禮而征於書，錐刀之末，將盡爭之，亂獄滋豐，賄賂並行，終子之世，鄭其敗乎！肸聞之：『國將亡，必多制』，其此之謂乎！」

2　《禮記・曲禮上》：「禮不下庶人，刑不上大夫。」

3　《論語・為政》。

4　參見郭沫若《十批判書》之《前期法家的批判》章，見《郭沫若全集》歷史編，第二卷；侯外廬、趙紀彬、杜國庠《中國思想通史》之《法家的悲劇歷史和韓非子的思想》章。

5　《漢書・藝文志・諸子略》注。

最能概括法家人物為自己選擇的治國途徑。他說：「夫聖人之治國，
不恃人之為吾善也，而用其不得為非也。恃人之為吾善也，境內不什
數；用人不得為非，一國可使齊。為治者用眾而捨寡，故不務德而務
法。」[6]依他的看法，英明的君主治理國家是不指望人們去做他認為
是善的事情的，而是採取措施使人們不得胡作非為。那種自覺去做君
主認為善的事的人很少，在境內是不會以十計數的，但採取措施使人
們不得胡作非為，就能夠讓整個國家從上到下步調一致。善於治理國
家的人懂得採用對多數人有效的方略，知道捨棄那種僅僅適用於少數
人的做法，因此他們不在道德的訓導上下工夫，而是致力於法規的制
定和施行。「法」是法家學說的主題話語，不過，法家——無論是略
早的李悝（約前455-前395）、吳起（？-前381）、商鞅（約前390-前
338）、慎到（約前395-約前315）、申不害（約前385-前337），還是後
來集法家學說之大成的韓非（約前280—前233）——所說的「法」，
正像《說文解字》解釋的那樣，它的功用只在於「範天下之不一，歸
之於一」（規範天下不一致的行為，使其達到一致）。這樣的「法」同
近現代人所謂「法」——甚至西方羅馬時代所謂「法」——大有徑
庭；為了取得一個更恰當的解讀和評說法家人物的思維座標，在具體
講述法家人物的生平、學說之前，我想先就中西方不同的「法」的觀
念作一種文化意味上的比較。它可以置於這樣一個標題下：

「法」意識的不同人文內涵

在西方，至遲在羅馬時代，「法」的觀念就同「正義」的價值關
聯在一起了。西元533年，由東羅馬皇帝查士丁尼下令編纂的《法學

---

6 《韓非子·顯學》。

總論》一書完稿，這部以查士丁尼皇帝名義寫成的書稿開篇就指出：
「正義是給予每個人他應得的部分的這種堅定而恒久的願望。」接
著，它為法學作了這樣的界說：「法學是關於神和人的事物的知識；
是關於正義和非正義的科學。」[7]「正義」是人生的一種價值，它牽
動著「每個人」，宣說著每個人對於「他應得的部分」的權利。正像
「正義」不能替代人生的其他價值，人生的其他價值──例如富強、
和諧、真、善、美等──也不能替代「正義」。羅馬人對於「正義」
這一有著獨特意義的人生價值的自覺，使西方人從此有了根深蒂固的
「權利」意識。如果說，希臘人對西方人文精神的醞釀主要在於從利
害相關的「命運」眷注到超利害的「境界」關切的轉換，那麼，可以
說，羅馬人對西方人文精神的貢獻更多地就在於「權利」意識的覺
醒，而這覺醒是與「正義」價值的自覺追求密切相關的。「根據自然
法，一切人都是生而自由的」[8]，這是《法學總論》提出的一個並不
帶有太多時代局限的命題，這個命題在過了很多世紀後成了西方近代
人文啟蒙的源頭活水。

　　從古羅馬到近現代西方，「正義」祈向下的「權利」意識是
「法」的觀念的重心所在，而且愈是到近現代，西方人愈是更大程度
地強調「每個人」對於「他應得的部分」的權利。「法」在古羅馬時
已經有相當的格局，並且，它在西方，愈是到近現代，愈明顯地體現
「正義」籠罩下的「權利」主題。與古羅馬以來西方主流「法」意識
不同，中國古代的「法」大體上只是刑法，而且這種「法」的精神中
始終缺少「每個人」的「權利」自覺的性狀。嚴復翻譯《孟德斯鳩法
意》，往往隨文附加按語，以孟德斯鳩所論法的精神與中國傳統的

7　〔東羅馬〕查士丁尼著、張企泰譯：《法學總論》，5頁，北京，商務印書館，1989。
8　同上書，7頁。

「法」的觀念相比較。按語中的一段話說：「顧申、韓、商、李皆法家，其言督責也，亦勸其君以任法。然則秦固有法，而自今觀之，若為專制之尤者，豈孟氏之說非歟？抑秦治固不可云專制歟？則應之曰：此以法字之有歧義，致以累論者之思想也。孟氏之所謂法，制國之經制也。其立也，雖不必參用民權。顧既立之餘，則上下所為，皆有所束。若督責書所謂法者，直刑而已。所以驅迫束縛其臣民，而國君則超乎法之上，可以意用法易法，而不為法所拘。夫如是，雖有法，亦適成專制而已矣。」[9] 這段話的大意是：回顧起來，戰國時的申不害、韓非、商鞅、李悝都是法家，他們都主張用督察責罰的辦法，也都規勸他們的國君一切聽憑法律。但秦國固然有它的法律，而從今天的眼光看這卻是專制國家中最突出的一個。難道是孟德斯鳩以法治國的說法不對嗎？或是秦國的統治本來就不應該稱作專制呢？可以回答說：這是因為「法」字有歧義，以致影響了人們對問題的思考和判斷。孟德斯鳩所說的法是國家治理的整個制度；立法雖然不一定要有民眾的參與，但律法一經確立，無論上下，人們的所作所為都要受它的約束。至於被法家稱為法的那種督察責罰，只不過是刑法罷了。這種法是用來驅使、束縛一個國家的臣民的，而國家的君主卻超乎法之上，可以隨意施用這種法更換那種法，而不受法的制約。像這樣，即使有法，也只會成就某種專制體制罷了。嚴復以西方近代啟蒙思想家孟德斯鳩對法的論說為參照，實際上從兩個方面批評了中國古代法家所說的「法」：一是法家的所謂法只是起督責作用的刑法，這種法對人的應有權利並不作正面的肯定；一是這種法是用於驅迫臣民的，國家的君主不受法律的約束，反倒是法律須得仰從國君的意志，因此它終究是從屬於一種專制制度的。嚴復對法家所謂法的針砭是中

9　《嚴復集》第四冊，938-939頁。

肯而深刻的，他就此要宣導的一種文化主張在於「以自由為體，以民主為用」[10]。無可置疑，法家人物的確以「治國」為己任，不過，法家心目中的國是國君的國而不是民眾的國。他們以「法」治國只在於限制人「不得為非」，並不看重人心的陶冶或所謂「務德」，也不懂得尊重每個人的社會主位性。如果借著儒家「內聖外王」的眼光看，法家所關注的僅僅是「外王」，是棄「內聖」而不顧的「外王」。如果就通常所謂依「法」治國而言，法家的「法」不是基於人所當有的權利，而只是寡頭化因而不再有人道內涵的「富強」價值的附庸。這種「法」所引出的實際結果不是「治於人者」對「治人者」的監督，而是「治人者」對「治於人者」的駕馭。

秦漢以來，中國古代的律法是森嚴的，漢有漢律九篇，唐有唐律十二篇，宋有「刑統」，元有「典章」，明有大明律，清有大清律。但這些所謂「法」，用嚴復的話說「直刑而已」──只是刑法而已。追溯中國的法或刑法，當然可以向上說到「五帝有流殛放殺之誅，三王有大辟刻肌之刑」[11]，也可以依所謂「堯能單均刑法以儀民」[12]（堯能盡可能調節刑法以適宜於庶民）作合於邏輯的推求，但如果以有史跡可查的文獻為準，可作為後世成文律法的源頭的應該是法家李悝的《法經》[13]，而這部《法經》實際上是對春秋戰國時期各諸侯國的刑法條文的整理和編纂。據《晉書》記載：「秦漢舊律，其文起自魏文侯師李悝。悝撰次諸國法，著《法經》。以為王者之政莫急於盜賊，

10　《嚴復集》第一冊，23頁。

11　《晉書・刑法志》。

12　《國語・魯語上》。

13　誠然，據史籍所載，「夏有亂政，而作《禹刑》；商有亂政，而作《湯刑》；周有亂政，而作《九刑》」（《左傳・昭公六年》），但有相當大傳說性質的《禹刑》、《湯刑》、《九刑》皆已無從稽考。周穆王時，呂侯曾受命「作《呂刑》」，然而傳世的《書・周書・呂刑》只是一篇關於刑罰的文告。

故其律始於《盜》、《賊》。盜賊須劾捕，故著《網》、《捕》二篇。其輕狡、越城、博戲、借假、不廉、淫侈、踰制，以為《雜律》一篇。又以其律具其加減。是故所著六篇而已。然皆罪名之制也。商君受之以相秦。漢承秦制，蕭何定律，除參夷、連坐之罪，增部主、見知之條，益事律《興》、《廄》、《戶》三篇，合為九篇。……」[14] 這段文字是說：先前秦代和漢代的律法，那些條文可以尋源到戰國時魏文侯的老師李悝。李悝編纂各諸侯國的律法條令，撰寫了一部《法經》。李悝認為，國家發佈政令沒有比防範盜、賊更急切的了，所以他所編入《法經》的律法條文開始於《盜法》、《賊法》。盜賊是必須予以檢舉和緝捕的，所以在《盜法》、《賊法》之後撰有《網法》、《捕法》兩篇。針對那些輕狡（輕薄狡詐）、越城（搶掠）、博戲（賭博）、借假（借貸糾紛）、不廉（貪取貪占）、淫侈（淫亂奢侈）、逾制（違反制度）等行為，編撰《雜律》一篇。此外，為了依法量刑以作出判決，又撰寫了《具法》一篇。因此，《法經》共有六篇，所有這些都是為了懲治犯罪而制訂的。商鞅把《法經》傳到秦國，做了秦國的相。漢代繼承了秦朝的這份遺產，改稱秦人所說的「法」為「律」。由蕭何制定的漢律廢除了參夷（一人有罪，誅滅三族）、連坐（一人犯法，親屬鄰里連帶受罰）等刑罰[15]，添加了部主（負有監察臨視責任的官吏對犯罪失察，以犯罪追究）、見知（吏知他人犯罪而不舉者，以故意放縱罪論處）等條款，增補了《興律》（有關徵調徭役中的犯罪的律法）、《廄律》（有關廄苑的牛馬放牧及驛站車馬管理中的犯罪的律法）、《戶律》（涉及田稅、戶賦、攤派、徭戍等事宜的有關戶籍管理的律法）三篇，與這之前的六篇合為九篇。《晉書》對秦漢律法起於

---

14 《晉書‧刑法志》。

15 參見《漢書‧刑法志》。

戰國時法家的記述粗略而並不嚴謹[16]，但它把秦漢的刑法傳統關聯於法家的「法」是切中問題要害而意味深長的。其實，何止「漢承秦制」，晉、隋、唐、宋、元、明、清的律法，又有哪一個不是對起於法家的秦法漢律的承襲或接續呢？

　　法家主張「齊之以刑」而督責於外，這對於戰國時期的那些諸侯國獲得一個相對穩定的國內秩序從而致富致強以至於圖謀天下的統一，是相當有效的。但這有效只是一段時間內的有效，因為它對於人生少了一重終極性的眷注——既少了對於人的心靈「境界」的終極眷注，也少了對於人身「權利」的終極眷注。法家「務法」是出於純粹事功的考慮，而且它對於事功的成敗只問結果，不問動機。「寄治亂於法術，托是非於賞罰，屬輕重於權衡。」[17]這是韓非對法家「務法」的旨趣的最精要的概括。從這一概括檢討法家的「法」，既可以更清楚地把它同古羅馬甚至古希臘以來的西方的「法」區別開來，也可以更清楚地把它同中國古代儒家的「道」和道家的「道」區別開來。從法家的「法」那裡不可能引申出近現代意義上的法的觀念，這當然是因為「用人不得為非」的「法」從來就不關心人生的應有權利，而法家對「治亂」、「是非」、「輕重」的判斷和權衡也並沒有對於「正義」的承諾。法家也講「聖人治國」，但法家心目中的「聖」是智術或謀略意味上的至高境地，它與儒家所謂「可欲之謂善，有諸己之謂信，充實之謂美，充實而有光輝之謂大，大而化之之謂聖」[18]的「聖」不在同一價值取向上。法家甚至也講「無為」，韓非就說過

---

16 例如，所謂「蕭何定律，除參夷、連坐之罪，增部主、見知之條」等，就與《漢書·刑法志》所載頗有出入。見《漢書》卷二十三。

17 《韓非子·大體》。

18 《孟子·盡心下》。

「明君無為於上，群臣竦懼乎下」[19]（高明的君主以「無為」的姿態處於上位，群臣戰戰兢兢地在下面盡他們的所能）一類的話。但法家所鼓吹的「無為」更多是「君人南面之術」的一種「術」，它既不同於儒家所說的「無為而治」[20]，也不同於道家所說的「無為而無不為」[21]。儒家宣導「無為」是以「恭己」（端正自己）而「居敬」[22]（以恭謹的態度自處）為前提的，這「無為」用孔子的一句話作解釋，即是「其身正，不令而行」[23]。道家宣導「無為」，是要人摒棄一切人為，以自然為法，讓萬事萬物「自化」、「自正」，這用老子的話說，就是：「我無為而民自化，我好靜而民自正，我無事而民自富，我無欲而民自樸。」[24]如果說道家、儒家所說的「無為」與他們各自恪守的「道」相通，那麼，可以說，法家談論的「無為」的權術意味就要重得多。韓非並不掩飾他所謂「無為」的權術性質，他說：「明君之道，使智者盡其慮，而君因以斷事，故君不窮於智；賢者敕其材，君因而任之，故君不窮於能。有功則君有其賢，有過則臣任其罪，故君〔子〕不窮於名。是故不賢而為賢者師，不智而為上智者正，臣有其勞，君有其成功。此之謂賢主之經也。」[25]這段話是在毫不隱諱地告訴人們，賢明的君主治理國家的辦法在於：使智者竭盡他們的思慮，君主只是借此對所要處理的事情作出決斷，這樣，君主就永遠不會顯得智慧不足；使賢者盡可能完備地施展他們的才能，君主

---

19 《韓非子‧主道》。

20 《論語‧衛靈公》：「無為而治者，其舜也與！夫何為哉？恭己正南面而已矣。」

21 《老子》四十八章：「為學日益，為道日損。損之又損，以至於無為，無為而無不為。」

22 《論語‧雍也》：「居敬而行簡，以臨其民，不亦可乎？」

23 《論語‧子路》。

24 《老子》五十七章。

25 《韓非子‧主道》。

只是依他們的才能予以任用，這樣，君主就永遠不會有能力窮盡的時候。有了功，可以歸之於君主的賢明，有了過，可以由臣子承擔罪名，這樣，君主的名譽在任何情況下都不會受到損傷。因此，即使君主的才能不足也能做賢者之師，即使君主的智慧不高也能匡正那些智慧很高的人。讓臣子去辛勤操勞，而君主只是坐享成功。這可以說是一個賢明君主要經常用到的法術。韓非的這些話袒露著法家人物的心機，它讓我們得到這樣的結論：只要「法」僅僅是用來使人「不得為非」的，主張「不務德而務法」的法家就一定會由「務法」而走向務「術」。

下面，講早期法家人物：

李悝、吳起和商鞅

法家以其「不務德而務法」的功利追求有別於儒家、道家，但這一派學術的發生仍有學緣意味上的儒家或道家背景。早期法家人物李悝、吳起、商鞅與儒家不無關聯，慎到、申不害的學說卻衍變於黃老之學；後期法家人物韓非是戰國末葉大儒荀子的學生，但他「喜刑名法術之學，而其歸本於黃老」[26]。從李悝到商鞅，早期法家的這一脈「徒法而無術」[27]（只倚重「法」，還不曾留心「術」），最富於悲劇感，而他們——尤其是商鞅——的變法實踐所產生的影響也最大。他們中的吳起、商鞅是法家事業的殉道者，但他們為了富國強兵而推行的變法大體是成功的。他們是些有爭議的人物，不過這並不影響我們對他們的歷史作用的肯定。扼要地說，李悝、吳起、商鞅等早期法家

---

26 《史記·老莊申韓傳》。
27 《韓非子·定法》。

人物的歷史貢獻主要有兩點：（一）「盡地力」[28]（盡可能地挖掘土地的潛力），「為田開阡陌封疆」[29]（掘開那些作為舊有田界的堤埂）；（二）「廢公族疏遠者」[30]（收回公族中血緣疏遠者的爵祿），「集小都鄉邑聚為縣，置令丞」[31]（合併鄉鎮小城為縣，任命縣令、縣丞）。前者在於廢除舊有土地制度，變所謂「公族」國家的土地國有為土地私有，後者在於「廢封建」、立郡縣，為始於秦漢的那種中央集權的君主專制體制開闢了道路。

　　李悝是被《漢書・藝文志》列於法家之首的人物，先秦典籍關於他的生平和事業的記述很少。[32]章太炎據史料推斷，在《漢書・藝文志》中被列為儒家人物的李克可能與李悝是同一個人，這個推斷大體是可信的。克、悝二字字音相近，出現於載籍的李悝、李克又都是魏文侯時期的魏國重臣，而所述「盡地力」的主張也完全吻合，如果作為兩人看待，反倒難以分辨二者的差異了。《漢書・藝文志》的注者為李克作注說：「子夏弟子，為魏文侯相」[33]，又為李悝作注說：「相魏文侯，富國強兵。」這兩個注都指明了李悝或李克做過魏文侯的相這一事實，而前注指出其為「子夏弟子」只不過表明了這位主張「富國強兵」的法家人物有著學緣上的儒家背景。從《史記》、《漢書》、《晉書》等史籍的不多的記載可以知道，作為最早的法家人物，李悝或李克所做的事情中最能體現法家姿態的有兩件：一是前面已經提到的《法經》的編纂，二是所謂「為魏文侯作盡地力之教」。對第二件

28　《史記・孟子荀卿傳》。

29　《史記・商君傳》。

30　《史記・孫子吳起傳》。

31　《史記・商君傳》。

32　《韓非子・內儲說上》對於「李悝為魏文侯上地之守，而欲人之善射」的記述，可能是傳世文獻中最早談到李悝如何「強兵」的文字。

33　見《漢書・藝文志・諸子略》注。

事,《漢書・食貨志》作了下面的轉述:「李悝為魏文侯作盡地力之
教,以為『地方百里,提封九萬頃,除山澤邑居,三分去一,為田六
百萬畝。治田勤謹,則畝益三鬥[34];不勤,則損亦如之。地方百里之
增減,輒為粟百八十萬石矣』。又曰:『糴甚貴傷民,甚賤傷農。民傷
則離散,農傷則國貧。故甚貴與甚賤,其傷一也。善為國者,使民毋
傷而農益勸。……使民適足,價平則止。小饑則發小熟之所斂,中饑
則發中熟之所斂,大饑則發大熟之所斂,而糴之。故雖遇饑饉水旱,
糴不貴而民不散,取有餘以補不足也。』行之魏國,國以富強。」這
段敘述的大意是說:李悝為魏文侯擬訂了一道「盡地力」——盡可能
地利用土地資源——的告諭,其中指出:「方圓百里大的地方共有土
地九萬頃,山澤、城鎮、人們的住房院落等占了三分之一,除去這三
分之一,可耕種的田地有六萬頃或六百萬畝。如果耕作勤謹的話,每
畝可多收三鬥,不勤謹的話,每畝就可能少收同樣的數量。這樣,方
圓百里之地收成的增減量往往為一百八十萬石。」又指出:「買進糧
食的價格太貴會有傷於士和工商之民,賣出糧食的價格太賤又會有傷
於農家;士和工商之民受到傷害就會離散,農家受到傷害就會導致國
家貧窮。所以糧價太高與過低,在造成國家傷害這一點上是一樣的。
善於治理國家的人,既不至於傷害士和工商之民,又會使農家更加努
力於耕作。……讓糧食價格持平,直到士、農、工商所有的人在一個
恰當的分際上都能感到滿足為止。在小有饑荒之年發放小熟之年積蓄
的糧食,在中等饑荒之年發放中等收穫之年積蓄的糧食,在大的饑荒
之年發放大熟之年積蓄的糧食,按平價把官府收購的糧食賣給百姓。
這樣,即使遇到饑饉水旱之災,也可以取豐年的所余補荒年的不足,

---

34 原文為「畝益三升」,現據顏師古引臣瓚之說改為「畝益三鬥」,以與下文「地方百
　里之增減輒為粟百八十萬石」之數量相合。

糧價不漲，百姓們自然也就不會離散。」這些措施在魏國實行後，國家隨即變得富強起來。李悝這一「盡地力」的做法，從經濟上看當然是值得肯定的，但一味以「富強」為所求，也加劇了列國的紛爭。因此司馬遷對「李悝盡地力之教」[35]曾有這樣的評價：「魏用李克，盡地力，為強君。自是之後，天下爭於戰國。貴詐力而賤仁義，先富有而後推讓。」[36]他是說：魏國採用李悝的提議，盡可能地利用土地資源，使國君的權力增強了。從此以後，天下處於紛爭不已的戰國時代，人們看重機詐和強力，輕視仁愛和信義，崇尚財利和富有，擯棄禮儀和辭讓。

在李悝重用於魏文侯時，衛國人吳起從魯國來到魏國。當時，魏文侯徵求李悝對吳起的看法，李悝說他貪名而好色，但善於用兵。魏文侯是一位開明而唯才是求的國君，他收留了吳起，並讓他做統率一支軍隊的將軍。據《史記・孫子吳起傳》的記載，吳起做過曾參的學生，說起來也算是孔子的再傳弟子了。但曾子不能原諒吳起得知母親去世的消息後不回家送葬的行為，吳起只好離開曾子去學兵法。後來齊國攻打魯國，吳起希望魯國國君任命他做將軍去抗擊齊國，魯國國君想重用他，卻又擔心這個娶了齊國女人做妻子的人不能一心一意為魯國效力。吳起為了表明他忠於魯國的心跡，竟然殺了自己的妻子。結果，魯國國君讓他做了將軍，他率領軍隊把來犯的齊國人打得大敗。但吳起殺妻求將這件事引起了魯國一些人的詆毀，這些人把吳起少年時不能容忍別人的嘲笑以至於殺死同鄉三十多人的傳聞告訴了魯國國君。吳起在魯國沒有了建功立業的指望，這才投奔了魏文侯。他很能打仗，是一位軍事天才。一次，出擊秦國，他連續攻克了五座

---

35 《史記・孟子荀卿傳》。
36 《史記・平准書》。

城。魏文侯很賞識他的用兵才能，讓他扼守魏國的要塞西河，做了西河守。文侯去世後，即位的武侯仍然很器重吳起。後來終於有人設計排擠這位為魏國立下汗馬功勞的衛國人；吳起在失去魏武侯的信任的情形下，離開魏國去了楚國。楚悼王早就聽說吳起是個才略過人的人，先讓他任宛城守，很快就提升他做了楚國的令尹。令尹掌握軍政大權，吳起借此勸說悼王變法圖強。楚悼王聽從他的建議，在楚國「明法審令，捐不急之官，廢公族疏遠者，以撫養戰鬥之士。要在強兵，破馳說之言縱橫者」[37]──明確法度，審定政令，裁減那些閒散的官職，收回公族中血緣疏遠者的爵祿，把這些人的薪俸用於訓養一支能戰鬥的軍隊。總之，要旨在於強兵，在於揭穿合縱連橫一類的遊說之辭。在變法期間，吳起立下了「南平百越，北並陳蔡，卻三晉，西伐秦」[38]之功，也迅速積怨於楚國的宗室貴冑。楚悼王在屬行變法一年後病逝，吳起隨即被乘機發難的宗室大臣合謀殺害。

　　吳起的經歷註定了他首先被視為一位兵家。司馬遷撰《孫子吳起傳》，把他同著名的兵家孫武並稱；《漢書‧藝文志》也把他的著述《吳起》四十八篇列於兵家，而不列於諸子。但吳起畢竟不只是一位兵家，他以用兵見重於魏文侯、楚悼王，而最終要實現的是他的政治主張。吳起在魏國時，就曾規諫魏武侯「修政」以「德」，認為守土之道「在德不在險」[39]──在於守護疆土者的德行，而不在於憑恃山河關隘的險要。對「德」的看重，表明了吳起的政治抱負，也透露著他的兵家和法家作為中的某種儒者涵養。韓非曾就吳起在楚國的變法寫過如下一段文字：「昔者吳起教楚悼王以（壹）楚國之俗曰：大臣太重，封君太眾。若此，則上逼主而下虐民。此貧國弱兵之道也。不

37　《史記‧孫子吳起傳》。

38　《史記‧孫子吳起傳》。

39　《史記‧孫子吳起傳》。

如使封君之子孫三世而收爵祿，絕滅（裁滅）百吏之祿秩，損不急之枝官，以奉選練之士。」[40]《戰國策》中也記有秦相蔡澤的一段話，他說：「吳起為楚悼罷無能，廢無用，損不急之官，塞私門之請，壹楚國之俗，南收揚越，北並陳蔡，破橫散從，使馳說之士無所開其口。」[41]這些史料都可用來與《史記‧孫子吳起傳》的記述相互印證，表明吳起不僅是一位有政治遠見的兵家，更是一位有軍事天賦的由儒入法的政治家。司馬遷對吳起有「說武侯以（山河）形勢（之險要）不如德，然行之楚，以刻暴少恩忘（亡）其軀」[42]之歎，這喟歎含有幾分批評和責備，卻也更多些深情的惋惜。

　　與李悝變法於魏國、吳起變法於楚國構成一種耐人尋味的時序，在吳起被害於楚國二十五年後，商鞅在秦國開始了為時二十一年的變法。商鞅也是衛國人，姓公孫，名鞅。他少年時喜好刑名之學，後來投奔魏國在魏相公叔痤身邊做一名侍從。公叔痤臨死時向魏惠王舉薦了公孫鞅，但在魏惠王的眼中這位相國的家臣只是個無足輕重的人物。公孫鞅在魏國看不到實現抱負的希望，就帶著李悝的《法經》去了秦國。當時，勵精圖治的秦孝公正到處搜求有才能的人，公孫鞅沒有放過這個機遇。他通過孝公的寵臣景監見到了孝公，向這個後來一直對他信任有加的秦國國君陳述了自己的政治見解。據說，他先後四次為孝公說治國之法。第一次他用很長時間為孝公說黃帝、堯、舜之治的「帝道」，孝公不想聽，在那裡不停地打瞌睡；第二次他為孝公說夏、商、周三代的「王道」，孝公仍然不感興趣；第三次他為孝公說春秋五霸的「霸道」，孝公覺得不錯，認為可以繼續談下去；第四次他依當時的天下大勢為孝公說「強國之術」，孝公同他促膝交談竟

40　《韓非子‧和氏》。

41　《戰國策‧秦策》。

42　《史記‧孫子吳起傳》。

忘了自己尊貴的身份，一連談了好幾天都不厭煩。從此，秦孝公對公孫鞅言聽計從。

在公孫鞅第四次為秦孝公說治國之法後，他告訴他的引薦者景監：「吾以強國之術說君，君大說之耳。然亦難以比德於殷周矣！」[43]從這句話可以推知，即使他在「帝道」、「王道」、「霸道」之外另講一種「強國之術」，也不能不托始於古人，這古人即是商湯和周武。為了打消孝公對變法可能引起「天下之議」的顧慮，公孫鞅進諫說：「疑行無成，疑事無功。君亟定變法之慮，殆無顧天下之議也。且夫有高人之行者，固見負於世；有獨知之慮者，必見驚於民。語曰：『愚者暗於成事，知者見於未萌。民不可與慮始，而可與樂成。』郭偃之法曰：『論至德者不和於俗，成大功者不謀於眾。』法者，所以愛民也；禮者，所以便事也。是以聖人苟可以強國，不法其故；苟可以利民，不循其禮。」[44]這段話的大意是：遲疑不決的行動是不會有成效的，疑慮重重地去做事無法取得成功。作為一國之君的您趕快拿定變法的主意吧，千萬不要顧忌天下人對這件事的議論。有超出常人行為的人原本就會遭到世俗的非議，有獨特智慧的謀慮也必定會被一般人所詆毀。常言道：「愚昧者在事成之後仍然不能明白，睿智的人卻能在一切還沒有發生時作出預見。對於百姓，只能在事成之後與他們共用其樂，不可以同他們一起討論期望中的事業如何開始。」晉國掌管卜筮之事的大夫郭偃的做法就是：「探討最高的德行不求與世俗相調和，成就大功業的人不把自己的見解拿出來同眾人去商量。」制訂法令原是出於愛護百姓，規定禮儀原是為了便於行事。所以在聖明

---

43 《史記・商君傳》。

44 《商君書・更法》，另見《史記・商君傳》。《商君書》雖如《四庫提要》所說「殆法家者流掇拾鞅余論以成」，但尚可與《韓非子》、《史記》等載籍相參證，備為考述商鞅思想的資料。

的君主看來，只要能使國家強盛，可以不採取過時了的辦法；只要能對百姓有利，可以不因循舊有的禮儀。當大夫甘龍提出「聖人不易民而教，知者不變法而治。因民而教者，不勞而功成；據法而治者，吏習而民安」的論點相反駁時，公孫鞅從容回答：「三代不同禮而王，五霸不同法而霸。故知者作法，而愚者制焉；賢者更禮，而不肖者拘焉。拘禮之人，不足與言事；制法之人，不足與論變。」[45]他這是說：夏、商、周三代，禮各不同，卻都能稱王於天下；春秋五霸，法各有別，也都能成就一時的霸業。因此睿智者以其創見制定法規，愚昧者卻只知道一味墨守；賢達者懂得因勢制宜而修正故有的禮儀，不肖者卻拘泥於成規而不知變通。拘泥於故有禮儀的人不足於同他討論世事，執著於前人舊法的人不足於同他商談變革。公孫鞅說完這番話後，大夫杜摯以「利不百，不變法；功不十，不易器」、「法古無過，循禮無邪」為理由對變法的動議再次提出了詰難。於是，公孫鞅又強調說：「治世不一道，便國不必法古。湯武之王也，不修古而興；殷夏之滅也，不易禮而亡。然則反古者未必可非，循禮者未足多是也」[46]──治理天下不應該拘泥於一種方法，做有利於國家的事未必都要師法古人。商湯和周武稱王於天下，他們沒有因循古人反倒興盛起來了；夏桀和殷紂失了天下，他們不願意變通禮法，結果卻做了亡國之君。因此，違反古人之法的未必就應該予以指責，因循舊有之禮的也未必應該多加肯定。可以說，公孫鞅為變法所作的論證和辯護是成功的，事實上他在把他的整個變法主張聚焦於「治世不一道，便國不必法古」這一提法時，也以「湯武之王，不修古而興」作了自己在秦國變法的富於歷史感的背景。

---

45 《商君書・更法》。
46 《商君書・更法》。

　　公孫鞅變法基於對「法」的這樣一種信念：「民本，法也。故善治者塞民以法」[47]——駕馭民眾的根本在於「法」，善於治理國家的人以「法」制約百姓的行為。變法的內容如果借用《商君書》中的話一言以蔽之，那就是：「壹賞，壹刑，壹教。壹賞則兵無敵，壹刑則令行，壹教則下聽上。」[48]所謂「壹賞」，就是「利出一孔」[49]（利祿僅僅出於軍功這一個途徑）或「利祿官爵摶（專）出於兵」[50]，就是「有功者顯榮，無功者雖富無所芬華」[51]（讓有軍功的人顯赫、榮耀，而沒有軍功的人即使很富有也不能享受美名和華貴）。所謂「壹刑」，就是「刑無等級，自卿相將軍以至大夫庶人，有不從王令、犯國禁、亂上制者，罪死不赦」[52]，就是「以刑去刑，雖重刑可也」[53]。公孫鞅所制訂的「變法之令」中，有「令民為什伍，而相牧司連坐（使百姓五家為伍，十家相連，相互監督舉報，一人犯罪，親屬鄰里連帶受罰）；不告奸者腰斬，告奸者與斬敵首同賞，匿奸者與降敵同罰」等條款，這些都屬於「壹刑」的範疇。所謂「壹教」，就是以「農戰」[54]（耕戰）為唯一的教化，就是「當壯者務於戰，老弱者務於守；死者不悔，生者務勸」[55]（讓丁壯之人致力於作戰，老者和弱者致力於防守，使死者死而無悔，生者更加努力）。耕戰成了唯一的教化，其他那些曾被人們看重的東西在新法中不再被肯定。公孫鞅甚至把「禮、

47　《商君書・畫策》。
48　《商君書・賞刑》。
49　《商君書・弱民》。
50　《商君書・賞刑》。
51　《史記・商君傳》。
52　《商君書・賞刑》。
53　《商君書・畫策》。
54　《商君書・農戰》。
55　《商君書・賞刑》。

樂」、《詩》、《書》」、「修善、孝弟」、「誠信、貞廉」、「仁、義」、「非兵、羞戰」等，稱為寄生於社會而危害人群的「六蝨」[56]，所以他也說：「所謂壹教者，博聞、辨慧、信廉、禮樂、修行、群黨、任譽（任俠而有聲譽）、清濁（清高而不入濁流），不可以富貴，不可以評刑（評說刑罰），不可獨立私議以陳其上。」[57]這種「壹賞」、「壹刑」、「壹教」的變法為秦國的富國強兵帶來了極高的效率，但暴發式的富強畢竟是畸形的。全國上下被利祿驅趕著，「壹民於戰」的國策把人訓練成戰爭的動物；「民之見戰也，如餓狼之見肉」[58]，秦國因變法成為諸侯國中最強的國度，秦國也因變法而成為「虎狼之國」。

公孫鞅在入秦變法的二十多年中，先後任秦國的左庶長、大良造，並因為卓著的戰功而有了十五邑的封地。世人以他封地在商，稱他為商鞅或商君。司馬遷對商鞅變法有「行之十年，秦民大悅。道不拾遺，山無盜賊。家給人足。民勇於公戰，怯於私鬥，鄉邑大治」的讚語，但他認為商君終久是一個「天資刻薄人」[59]。劉向在他所編纂的《新序》中評價商鞅說：「秦孝公保崤、函之固，以廣雍州之地，東並河西，北收上郡，國富兵強，長雄諸侯，周室歸藉，四方來賀，為戰國霸君，秦遂以強，六世而並諸侯，亦皆商君之謀也。夫商君極身無二慮，盡公不顧私，使民內急耕織之業以富國，外重戰伐之賞以勸戎士，法令必行，內不私貴寵，外不偏疏遠，是以令行而禁止，法出而奸息。」「然無信，諸侯畏而不親。……今衛鞅內刻刀鋸之刑，外深鈇之誅，步過六尺者有罰，棄灰於道者被刑，一日臨渭而論囚七百餘人，渭水盡赤，號哭之聲，動於天地，畜怨積仇，比於丘山，所

---

56 《商君書・勒令》。
57 《商君書・賞刑》。
58 《商君書・畫策》。
59 《史記・商君傳》。

逃莫之隱，所歸莫之容，身死車裂，滅族無姓，其去霸王之佐亦遠矣。」[60]這樣判別商鞅的歷史功罪，大體說來是堪稱允當的。

下面講早期法家人物的另一支——

慎到與申不害

慎到是戰國中葉趙國人，曾在齊國的稷下論學。他更多的是一位長於政論的學者，而不是政治家或社會活動家。《史記》對他有不多的記載，其中說：「慎到，趙人。田駢、接子，齊人。環淵，楚人。皆學黃老道德之術，因發明序其指意（借著闡發黃老之學述說自己的學術旨趣）。故慎到著十二論，環淵著上下篇，而田駢、接子皆有所論焉。」[61]他所著的「十二論」已難以考述，《漢書·藝文志》著錄《慎子》四十二篇，現在我們所能看到的只有《威德》、《因循》、《民雜》、《德立》、《君人》、《知忠》、《君臣》等七篇的殘卷。[62]關於《慎子》，先秦古籍品評或引述不多，散見於《莊子》、《荀子》、《韓非子》、《呂氏春秋》等。對於慎到的學說，《呂氏春秋》是以雜家的姿態隨機予以引述和肯定的，《韓非子》是出於法家的旨趣予以引述、論證和發揮的，《荀子》是以儒家的眼光予以揭示和批判的，《莊子》卻把它視為一定程度地切近道家之學的一種學說置於道家的週邊。單是從先秦各家對慎到學說的態度，就可以斷言，《慎子》屬於與道家有著相當的學術緣分的法家著述。

---

60 裴駰《史記集解·商君傳集解》所引。

61 《史記·孟子荀卿傳》。

62 羅根澤《慎懋賞本〈慎子〉辨偽》：「《慎子》通行本，分《威德》、《因循》、《民雜》、《德立》、《君人》五篇，嚴可均（四錄堂本）錢熙祚（守山閣本）繆荃孫（四部叢刊本）從《群書治要》輯出《知忠》、《君臣》二篇，並舊有為七篇；書雖非偽，而斷簡殘編，亦非秦漢舊觀。」（羅根澤：《諸子考索》，511頁）。

　　莊子是先秦諸子中第一個系統評述各家學說的人；他評說諸子帶有「判教」的性質，因此諸子學說在他那裡並不是一種並列關係。他從墨子、禽滑釐說起，往下是宋鈃、尹文，接著是彭蒙、田駢、慎到，再接著是關尹、老聃，而他自己的學說被作為壓卷之作放在最後。從這個「判教」的順序看，在莊子的眼裡，慎到、彭蒙、田駢的學說僅次於他和關尹、老聃的學說。他指出：「公而不當，易而無私；決然無主，趣物而不兩，不顧於慮，不謀於知，於物無擇，與之俱往。古之道術有在於是者，彭蒙、田駢、慎到聞其風而悅之。齊萬物以為首。曰：『天能覆之而不能載之，地能載之而不能覆之，大道能包之而不能辯之。』知萬物皆有所可，有所不可。故曰：『選則不遍，教則不至，道則無遺者矣。』是故慎到棄知去己而緣不得已，泠汰於物，以為道理。曰：『知不知，將薄知而後鄰傷之者也。』謑髁無任而笑天下之尚賢也，縱脫無行而非天下之大聖。……夫無知之物，無建己之患，無用知之累，動靜不離於理，是以終身無譽。故曰：『至於若無知之物而已，無用聖賢。夫塊不失道。』豪桀（傑）相與笑之曰：『慎到之道，非生人之行，而至死人之理，適得怪焉。』田駢亦然。學於彭蒙，得不教焉。彭蒙之師曰：『古之道人，至於莫之是莫之非而已矣。其風窢然，惡可而言？』常反人，不見觀，而不免於魭斷。其所謂道非道，而所言之韙，不免於非。彭蒙、田駢、慎到不知道。雖然，概乎皆嘗有聞者也。」[63]這段話是說：公正而不落於偏好，平易而沒有私心；做決斷不帶一己的成見，以物的趨向為趨向而不作物我兩分；放棄思慮，不用智謀，對萬物無所選擇，隨著物的變遷而變遷。古來的道術在這一旨趣上的，彭蒙、田駢、慎到一有風聞就很樂意接受。他們把萬物齊之於道視為首要的原理，聲稱：「天能

---

63 《莊子‧天下》。

覆蓋萬物卻不能承載它，地能承載萬物卻不能覆蓋它，大道能包容一
切卻未嘗加以辨說。」他們懂得萬物都有其所宜，有其所不宜。所以
他們說：「一有選擇就不再全面，一有引導就不可能周到，而道能包
容一切，什麼都不會被遺漏。」因此，慎到主張摒棄知識，消除自己
的欲念，順著那不得不如此的大勢，聽任萬物被這大勢揀選淘汰——
他把這作為自己篤守的道理。他說：「人總想知其所不知，想要接近
知反倒被知所妨害。」他隨物順情，沒有執著，嘲笑天下人推重賢
者；他放縱、灑脫，不守世俗的行為規則，而譏諷天下人尊崇聖
人。……那些沒有求知欲望的物，沒有建立一己功業的憂患，不為動
用的智謀所牽累，無論動還是靜都不會違背自然之理，所以終身無咎
無譽。因此他說：「直到像無知的物那樣就好了，賢者和聖人都用不
著；土塊之類的無知之物是不會背離道的。」於是，所謂豪傑之士們
就嗤笑他：「慎到的道，不是活人所能踐行的，而是死人的道理，這
可正該令人驚詫哪！」田駢也是如此。他們以彭蒙為師，得了「不
教」之教——一種捨棄智謀、聽任道的運作的教化。彭蒙這位老師告
訴他的學生：「古來所謂得道之人，不過不執著於是也不執著於非罷
了，他們教給人的就像看不見的風，一下子就吹過去了，怎麼可能用
言語表達呢？」他們的見解往往與常人相反，得不到人們的賞識，於
是他們又不免用婉轉的方式作出讓步以作彌補。他們所說的道還不是
道，他們所認為是的常常不免於非。彭蒙、田駢、慎到終究未能通曉
道，儘管他們對道的梗概也都多少有所了解。莊子的這段話雖是把彭
蒙、田駢、慎到三人作為一個學術流派來評說的，但對慎到顯然說得
更多些。彭蒙和田駢的道家傾向大得多，慎到的學說歧出於道家，畢
竟以法家為歸宿。莊子沒有說破慎到之學的法家底蘊，不過，他說的
話中至少有兩點對我們理解慎到從道家轉向法家的思路是有啟示的。
一是所謂「齊萬物以為首」。這個觀念出於道家，原是說把萬物齊之

於道視為首要原則。然而，一旦由道引申到法，齊之於道的原則就完全可能轉化為齊之於法的要求。同樣是「棄知去己」（摒棄智謀、消除一己的欲念），既可以走向「任道」（聽任於道），也可以走向「任法」（聽任於法）。慎到就是由「任道」轉向「任法」的，他說：「大君任法而弗躬，則事斷於法矣。」[64]另外一點，也是更突出的一點，那就是所謂「慎到棄知去己而緣不得已」的「緣不得已」（順著不得不如此的勢）。這裡的「不得已」原是在述說道的那種自然之勢，然而，一旦這「勢」被用於施行某種法，那對自然之勢的隨順也就會轉換為對實施法時所必要的勢位或權勢的看重。法家人物中，慎到是第一個明確提出重勢之說的，其實，他所看重的那個「勢」正可以溯源到被重新理解了的自然之勢。

慎到論「勢」的文字沒有完整地留下來，但從《韓非子》中的一段引述仍可以看出所論的旨趣所在。這段引述是：「慎子曰：飛龍乘雲，騰蛇遊霧。雲罷，霧霽，而龍蛇與螾（蚯蚓）螘（螞蟻）同矣，則失其所乘也。賢人而詘（屈）於不肖者，則權輕位卑也；不肖而能服於賢者，則權重位尊也。堯為匹夫，不能治三人；而桀為天子，能亂天下，吾以此知勢位之足恃，而賢智之不足慕也。夫弩弱而矢高者，激於風也；身不肖而令行者，得助於眾也。堯教於隸屬，而民不聽，至於南面而王天下，令則行，禁則止。由此觀之，賢智未足以服眾，而勢位足以缶（詘）賢者也。」[65]這裡，有必要申明的是，慎到重「勢」，並沒有完全排斥「德」，他在標舉「法」的同時，也會提出「禮」。他說：「法制禮籍，所以立公義也。凡立公所以棄私也。明君動事分功必由慧，定賞分財必由法，行德制中必由禮。」[66]他把

---

64 《慎子・君人》。
65 《韓非子・難勢》。
66 《慎子・威德》。

「法」的功用限定在「定賞分財」（確定賞罰，分配財貨）上，為「禮」留下了「行德制中」（修養德行，制約人的內心）的地盤。他不像後來的申不害、韓非那樣看重「術」，但所謂「明君動事分功必由慧」的那種「慧」，已經多少透露出了「術」的消息。

比慎到略後，早期法家中另一位有代表性的人物是申不害。據《史記》記載，申不害是鄭國京邑人，韓滅鄭之前做過鄭國的地位不高的官員，因為講「術」而接近韓昭侯，被昭侯用為相；在輔佐韓昭侯的十五年中，他修明政教於內，應對諸侯於外，使當時的韓國社會安定，兵力強大，外敵不敢入侵。[67]他和慎到一樣，是從黃老之學轉而成為重刑名的法家人物的，不過慎到更看重「勢」，而他更講求「術」。韓非曾以「公孫鞅為法」與申不害相比說：「申不害言術……術者，因任而授官（根據才能授予官職），循名而責實（按照名分要求實際的業績），操殺生之柄（掌握生殺的權柄），課群臣之能（考核臣子們的能力）者也。此人主之所執也（這是君主所要抓住不放的）。」[68]他對法家所謂的「術」的概括大體是不錯的，但把申不害與商鞅的差別歸結為「術」與「法」的相異可能並不確切。

實際上，申不害並沒有忽略「法」。他說過：「堯之治也，善明法察令而已。聖君任法而不任治，任教而不任說。黃帝之治天下，置法而不變，使民安樂其法也。」[69]他把堯對天下的治理歸結於善於明確而詳細地制訂法令（「善明法察令」），把黃帝對天下的治理歸結於確立常行不移的法度，使百姓樂於和安於他頒佈的法規禁律（「置法而不變，使民安樂其法」），這是托始堯和黃帝鼓吹他自己心目中的

67　《史記・老莊申韓傳》：「申不害，京人也。故鄭之賤臣，學術以幹韓昭侯，昭侯用為相；內修政教，外應諸侯，十五年，終申子之身，國治兵強，無侵韓者。」

68　《韓非子・定法》。

69　歐陽詢編《藝文類聚》第五十四卷所引，或李昉等編《太平御覽》第六三八卷所引。

「法」，而「任法不任治，任教不任說」──聽憑法規而不依賴才智，聽憑制度而不倚重某種學說或道理，被認為是國家治理的原則。因此，他強調指出：「君必有明法正義，若懸權衡以至輕重，所以一群臣也。」[70]這意思是說，國家的君主一定要有明確的法規和正常的禮儀，以便使臣子們的舉止一致，這就像稱量輕重不能不懸起一桿秤來一樣。不過，正如慎到重「勢」原只是為了「事斷於法」，申不害經心於「術」並不違背他的「任法不任治，任教不任說」的信念。任何一位法家所張揚的「法」都不是用來制約君主的；為君主謀劃一種不受制於「法」的「術」，這對於申不害是件很自然的事。《漢書‧藝文志》曾著錄《申子》六篇，可以斷言，這六篇文字中有相當大的篇幅是談論人君南面之「術」的，可惜的是，留傳至今的申不害的著述只有《大體》一篇了。但即使這樣，我們仍可以從這篇還算完整的文字中看出「術」的大略和它與「黃老之學」的關聯。

《大體》篇是以向君主進諫的口吻撰寫的，其中有這樣一些說法：「明君如身，臣如手；君若號，臣如響；君設其本，臣操其末；君治其要，臣行其詳；君操其柄，臣事其常。為人君者操契以責其名，名者天地之綱，聖人之符；張天地之綱，用聖人之符，則萬物之情無所逃之矣。故善為主者，倚於愚，立於不盈，設於不敢，藏於無事；竄端匿疏，示天下無為。是以近者親之，遠者懷之。示人有餘者人奪之，示人不足者人與之。剛者折，危者覆，動者搖，靜者安。名自正也，事自定也，是以有道者自名而正之，隨事而定之也。鼓不與於五音而為五音主，有道者不為五官之事而為治主。君，知其道也，官人，知其事也。十言十當，百為百當者，人臣之事，非人君之道也。昔者堯之治天下也以名，其名正則天下治；桀之治天下也亦以

---

70 《藝文類聚》第五十四卷所引，或《太平御覽》第六三八卷所引。

名，其名倚而天下亂。是以聖人貴名之正也。主處其大，臣處其細。
以其名聽之，以其名視之，以其名命之。鏡設精，無為而美惡自備；
衡設平，無為而輕重自得。凡因之道，身與公無事，無事而天下自極
也。」[71] 這些話中，所說「倚於愚，立於不盈，設於不敢，藏於無
事；竄端匿疏，示天下無為」（借重於愚鈍，自立於不圓足，採取謙
卑退守的姿態，深藏不露而顯得無所用心，把端倪和頭緒都隱匿起
來，表現給天下人的是一副無所作為的樣子），或所謂「示人有餘者
人奪之，示人不足者，人與之。剛者折，危者覆，動者搖，靜者安」
（在他人面前顯得有餘，別人就會來奪取，在他人面前顯得不足，別
人就會給予你幫助。剛硬的東西容易折斷，高聳的東西容易傾倒，動
起來的東西總會搖擺，只有靜下來才會安穩），都很像是對老子《道
德經》中的語句的轉述。但老子的那些看似詭異的表述最終是要把人
引向「致虛極，守靜篤」[72] 以至於「復歸於嬰兒」、「復歸於樸」[73]，
這種人生態度即使轉化為一種「君人南面之術」，那也是要落在「民
自化」、「民自正」、「民自富」、「民自樸」上的，而申不害轉用老子的
說法卻是在為君主作權術的謀劃，這謀劃不是出於對淳樸的追求，而
是發自巧詐的機心。此外，申不害顯然分外重視「名」的作用。
「名」在他這裡主要指所謂「名分」，強調「名分」是要以「名」定
「分」，以「名」確定人的當有地位、身份和相應的職權與責任。他
從「名」出發，首先區別了君與臣的位分和職分，他認為「君，知其
道也；官人，知其事也。十言十當，百為百當者，人臣之事，非人君
之道也」（君主是主宰治國之道的，各級官吏是主持辦理各種具體事
務的。每一次說話，每一次行事，都要得當而沒有失誤，這是做臣子

---

71 《申子‧大體》，見魏徵等輯《群書治要》第三十六卷所引。
72 《老子》十六章。
73 《老子》二十八章。

的人的職責，不是對於經心於道的君主的要求）。因此，在他看來，
君臣的關係就是身軀與手臂、呼號與回聲、根本與枝葉的關係，這種
關係決定了「君治其要，臣行其詳；君操其柄，臣事其常」（君主掌
控機要，臣子處理繁雜事宜；君主把握權柄，臣子操辦日常政務），
也決定了君主可以對臣子「操契以責其名」，從而「以其名聽之，以
其名視之，以其名命之」（依據他的名位職分聽取他的陳述，依據他
的名位職分考察他的業績，依據他的名位職分驅使他、命令他）。這
樣，「知其道」的君主也就有了「術」，這「術」當然主要是用來控制
和役用那些「行其詳」、「事其常」、「處其細」的臣子們的。不過，申
不害也指出，儘管「名」是「天地之綱，聖人之符」（天地的綱常，
聖人的法則），它們仍有「正」與「倚」（不正）之分。堯和桀都是以
「名」治天下的，但堯用以治理天下的「名」很正，所以天下被治理
好了，桀用以治理天下的「名」不正（「倚」），結果天下就大亂了。
由此，他說：「聖人貴名之正也」（聖人以名正為貴），一旦名正了，
就像鏡子純淨明亮，秤桿懸得很平，不用做什麼，美醜自然都會被照
出來，輕重也自然會得到恰當的稱量。於是，他也從這裡推出他對
「無為」而治的嚮往：「凡因之道，身與公無事，無事而天下自極
也」──一切依道而行，君主自身和整個國家就不會生出事端，沒有
事端發生，天下自然就會好起來。然而，無論如何，這裡所謂「無
為」而「天下自極（善）」的中心環節畢竟在於「為人君者操契以責
其名」，道家的「無為」之說是被申不害立於「刑名」的法家主張利
用了的。

　　可以斷言，除《大體》外，申不害一定還有關於「術」的專論性
文字，這至少可以從韓非在他的著述中對申不害的援引得到證實。例
如，下面的兩段引述：（一）「申子曰：『上明見，人備之；其不明
見，人惑之。其知見，人惑之；不知見，人匿之。其無欲見，人司

之；其有欲見，人餌之。故曰：吾無從知之，惟無為可以規之。』」
（二）「申子曰：『慎而言也，人且知女；慎而行也，人且隨女。而有
知見也，人且匿女；而無知見也，人且意女。女有知也，人且臧女；
女無知也，人且行女。故曰：惟無為可以規之。』」[74]前一段話是說：
君主的明智顯露出來了，人們就會防備他；君主的昏昧顯露出來了，
人們就會迷惑他。君主的聰慧顯露出來了，人們就會對他阿諛奉承；
君主的愚鈍顯露出來了，人們就會對他隱瞞真相。君主沒有什麼喜好
顯露出來，人們就會對他窺察試探；君主有喜好顯露出來，人們就會
投其所好施以誘餌。所以說，對於人們的心機是難以了解的，唯有以
「無為」的方式去窺測。那後一段話是說：你的言語要謹慎，人們將
會琢磨你的心思；你的舉動要謹慎，人們將會探察你的行跡。你的智
慧顯露出來了，人們將會規避你；你的愚鈍顯露出來了，人們將會暗
算你。你有智謀，人們將躲開你；你沒有智謀，人們將設法對付你。
所以說，對於你周圍的人，唯有以「無為」的方式去窺測。從這些話
中，可以看出申不害在為君主作「術」的考慮時用心之細，而「術」
也最終被歸之於「無為」。韓非援引申不害是出於一種讚賞，但他對
他的前輩也有所檢討。正像他批評「商君未盡於法」，他也批評「申
子未盡於術」[75]。

　　下面，我來講述法家學說的集大成者——

韓　非

　　韓非是戰國末年韓國的公子，曾做過荀子的學生，但正像《史

74　《韓非子·外儲說右上》。
75　《韓非子·定法》。

記》所說，他「喜刑名法術之學，而其歸本於黃老」。他多次上書韓
王，勸說韓王「修明其法制，執勢以禦其臣下，富國強兵以求人任
賢」[76]，卻始終沒有被重用。他沒有施展抱負的機會，只是在十多萬
言的著作中系統陳述了他的「上法而不上賢」[77]、「恃術而不恃信」[78]、
「抱法處勢」、「信賞必罰」[79]的法家主張。據說，有人把他的《孤
憤》、《五蠹》等文字傳到秦國，秦王嬴政看了後，有「寡人得見此人
與之遊（交遊），死不恨矣」[80]之歎。但後來韓非出使秦國，被秦王羈
留，最終死在異國的獄中。韓非在現實世界中，可以說是一位具有反
諷意味的失敗者：他一生中唯一的一次較重大的政治活動是出使秦國
說服秦王「存韓」伐趙，結果韓國成為六國中第一個被秦滅掉的國
家；他一向傾慕秦國，讚譽秦國「忠勸邪止而地廣主尊」[81]，但秦國
終於因為看重他而殺了他；他寫了《說難》，詳盡地述說了向君主進
諫的困難和為了進諫成功所可用的種種手段，然而，正是這樣一個把
向君主進諫論說得如此周詳的人，卻從沒有能夠成功地說服韓王，也
沒有能夠讓秦王聽從他對秦王的僅有的一次勸諫。不過，在理論王國
中，韓非畢竟是一位集法家學說之大成的人物。他的學說在他身後曾
或隱或顯地附著於秦國和統一六國後的秦帝國的政治決策，也因此在
漢承秦制後的兩千多年裡，長久地影響了在改朝換代中一直維繫著中
央集權君主制的中華帝國。

　　韓非的學說有「道」的根底，這「道」是從老子那裡借來的，不
過已經不再是老子的「法自然」之「道」。當韓非說「道無雙，故曰

76　《史記‧老莊申韓傳》。
77　《韓非子‧忠孝》。
78　《韓非子‧外儲說左下》。
79　《韓非子‧外儲說左下》。
80　《史記‧老莊申韓傳》。
81　《韓非子‧飾邪》。

一」、「夫道者，弘大而無形；德者，核理而普至」[82]（道，弘大而沒有形狀；德，內含著理而無處不在）時，他標舉的「道」似乎與老子所謂「道」並沒有什麼兩樣，但老子的「道」所引導人們的不過在於「莫之爵而恒自然」[83]，而體會到這種「道」的聖人也只是「恒無心，以百姓之心為心」[84]，韓非的「道」卻要由「道不同於萬物，德不同於陰陽」（道與因道而生的萬物不同，德與德所蘊涵的陰陽不同）引出「君不同於群臣」[85]的說法，由「道」的獨一無二推論君主權力的獨一無二。他從「道」是「一」所要得到的結論是：君主是「一」；「道」這一「一」即是一切，君主這一「一」也是一切。所以，他在斷言「道者，萬物之始，是非之紀」[86]（道是萬物的始源，是非的準則）時，要分外指出：「明君貴獨道之容」[87]（高明的君主推崇「道」那種獨一無二的姿態）。韓非甚至也像老子那樣談「虛」說「靜」，但老子的「致虛極」、「守靜篤」是從本體上、「自然」上說起的，這「虛」、「靜」與「素」、「樸」相通，它意味著一切刻意、造作的消解和機詐、偽飾的泯除，而韓非所在意的「虛」、「靜」說到底卻不過是他所謂「人主」理應把握的一種「術」。事實上，韓非從來就沒有真正認同過老子，唯當下功利是求的價值取向決定了他不能不反對所謂「恬淡之學」、「恍惚之言」。他認為：「恬淡，無用之教也；恍惚，無法之言也」，「恍惚之言，恬淡之學，天下之惑術也。」[88]他這樣說，當然主要是針對莊子的「坐忘」、「心齋」以至於「遊逍遙之

82　《韓非子・揚權》。

83　《老子》五十一章。

84　《老子》四十九章。

85　《韓非子・揚權》。

86　《韓非子・主道》。

87　《韓非子・揚權》。

88　《韓非子・忠孝》。

虛」之說的，但也未嘗不是在批判老子的「致虛」、「守靜」而「復
樸」之學。與對關聯著「恬淡」、「恍惚」之學的「虛」、「靜」的否定
相應，韓非對借自老子的「虛」、「靜」作了另一種解釋和發揮。他
說：「人主之道，靜退以為寶。不自操事而知拙與巧，不自計慮而知
福與咎。」「道在不可見，用在不可知；虛靜無事，以暗見疵。見而
不見，聞而不聞，知而不知。知其言以往，勿變勿更，以參合閱焉。
官有一人，勿令通言，則萬物皆盡。函掩其跡，匿其端，下不能原；
去其智，絕其能，下不能意。保吾所以往而稽同之，謹執其柄而固握
之。絕其望，破其意，毋使人欲之。」[89]這段話的意思是：君主治國
之道，以「靜」、「退」為法寶。不用親自操持國家事務，而只需要知
道臣子們辦事是拙還是巧；不必親自籌畫謀慮，而只需要辨別臣子們
的計謀可能帶來的是福還是禍。君主之道，在於使臣子們無法預料，
治理的方術，在於使臣子們無法了解君主的意圖；保持「虛靜無事」
的樣子，以便暗中發現臣子們的過失。看見了要當作沒有看見，聽見
了要當作沒有聽見，知道了要當作並不知情。君主在懂得臣子們說話
的意思後，不要改變或更正它，只須去察看它是否能得到驗證。一個
官職由一個人擔任，使任職的人互相不過問，這樣，所有事情的真實
情形都會顯露出來。君主要掩藏自己的行跡，隱蔽自己的念頭，讓下
面的臣子無從推測；要不表露自己的智慧，不顯出自己的才能，讓下
面的臣子無法揣摩。不要暴露自己的意向以考察臣子們是否與我同
心，要謹慎地抓住權柄把它牢牢把握在自己手中。絕了他們的希望，
破了他們的推想，斷了人們對君主權位的欲求。韓非在這裡把「靜
退」或「虛靜」視為君主的法寶，並不在於「靜退」或「虛靜」本身
的價值，而是在於它們作為一種「術」能夠維護君主的絕對權力和地

---

89 《韓非子．主道》。

位。一如「虛」、「靜」在老子那裡可以和「道恒無為而無不為」[90]的「無為」相互詮釋，在韓非這裡「虛」、「靜」差不多是「無為」的同義語，只是老子的「虛」、「靜」、「無為」是歸結於以「素」、「樸」之「自然」為終極價值的「恬淡之學」的，韓非的「虛」、「靜」、「無為」最終不過是為著君主「謹執其（權）柄而固握之」的「術」。

　　以「法自然」的「道」引導人們「復歸於嬰兒」、「復歸於樸」的老子，雖然沒有直接談論人性問題，但他顯然相信出於「自然」的人性是樸真無邪的。把老子的「道」權術化了的韓非不再有老子那樣的對於人性的信念，他認定人性從根本上說來是「惡」的。人性惡是荀子對人性所作的判斷，韓非從他的老師那裡接受了這一見解。不過荀子由性惡——「人之性惡，其善者偽（人為）也」——講出的是「化性而起偽」[91]的道理。所謂「化性而起偽」，是說人性是有待採取人為的措施予以教化的。荀子列舉的人為措施有「立君上之執（勢）以臨（監督）之，明禮義以化（教化）之，起法正（法度）以治（治理）之，重刑罰以禁（止）之」[92]，而他對於「明禮義以化之」尤其重視，這使他儘管與主張「性善說」的孟子相對立，卻最終依然歸宗於儒家。韓非摒棄了荀子的「明禮義以化之」，把荀子所說的「起偽」單一化為「不務德而務法」。在韓非的眼裡，人都有「計算之心」，「父母之於子也，猶用計算之心以相待也，而況無父子之澤乎？」[93]這「計算之心」也被他稱為「自為心」（為自己之心），他說：「人為嬰兒也，父母養之簡，子長而怨；子盛壯成人，其供養薄，父母怒而誚之。子、父，至親也，而或誚或怨者，皆挾相為而不周於為己也。

90　《老子》三十七章。
91　《荀子・性惡》。
92　《荀子・性惡》。
93　《韓非子・六反》。

夫賣庸而播耕者，主人費家而美食，調布而求易錢者，非愛庸客也，曰：如是，耕者且深，耨者熟耘也。庸客致力而疾耘耕者，盡巧而正畦陌畤者，非愛主人也，曰：如是，羹且美，錢布且易云也。此其養功力，有父子之澤矣，而調於用者，皆挾自為心也。」[94]這是在以舉例的方式論證人無不有「計算之心」或「自為心」，整段話的大意是：人在嬰兒時，父母對他的撫養不很經心，長大後就會埋怨父母；兒子長大成人，對父母的供養不夠豐厚，父母就會惱怒而責怪兒子。兒子和父親是至親的關係，而有時還不免你責備我或我埋怨你，這是因為相互都懷著有所求取的心理而總覺得對方對自己照顧不周。雇用傭工來耕田播種，主人耗費家財做好吃的飯菜，選出布來換了錢付給傭工報酬，並不是由於喜歡傭工，而是因為，這樣做，傭工才會耕地耕得深，鋤草鋤得細。被雇用的人盡他的力氣加速耕耘，盡他的技能修整畦埂，不是由於愛戴他的主人，而是因為這樣做，飯菜才會豐美，錢幣才會容易到手。主人這樣供養傭工和傭工這樣專心為主人出力，像是有父子間的那種恩澤，其實看似在行事上協調的雙方都懷著自己為自己之心。在韓非看來，人唯一關心的是他自己的利害：「民之性，惡勞而樂佚」[95]，他們只是出於利害的考慮才不得不勞。所以，他斷言：「利之所在，民歸之；名之所彰，士死之。」[96]並且，他也由此認定治國之術不在於如何「去求利之心，出相愛之道」（消除求利之心，拿出相愛的辦法），而在於「法禁明著」、「必於賞罰」[97]（法規禁令明確清楚，實施賞罰不失信用）。老子的「道」一經韓非的援用終究嬗變成了一種詭詐的「人主之道」或君主的「南面之

---

94 《韓非子‧外儲說左上》。

95 《韓非子‧心度》。

96 《韓非子‧外儲說左上》。

97 《韓非子‧六反》。

術」，同樣，荀子的性惡論在韓非這裡也正好做了他「不務德而務
法」而「必於賞罰」的主張的最後憑藉。既然人性是惡的，治人之術
也就只能是動之以「利」（利祿），誘之以「名」（名位），迫之以
「威」（威勢），所以韓非宣稱：「聖人之所以為治道者三：一曰
『利』，二曰『威』，三曰『名』。」[98]他有時甚至也會提到「仁義」，
但這「仁義」只是被當作一種外在的規範。同是談「仁義」，認為人
性本善的孟子是從「惻隱之心，仁之端也；羞惡之心，義之端也」[99]
說起的，因而在孟子那裡「仁義」的根蒂是內在於人心的，並且這
「仁義」所指示的是一重超功利的價值，而確信人性趨於惡的韓非卻
從未承認過功利之外的人生價值，他對「仁義」的解釋完全從屬於他
所謂的「人主之道」。他說：「仁義者，不失人臣之禮，不敗君臣之位
者也。」[100]又說：「臣事君，子事父，妻事夫，三者順則天下治，三
者逆則天下亂，此天下之常道也！」[101]其實，後世的「三綱」之說，
正是從這裡發端的。

　　韓非是一個富於歷史感的人，但他所理解的歷史除開利害的權衡
並沒有其他人生價值追求貫穿其中。歷史是世代的相續，不過對於他
說來，這相續的世代人們相互間總是以「計算之心」對待的，而全部
的心思都只在於趨利避害。他是主張「世異則事異」[102]的，就是說，
不同的時代有不同的情形，人們在這不同的情形下應當有不同的處理
事情的方式。不過，他所說的「世異」而「事異」的「異」中，始終
有一種相同的東西存在著，換句話說，從古到今無論世道發生過怎樣

98　《韓非子‧詭使》。

99　《孟子‧公孫丑上》。

100　《韓非子‧難一》。

101　《韓非子‧忠孝》。

102　《韓非子‧五蠹》。

大的變化，無論在變化的世道中人們處理世事的方式發生過怎樣大的
變化，有一種東西是一直沒有變的，那就是人對赤裸裸的現實利害的
考慮或「計算」。韓非說過「聖人不期修古，不法常可，論世之事，
因為之備」[103] 這樣的話，他是在借「聖人」以告誡人們，不要羨慕遠
古時代，不必效法常規，而只須探究當代發生的事情，從而為之做好
準備。在此同時，他也把截至他所處的那個時代的整個歷史分為「上
古」、「中世」和「當今」三個時期，指出「上古競於道德，中世逐於
智謀，當今爭於氣力」[104]，以「道德」的競賽、「智謀」的角逐和
「氣力」的爭鬥把三個時期區別開來。言下之意，處於「爭於氣力」
的當今，一個國家的治理者首先要做的就是如何使自己國家的「氣
力」增大。他所說「上古競於道德」，似乎要留給人們一種上古時代
看重道德的印象，其實，對於韓非而言，「道德」即使在「上古」也
只不過是一種獲取功利的手段。無論近世的學者們如何以所謂「歷史
進化的理論」或「歷史進化的觀念」稱揚韓非的歷史觀，韓非以「競
於道德」、「逐於智謀」、「爭於氣力」概括歷史的推移卻無意表達「氣
力」比「道德」和「智謀」都更進步。他只是要把問題集中到一點，
即如何隨著「世異」與「事異」而對謀取功利的手段作相應的變換，
以這樣的道理勸諫那些他期待中的君主。韓非的性惡論和他的歷史觀
是可以相援互證的，在他的心目中，歷史上並不存在真正淡泊名利或
具有超功利的人生境界的人。他不厭其煩地對人們陳述：堯做天子治
理天下的時候，用沒有修剪過的茅草遮蓋屋頂，用未經任何加工的木
材做房屋的椽子，吃的是糙米粗穀，喝的是野菜湯羹，冬天裹著拼接
起來的獸皮，夏天穿的是葛麻織成的衣服。生活實在太簡陋了，即使

---

103 《韓非子‧五蠹》。

104 《韓非子‧五蠹》。

是那些看門人的衣著和飲食也不會比這更差。禹做天子治理天下的時候，自己親手拿鍬幹活，走在百姓的前面，累得大腿上沒有了肉，小腿上的汗毛都長不出來了。像這樣辛苦，即使是奴僕們的勞役也無法與之相比。由此看來，古代人讓出天子的位置，那不過是捨棄看門人那樣的衣食、脫離開奴僕般的勞役罷了，把天下傳給別人實在不值得稱讚。當今做縣令的那些人是另一種情形，哪一天自己死了，往後的子孫幾代都會有馬車乘坐，人們當然會很看重這個職位。因此，就讓位給別人這件事來說，能輕易地辭去古代天子之位，卻難以割捨當今的縣令之職，這實在是因為利益大小不同的緣故。還有，那些住在山上不能不下到谷底去打水的人，每逢祭祀神靈的節日會把水當作禮物相互贈送，而那些住在窪地苦於水潦之災的人們卻要花錢雇人疏通渠溝把水排走。荒年青黃不接的季節，有點食物連幼小的弟弟都不相讓，豐年的收穫季節，就是陌生的過路客人也一定會給他飯吃。這並不是疏遠骨肉兄弟而偏愛過路的客人，而是因為糧食的多少大不一樣。說到這裡，韓非對他要講的道理作了這樣的歸結：「古之易財，非仁也，財多也；今之爭奪，非鄙也，財寡也。輕辭天子，非高也，勢薄也；爭士（仕）橐（托），非下也，權重也。故聖人議多少、論薄厚為之政。」[105] 這就是說，古代的人們看輕財物，不是因為所謂「仁」，而是因為財物多；當今的人們相互爭奪，也不是因為貪鄙，而是因為財物少。古代人輕易地辭去天子之位，不是因為他人品高尚，而是因為那時天子的權勢不大；當今人們爭著做官或依託豪門，也不是因為今人的人品低下，而是因為仕宦和豪門權勢很重。所以，聖人採取政治措施總是會考慮財物多寡和權勢輕重的。韓非對「世異則事異」、「事異則備變」的如此論證，可以說是雄辯的，但這邏輯嚴

---

105 《韓非子・五蠹》。

整的論證也正是一種政治告白，──它告訴人們，被韓非說破了底細的法家的政治，終究是唯「利」是圖、唯「權勢」是求的政治。

當法家學說在韓非這裡依託於「虛靜無為」的「道」，植根於「民之性，惡勞而樂佚」的性惡論，借重於「上古競於道德，中世逐於智謀，當今爭於氣力」、「世異則事異」、「事異則備變」的歷史觀時，這種學說在理論上臻於完備和成熟。早期法家人物中，商鞅重「法」，慎到重「勢」，申不害重「術」。到戰國後期，韓非集各家所長，使法家思想達到了它可能達到的高度。相對於「勢」、「術」，「法」對於韓非是首先重要的。他把「法」比作稱量輕重的「權衡」或校勘曲直的「繩墨」，認為「國無常強，無常弱。奉法（執法）者強，則國強；奉法（執法）者弱，則國弱」。他說：「法不阿貴，繩不撓曲。法之所加，智者弗能辭，勇者弗敢爭。刑過不避大臣，賞善不遺匹夫。故矯上之失，詰下之邪，治亂決繆，絀羨齊非，一民之軌，莫如法。屬官威民，退淫殆，止詐偽，莫如刑。刑重，則不敢以貴易賤；法審，則上尊而不侵。上尊而不侵，則主強而守要，故先王貴之而傳之。」[106]這話的意思是：法度不迎合親貴，墨線不遷就曲枉。依法行事，有才智的人不能巧言抗辯，有勇力的人不敢恃強相爭。依法懲治罪過，即使是朝中大臣也不放過；依法獎賞善行，即使是一般百姓也不遺漏。所以，矯正上面的過失，查處下面的奸邪，整治混亂，揭發謬誤，抑制貪欲，糾正過錯，制約百姓於統一的軌制，再沒有比法更好的了。整飭官吏，威懾百姓，遏制淫逸怠惰之風，禁止欺詐虛偽的行為，再沒有比刑更好的了。刑罰重，人們就不敢因為自己地位高貴而輕慢其所認為的微賤之事；法度縝密，君主才會被尊崇而沒有人敢冒犯。受到尊崇而沒有人冒犯，君主才能強有力地握住國家的權

---

106 《韓非子‧有度》。

柄。因此先王看重它，把它傳了下來。韓非論「法」是緊緊關聯著「刑」的，而「刑」、「法」的目的僅僅在於「主強而守要」。為著這同一個目的，他也強調「術」。「術」不同於「法」，在他看來，「法者，編著之圖籍，設之於官府，而布之於百姓者也。術也，藏之於胸中，以偶眾端而潛禦群臣者也。故法莫如顯，而術不欲見。是以明主言法，則境內卑賤莫不聞知也，不獨滿於堂；用術，則親愛近習莫之得聞也，不得滿室。」[107]這即是說，「法」是公開的，越公開越好，它被寫成明文，編進圖書，由官府施行，公佈給所有百姓；「術」是詭祕的，越詭祕越成其為「術」，它藏在君主一個人的胸中，以適應事態的諸多方面而不露聲色地駕馭群臣。「法」要讓國內所有人都知曉，不僅讓滿堂的臣子知曉，還要讓那些地位卑賤的人知曉；「術」就不同了，君主用「術」不可告訴自己寵倖親近的人，更不用說讓滿屋子的人都知道了。對於「術」，韓非還有另一種說法，這即是「術者，因任（才能）而授官，循名而責（要求）實，操殺生之柄，課（考核）群臣之能者也」。同前一種關於「術」的說法比起來，這一種說法則側重於指出「術」涉及的範圍，而前一種側重於描述「術」的運用方式，二者相應，即是所謂「明君無為於上，群臣竦懼乎下」。然而，無論是使那「編著之圖籍」的「法」得以實行，還是使那君主「藏之於胸中」的「術」得以施展，君主都不能不憑藉某種富於威嚴感和力量感的「勢」。沒有「勢」，「主強而守要」仍然會是一句空話。所以，韓非也分外看重「勢」。他說：「民者固服於勢，勢誠易以服人」[108]（民眾本來就是順從於威勢的，而勢也確實易於使人服從），「萬乘之主，千乘之君，所以制天下而征諸侯者，以其威勢也；

107　《韓非子・難三》。
108　《韓非子・五蠹》。

威勢者，人主之筋力也」[109]（擁有千乘萬乘兵車的君主之所以能制服天下而討伐諸侯，是因為他的威勢；威勢是一個國家君主的力量所在）。因此，他在指出「君無術則弊於上，臣無法則亂於下」[110]以說明「法」、「術」相依的關係時，也這樣指出「法」、「勢」相依的關係：「（君主）抱法處勢則治，背法去勢則亂。」[111]──守住「法」而據有「勢」，就能把國家治理好；要是背離了「法」而失去了「勢」，國家就會發生動亂。

在韓非的學說中，「法」、「術」、「勢」無不收攝於那被重新解釋過的黃老之「道」，也無不派生於源自荀子而被賦予了另一種精神趣向的性惡論，並且也都可以從他的以功利為唯一價值認可的歷史觀那裡獲得相當的辯護。不過，正像性惡論相對於他的「道」論和歷史觀對其整個學說更具有定向作用一樣，「法」相對於「術」、「勢」更大程度地決定了韓非學說的重心所在。「一國可使齊」的「法」使法家成其為法家，由「法」而兼重「術」、「勢」使韓非成其為理論上集大成的法家。法家學說的登峰造極，必至於「無教化」（捨棄「務德」意義上的教化）、「專任刑法而欲以致治」[112]（試圖單憑刑法使國家得到治理），所以，我們從韓非的最有代表性的著述中甚至可以讀到這樣的文字：「明主之國，無書簡之文，以法為教；無先王之語，以吏為師」[113]。

---

109 《韓非子・人主》。
110 《韓非子・定法》。
111 《韓非子・難勢》。
112 《漢書・藝文志・諸子略序》。
113 《韓非子・五蠹》。

第十講
陰陽家

在各有千秋的諸子之學中，陰陽家所奉行的「道」有著更典型的「命」的胎記。嚴格意義上的陰陽家的出現比道、儒、墨、法、名各家都要晚，但這個學派的根深蒂固的「命」意識表明，它的可追尋的淵源可上溯到一個古老得多的時代。司馬談「論六家之要指」首列陰陽家，也許並不是一種偶然；劉歆撰寫《七略》以陰陽家為諸子十家中僅僅後於儒、道兩家的第三家，也很可能出於對這一學派在當時人們心目中的地位的考慮。由天文、地理、風物的某些自然徵候窺測信仰中的天地運會的消息以預斷人事的吉凶，往往被認為是陰陽家的旨趣所在，其實，這被歸於陰陽家的倒是那些被稱為數術家的人所極盡之能事。從一定意義上，可以說數術家是陰陽家的前身；探究陰陽家的緣起不可能不涉及數術。所以，這裡要講的第一個問題就是：

從「數術」到「陰陽之術」

司馬談在談到陰陽家的學術旨趣時說：「陰陽之術，大祥而眾忌諱，使人拘而多所畏。然其序四時之大順不可失也。」[1] 依他的看法，陰陽家們的講究太煩瑣，忌諱太多，使人受拘束而多所畏忌，但他們依自然秩序編排的春夏秋冬四時農作的節令是不可違背的。《漢書·藝文志》援引劉歆所作《七略·諸子略》中的話說：「陰陽家者

1　《史記·太史公自序》。

流，蓋出於羲和之官，敬順昊天，曆象日月星辰，敬授民時，此其所長也；及拘者為之，則牽於禁忌，泥於小數，捨人事而任鬼神。」[2]這是在說：陰陽家一派的學術，起源於古代觀測天象、預告歲時的官署。恭敬地順應天象變化，觀測日月星辰的運行，謹慎地告知人們耕作休養的時令，這是他們的所長，不過，要是由那種固執、呆板而不知變通的人做這件事，那就可能牽累於種種禁忌，拘泥於細枝末節，以至於放棄人為的努力而聽憑所謂鬼神在冥冥之中的安排。應該說，劉歆和司馬談對陰陽家的「要指」的歸結並沒有什麼不同，而且，他們就陰陽家所說的這些話也大都可以用於數術家。援引劉歆在《七略》中所作的學術劃分，《漢書‧藝文志》著錄各家著作時在「諸子」之外另立了「數術」。由此，陰陽家被劃歸諸子。不過，有趣的是，有的被列入陰陽家的人也會同時被列入數術家。例如，做過宋國史官而擅長觀測天象的子韋，他的著作《宋司星子韋》三篇是被著錄於諸子中的陰陽家的，而他本人又被認為是春秋時代最有影響的數術家之一。《史記‧天官書》就已經將子韋和典型的數術家史佚、萇弘、裨灶、甘公等人相提並論，此後《漢書‧藝文志》也稱：「數術者，皆明堂、羲和、史卜之職也。史官之廢久矣，其書既不能具，雖有其書，而無其人。《易》曰：『苟非其人，道不虛行。』春秋時，魯有梓慎，鄭有裨灶，晉有卜偃，宋有子韋。六國時，楚有甘公，魏有石申。夫漢有唐都，庶得麤觕。」[3]先賢們未能對陰陽家和數術家作嚴格區分，當然更多的是受了思想學術史的一般進程的局限，但也顯露出一個問題，這就是，後出的陰陽家和它之前早就有了的數術家因為學緣相承而難以判然劃分。

2　《漢書‧藝文志‧諸子略序》。

3　《漢書‧藝文志‧數術略序》。

　　包括陰陽家在內的先秦諸子應運而生於春秋末期和戰國時代，這時代的精神脈息在於人們終極眷注的重心從「命運」到「境界」或由「命」而「道」的轉移。就這一點而言，已經有了相當的「境界」意識或「道」的觀念的陰陽家，與還不曾達到「道」的覺悟而處在「命」或「命運」感籠罩下的數術家顯然不同，但沒有疑問的是，陰陽家在先秦諸子中比任何其他一家都更大程度地承受了數術家的遺產。探究「陰陽之術」不可能不涉及「數術」，只是不要陷於數術以免把二者混為一談。

　　陰陽家脫胎於「數術」，而「數術」的發生可能與初民們對自身命運的憂患和由此而有的對天文、地理、自然萬象的神祕留意一樣古老。《漢書·藝文志》曾列舉古代數術六種，這六種數術分別是：「天文」、「曆譜」、「五行」、「蓍龜」、「雜占」、「形法」。「命」意識是貫穿在數術中的主導意識，六種數術無一不出自人對切己的生死、利害、吉凶的關注和對生死、利害、吉凶之所系的「命」的猜度與尋問。「命」字最早見於周代金文，但與「命」相通的「令」字已更早地出現在殷人的卜辭中。《說文解字》解釋「命」：「命，使也，從口從令。」清人段玉裁疏義說：「令者，發號也，君事也，非君而口使之，是亦令也。故曰：命者，天之令也。」[4]由「天之令」釋「命」，是對「命」的諦解。周人尊「天」，殷人崇「帝」，對周人說來的「天之令」，對殷人說來即是「帝」之「令」。從商到周，人們心目中的最高主宰雖由人格神意味上的「帝」演化為人格神意味趨於淡漠的「天」，但對「令」（「帝」之「令」）或「命」（「天」之「令」）的信奉一直延續著。「數術」對「天數」、「地數」、「曆數」的執著，歸根究柢，還是在於對「命」數的認定。無論是「定天下之吉凶，成天下

4　段玉裁：《說文解字注》卷三。

之亹亹」（推斷天下的吉凶福禍，成全天下的勤勉不懈者）的「蓍龜」，還是以「貌、言、視、聽、思」配稱木、金、火、水、土而「起五德終始」（開啟「五德終始」之說）的「五行」，或「紀百事之象，候善惡之征」（記述百事的朕兆，觀察善惡的徵候）的「雜占」，甚至「形人及六畜骨法之度數，器物之形容，以求其聲氣貴賤吉凶」（描摹人和六畜骨相的規則，留意器物的形貌，以求得貴賤吉凶的消息）的「形法」[5]，其中都隱含了可上溯到天人之際的「命」的消息。「天文」和「曆譜」似乎是最具有知識性的，但「曆譜」在先秦以至後來很長時間裡畢竟一向被人們看做探知「凶阨之患，吉隆之喜」的「聖人知命之術」[6]，而「天文」也終久被用來「紀吉凶之象」[7]（記述吉凶的朕兆）以參驗見之於人世間的「天」之所「命」。從殷墟發掘的甲骨卜辭可以推知，最遲在西元前十三世紀的殷代，華人先祖就已經開始了天文觀測，並且已經在記錄日食、月食和「新星」突然出現等異常天象，而這些觀測和記錄所告訴我們的更多是當時人們對可能的人間變故的關注。所謂「天文」，在古人那裡，無論是確定二十八宿的位置，還是推算日月和五大行星的運行，說到底都是為了「紀吉凶之象」以兆告世間的人們趨利避害。司馬遷作《天官書》，曾有「自初生民以來，世主曷嘗不曆日月星辰」[8]之歎；歷來的「世主」們對「曆日月星辰」的關切成全著中國式的天文學，但這種滲透著「命」意識的天文學同時即是一種占星術。《史記‧天官書》可能是最早的出自史家之手的天文志，這部天文志以「天數」、「天運」衍說天象，這使得那些莊重的天文陳述中包含了大得多的占星術

---

5 《漢書‧藝文志‧數術略序》。
6 《漢書‧藝文志‧數術略序》。
7 《漢書‧藝文志‧數術略序》。
8 《史記‧天官書》。

的成分。例如，其中就有這樣的說法：「秦之疆也，候在太白，占於狼弧；吳、楚之疆，候在熒惑，占於鳥衡；燕、齊之疆，候在辰星，占於虛、危；宋、鄭之疆，候在歲星，占於房、心；晉之疆，亦候在辰星，占於參罰。」[9]這是在說：秦國疆域內的人事吉凶，徵候在於太白（金星），觀測的天區應在天的南宮井宿天狼星的位置；吳國、楚國疆域內的人事吉凶，徵候在於熒惑（火星），觀測的天區應在天的南宮柳宿的位置；燕國、齊國疆域內的人事吉凶，徵候在於辰星（水星），觀測的天區應在天的北宮虛宿、危宿的位置；宋國、鄭國疆域內的人事吉凶，徵候在於歲星（木星），觀測的天區應在天的東宮房宿、心宿的位置；晉國疆域內的人事吉凶，徵候也在於辰星（水星），觀測的天區應在天的西宮參宿伐星的位置。像這一類傳自春秋戰國以至漢初的占候之詞，在作為史籍的《天官書》中隨處可見，比比皆是。

儘管在司馬遷甚至劉歆、班固這裡，數術與陰陽家的界限並不那麼清晰，但事實上，作為「諸子」之一的陰陽家畢竟已經對狹隘的數術有所超越。如果說「人謀鬼謀」的數術終究還沒有脫開鬼神觀念的樊籬，那麼，被陰陽家所稱述的「神」在很大程度上已經是「陰陽不測之謂神」的那種「神」，這「神」也可以稱之為「道」，即所謂「一陰一陽之謂道」[10]。由陰陽而稱「神」、稱「道」，是陰陽之術從數術中脫胎而出的契機所在，從陰陽家受啟示於《易經》而又相應於《易傳》，可隱約看出這個自成一家氣象的學派得以發生的大致線索。的

9　《史記・天官書》。太白，金星，又名啟明星；狼弧，天狼星，在東井南。熒惑，火星；鳥衡，南宮朱鳥七宿之柳宿，柳宿處朱鳥中部，故名鳥衡。辰星，水星；虛、危，北宮玄武七宿之虛宿、危宿。歲星，木星；房、心，東宮蒼龍七宿之房宿、心宿。罰，伐星，位於西宮白虎七宿之參宿，故稱參罰。

10　《易傳・繫辭上》。

確，「陰陽不測之謂神」、「一陰一陽之謂道」的說法出於《易傳》，而
「陰陽之術」與《易傳》又一向被學者們斷言為兩個彼此獨立的學術
系統，但可以肯定的是，陰陽家既然脫胎於數術，它就不可能與曾以
占筮──數術的一種──為能事的《易經》毫無關涉；有了這一層關
涉，至少，借用《易傳》的提法領會與其差不多同時產生的陰陽家的
學術旨趣是不至於招致太多的疑問的。《易經》卦畫「　」、「　」起初雖
然還沒有以「陰」、「陽」命名，但作為兩種相反相成的動勢已經有了
「陰」、「陽」之實。莊子所謂「《易》以道陰陽」[11]的《易》，既是指
《易傳》，也兼指《易經》；無論是陰陽家的陰陽，還是《易傳》的陰
陽，顯然都可以尋源到《易經》卦畫「　」、「　」所隱示的兩種動勢，既
然如此，二者所謂陰陽便無非是成全變化之道的同一個陰陽。從它們
的相通看它們的差異，《易傳》重在以「陰」、「陽」重新詮釋作為一
種「數術」的占筮──「蓍龜」之「蓍」，而陰陽家重在以「陰」、
「陽」重新詮釋作為一種「數術」的「五行」罷了。陰陽家的出現當
然可以了解為學者們通常所說的「五行思想與陰陽思想的合流」，而
重要的問題卻在於「五行」何以能夠同「陰陽」相合。

下面講第二個問題：

「陰陽」與「五行」

「陰陽」與「五行」是陰陽家「觀乎天文以察時變」[12]的核心範
疇，它們都關聯著數術，而在陰陽家這裡又都不再局守於數術。

《說文解字》這樣解釋「陰」、「陽」：「陰，也。水之南，山之北

---

11 《莊子‧天下》。

12 《易傳‧賁象辭》。

也。從阜，侌聲。」「陽，高明也。從阜，昜聲。」段玉裁為其作注說：「侌者，閉門也，閉門則為幽暗，故以為高明之反。《穀梁傳》曰：『水北為陽，山南為陽。』注云：『日之所照曰陽。』然則水之南、山之北為陰可知矣。《水經注》引伏虔曰：『水南曰陰。』《公羊桓十六年傳》注曰：『山北曰陰。』按山北為陰，故陰字從阜。自漢以後通用此為霒字，霒古文作侌。夫造化侌昜之氣本不可象，故霒與陰、昜與陽皆叚（假）雲日山阜以見其意而已。」段玉裁：[13]山南水北為陽，山北水南為陰，陰陽似乎依傍於山水地理形勢，其實原始意義只在於「日之所照」（陽）和「日」之所「」（陰）。《永盂》銘文「錫失師永厥田陰昜洛疆」（賜予師永的田地在洛水兩岸）其中的「陰昜洛疆」指的即是洛水南北兩岸的地界；《詩經·公劉》中，「既溥既長，既景迺岡；相其陰陽，觀其流泉」（那地方已經很廣，已經很長，在借著日影測定了方位後，為察看地形又登上山岡，從其向陰向陽的情狀辨別地氣的冷暖，規劃土地的灌溉尚須觀測泉水的流向），所說「相其陰陽」，意思也應在於觀測山水形勢——山北水南（陰）、山南水北（陽）——以判斷地氣的變化。中國地處北回歸線（北緯23°27'）之北，即使是在夏至時，太陽直射於北回歸線，日照對於中國各地說來仍然來自南方天際。日光從南方天際照過來，高出平地的山以其南坡南麓迎日，低於平地的河以其北岸迎日，因此古人稱山之南、水之北為「陽」（陽、昜），稱與日照相背的山之北、水之南為「陰」（陰、侌）。陰陽雖由山水的南北顯現，但相對而言的陰、陽的緣由總在於日照的向背。對日照向背的直觀，最明顯的莫過於山阜，所以最初的「侌」、「昜」在後來也就衍生出了「陰」（陰）、「陽」

13　《說文解字注》卷二十八。

（陽）。[14]

　　不過，陰陽二字還不就是後來的陰陽二範疇。晚出的陰陽範疇雖然仍由陰陽二字表示，但作為範疇的陰陽，內涵已遠不止於「日之所照」與「日」之所「闇」。陰陽由日照的向背昇華為宇宙間有著更大普遍性的兩種動因或兩種勢用，是因為隱含於《易經》爻象的盡分於二的智慧的自覺。《易經》中的「—」、「--」起先並沒有名稱，但當它們分別被稱為陽爻、陰爻時，只是取「日之所照」、與「日」之所「闇」的象徵意味因而並不局限於此的「陰」、「陽」兩範疇就誕生了。查遍《易經》卦、爻辭，通篇沒有一個「陽」字，而「陰」字也只出現過一次，即《中孚‧九二》爻辭「鳴鶴在陰，其子和之」，而「陰」字在這裡所表達的不過是日照被遮蔽或山北水南的意思，並沒有更深的哲理內涵。《易經》樸訥而虛靈，它不曾直接提出「陰」、「陽」概念，但「--」、「—」涵藏並默示了可用「陰」、「陽」表示而又不局限於陰、陽原始意味的意味，這意味在於後來《易傳》所謂「易有太極，是生兩儀」[15]的「兩儀」，或《老子》所謂「萬物負陰而抱陽」[16]的「陰」、「陽」。作為「太極」所生的「兩儀」的「陰」、「陽」或《老子》「一生二，二生三，三生萬物」[17]的「二」的「陰」、「陽」，是宇宙大化流行的兩種動因或兩種勢用，它們不落形跡，卻又見之於有形萬物的生生不已的運作。「陰」、「陽」——可涵蓋「動靜」、「強弱」、「剛柔」、「雄雌」、「直屈」等等——兩範疇的出現，與中國先哲在春秋戰國之際所達到的「道」的自覺大致同步；從

14　「陰」字在《永盂》銘文中從水，後改從阜，對此劉翔所著《中國傳統價值觀詮釋學》（上海，上海三聯書店，1996）有考，見該書第265-267頁。

15　《易傳‧繫辭上》。

16　《老子》四十二章。

17　《老子》四十二章。

最初可直觀的日照與日蔽之意的對舉，到後來被用於象徵兩種相反相成的虛靈的勢用，「陰」、「陽」字義的孳乳、引申，其實關聯著古人心靈眷注的演化和嬗變的整個過程。

　　有學者認為，《周易》古經原本沒有陰陽觀念，只是在《易傳》以陰陽詮釋古經後，《周易》才被納入陰陽所拓展的視野，因此《莊子》的《天下》篇所說「《易》以道陰陽」並不確切，恰當的說法反倒應該是「以陰陽道《易》」。這樣看待《易》與陰陽關係的一個重要依據是：《周易》的卦辭、爻辭還沒有「陰陽」詞句，那唯一出現「陰」字的爻辭「鳴鶴在陰，其子和之」，其「陰」不過是「蔭」的借用。但「以陰陽道《易》」的提出者畢竟只是過分看重了《周易》的卦、爻辭，而對於這部可能「興」於「殷之末世，周之盛德」[18]的古經說來，真正重要的不是卦、爻辭，卻是蘊涵於「—」、「--」及其迭用成卦的意趣。探求《易》的底蘊，需要下「得象忘言」、「得意忘象」的功夫，執著於字詞往往不免於拘泥膚表甚至因辭害意。「—」、「--」未以陰、陽命名，但早已隱含了陰、陽的意味在其中；《易傳》解釋《周易》明確使用了「陰」、「陽」兩範疇，不過這並不是把「陰」、「陽」範疇加之於《周易》，而是對《周易》本來就隱含的陰、陽之意——儘管還沒有達到自覺——的提示和標舉。《易傳》可能並不像秦漢以下的許多研究《周易》的學人所信從的那樣屬孔子所作，但也絕非——如清末民初以來的多數學人所斷言——與孔子無關。《史記》對「孔子晚而喜《易》，序《彖》、《繫》、《象》、《說卦》、《文言》」[19]的記載，雖然不必理解為《彖》、《象》、《繫》、《說卦》、《文言》等都是孔子親筆撰寫，但從《易傳》對「子曰」的不厭

18　《易傳‧繫辭下》。

19　《史記‧孔子世家》。

其多地援引和孔子的「吾與史巫同途而殊歸」[20]的自述看，《易傳》即
使不是孔子所作，也是孔子開啟重新詮釋《周易》的端緒，為《易
傳》的編撰匯出了一個與儒家立教初衷大體一致的方向。「《易》以道
陰陽」是對《周易》以「—」、「--」的排列組合為契機的隱在的易
道的開示，是對內在於古經中的本有理趣合其邏輯的抉發和昇華；
「陰陽以道《易》」卻意味著陰陽外鑠於《易》，並非出於《易》理髮
生之固然。前者由《易》而「道陰陽」，這陰陽不必即是陰陽家一家
所說的陰陽，後者由陰陽「道《易》」，卻終於可能把《易》歸結於陰
陽家。在先秦諸子中，學術義理受啟於《易經》而又必至衍繹到《易
傳》的學派，除陰陽家外，至少還可以舉出儒家和道家。《易經》不
是陰陽家獨有的學術源頭，《易傳》作為對《易經》的解讀或闡釋，
也並非以陰陽家的學術追求為主導趣向。

　　與「陰陽」相比，「五行」與陰陽家的學緣要更複雜些。作為一
種數術的「五行」，它的職能在於以水、火、金、木、土五種質料與
五方四時相配解釋宇宙萬物所遵行的某種時空秩序，並由此窺探世間
人事的吉凶與這秩序的微妙關聯。春秋戰國以至漢初，五行家與「堪
輿」、「建除」、「叢辰」、「曆家」、「天人」、「太乙」等數術家同被稱為
「占家」或「日者」，《史記・日者傳》記有這樣一個故事：一次，漢
武帝召集各類占家，問他們：某某日是否適宜娶妻？五行家說：適
宜。堪輿家說：不宜。建除家說：不吉利。叢辰家說：大凶。曆家
說：小凶。天人家說：小吉。太乙家說：大吉。一時爭論不休，無從
決斷。於是就請武帝根據各家之說作出裁判。武帝說：拋開那些死的
忌諱，以五行家的看法為主，大家還是採用五行家的意見吧！[21]從這

---

20 馬王堆出土帛書《要》篇，轉引自韓仲民：《帛書〈繫辭〉淺說》，載《孔子研究》，
　　1988（4）。

21 《史記・日者傳》：「孝武帝時，聚會占家。問之：某日可取婦乎？五行家曰：可。

個故事可以看出，比起其他的占家或日者來，五行家在當時顯然處於被人們更看重的地位。

甲骨卜辭表明，殷人已經有了「四方」和「四方風」的觀念，也已經開始對相關材質作「雨」、「火」、「黃呂」（青銅）、「木」、「土」的命名。但這些還很難說是「五行」說的雛形。五種材質還沒有獲得宇宙萬物構成的最後成分的意義，而「四方」與「四方風」也還沒有關聯於五種材質的性狀或品質。在目前已發現的甲骨文獻中，一塊卜骨上刻著：「東方曰析，風曰。南方曰因，風曰。西方曰韋，風曰彝。北方曰伏，風曰役。」[22]另一塊卜甲上刻著：「辛亥卜，內，貞帝於北方（曰）伏，（風）曰役。（求）年。（一月）。一二三四。辛亥卜，內，貞帝於南方曰因，風曰凬。求年。一月。一二三四。貞帝於東方曰析，風曰劦。求年。一二三四。貞帝於西方曰彝，風曰韋。求年。一二三四。」[23]卜骨刻辭與卜甲刻辭所說東方、北方的方名與風名完全一致，只是前者所記西方方名與後者所記西方風名相同，前者所記西方風名與後者所記西方方名相同，而前者的南方風名恰是後者的南方方名，前者南方方名的用字（「因」）卻與後者南方風名的用字（「凬」）大有逕庭。如果以甲骨文獻與《山海經》所說「有神名曰因因乎，南曰因乎」[24]、「有人名曰石夷（通『彝』），來風曰韋，處西北隅」[25]相互參證，那麼，南方方名、風名可以卜骨刻辭為準，西方方名、風名可以卜甲卜辭為準。從今人胡厚宣在二十世紀四十年代初最

堪輿家曰：不可。建除家曰：不吉。叢辰家曰：大凶。曆家曰：小凶。天人家曰：小吉。太乙家曰：大吉。辯訟不決，以狀聞制。曰：避諸死忌，以五行為主。人取於五行者也。」

22　《甲骨文合集》14294。
23　《甲骨文合集》14295。
24　《山海經‧大荒南經》。
25　《山海經‧大荒西經》。

早經心考察殷人的「四方」和「四方風」觀念以來，國內外諸多學者在同一問題上的研究取得了愈來愈接近一致的看法[26]。這裡要強調說明的是，「四方」是空間方位，「四方風」卻在很大程度上報告著殷商時期人們的若隱若現的時間意識──風的流動以直觀的方式把時間帶給空間或把空間帶給時間，而一年中某一時期的風總是以一定流向的風為主導，這使得殷人有可能在對「四方風」的觀測中逐漸萌生只是在後人那裡才有了春、夏、秋、冬名稱的四時觀念。上面所引的卜骨刻辭，四方方名「析」、「因」、「韋」、「伏」與四方風名「劦」、「𠭞」、「彝」、「役」的配稱，已經隱含了東、西、南、北四方與春、夏、秋、冬四時的配稱，但這配稱只是「五行」術得以發生的前提之一，「五行」術的真正形成還有待這一時空配稱與性狀各異的「木」、「火」、「土」、「金」、「水」五種材質的配稱，並且也有待於人們對作為第五種方位──它是其他四種方位的根據──的「中」的明確意識，以及與「中」相配稱的所謂「季夏」從四時中的派生。

古人對水、火、金、木、土作為元始意義上的五種材質的確認，可能不會早於殷周之際。西周末年，周太史史伯向鄭桓公陳述萬物「和而不同」的道理時說：「先王以土與金、木、水、火雜，以成百物。」[27]這可能是後來所謂「五材」之說的先聲。這之後，差不多過了一百七十多年，宋國大夫子罕由談論兵事提出了「五材」的概念，他說：「天生五材，民並用之，廢一不可。」[28]比這更早些，晉國大夫

---

26 其中，分外值得一提的是以下幾篇文字：胡厚宣：《甲骨文四方風名考》、《釋殷代求年於四方和四方風的祭祀》；常正光：《殷代授時舉隅》、《陰陽五行學說與殷代方術》；李學勤：《商代的四風與四時》；肖良瓊：《從甲骨文看五行說的淵源》；范毓周：《「五行說」起源考論》。此外，黎顯慧的《風崇拜在遠古神話中的滲透》，所論亦可聊備一格。

27 《國語‧鄭語》。

28 《左傳‧襄公二十七年》。

卻缺為趙宣子解釋《夏書》所謂《九歌》時提出了「六府」的說法，
他指出：「九功之德皆可歌也，謂之《九歌》。六府、三事，謂之九
功。水、火、金、木、土、穀，謂之六府；正德、利用、厚生，謂之
三事。」[29]「六府」比「五材」雖然只多一「穀」，卻不像「五材」那
樣具有宇宙構成的始原性材質的意義。「五材」的說法可能持續了一
代之久，魯昭公十一年時晉國大夫叔向在與韓宣子的一次交談中就仍
在說「譬之如天，其有五材，而將用之」[30]這樣的話。與此同時，「五
行」的說法開始流傳。據《國語‧魯語》記載，僖公年間魯國大夫展
禽已相對於「三辰」談到了「五行」，他說：「及天之三辰，民所以瞻
仰也；及地之五行，所以生殖也。」[31]如果這一史料大體可靠，可以
說，「五行」之說的出現比「五材」還要早些。稱水、火、金、木、
土為「材」，是對五者性狀的一種靜態歸結，稱水、火、金、木、土
為「行」，是對五者的某種動勢的認可，單是這一點就註定了「五
行」的提法會持久得多地流播開來。

　　在現有的傳世文獻中，最早賦予「五行」以較確切內涵的可能是
《尚書》的《洪範》篇。「洪範」，即大的規範；《洪範》篇相傳是箕
子在周初對武王講述上天賜予夏禹九類大法所留下的文字。這段文字
的開篇是這樣寫的：「武王勝殷，殺受，立武庚，以箕子歸，作《洪
範》。惟十有三祀，王訪於箕子。王乃言曰：『嗚呼，箕子！惟天陰騭
下民，相協厥居，我不知其彝倫攸敘。』箕子乃言曰：『我聞在昔，
鯀陻洪水，汩陳其五行，帝乃震怒，不畀洪範九疇，彝倫攸斁。鯀則殛
死，禹乃嗣興。天乃錫禹洪範九疇，彝倫攸敘。』」其大意是說：武
王征服殷商取得勝利後，殺了紂王，封立紂王的兒子武庚做殷民的國

29　《左傳‧文公七年》。

30　《左傳‧昭公十一年》。

31　《國語‧魯語上》。

君，釋放了因勸諫紂王被紂王囚禁的箕子，並把他帶回周地。於是就有了《洪範》這篇記錄箕子為武王講述所謂上天賜予夏禹的九種大法的文字。武王繼位的第十一年，周滅商，十三年武王向箕子諮詢施政的大法。武王對箕子說：「箕子啊，上天不言而默定下民，讓我協助它使百姓得以安居，可我不知道上天安定下民的常則大法是什麼，你能告訴我嗎？」箕子回答武王說：「我聽說，古時候，鯀用堵的辦法治洪水，亂了五行的規則，天帝震怒，不教給他洪範九疇，不告訴他安定下民的常道。鯀治水失敗被處死，他的兒子禹代他繼續治水。禹用疏導的辦法，治水獲得了成功。上天嘉許禹的業績，就賜予他洪範九疇，把安定下民的常道告訴了他。」接著這段話，箕子向武王逐一陳述了上天賜予禹的洪範九疇。其中第一疇或第一類大法，即是「五行」：「五行：一曰水，二曰火，三曰木，四曰金，五曰土。水曰潤下，火曰炎上，木曰曲直，金曰從革，土爰稼穡。潤下作鹹，炎上作苦，曲直作酸，從革作辛，稼穡作甘。」[32]這裡所說的「潤下」（向下浸潤）而味「鹹」、「炎上」（向上燃燒）而味「苦」、「曲直」（可曲可直以制做器物）而味「酸」、「從革」（用作兵器）而味「辛」、「稼穡」（用於種莊稼）而味「甘」，是對水、火、木、金、土五種材質的動勢和性能的精要概括；五種動勢、性能同時即是五種德用，因此，「五行」後來又被人們稱作「五德」。從《洪範》篇所列的「五行」的順序看，這時的「五行」解釋者還沒有涉及「五行」間那種被後來人們稱作「相生」、「相勝」的關係。「五行」相生、相勝的動力在於陰陽的消長，「五行」說的最後完成顯然有待於「陰陽」和「五行」範疇的一體相融。

接下來，講第三個問題：

---

32 《尚書‧洪範》。

「五行相生」與「月令」

　　《洪範》被編撰成一篇系統的文字可能不會早於戰國時期，但其中所述思想的源流至少可以部分地追溯到殷周之際甚至一個更早的時代。[33]清代學人王引之著有《經義述聞》一書，其中的《春秋名字解詁》篇對春秋時期的一些人的名和字的關聯作了考釋。他列舉了這樣幾個例證：「秦（人）白丙字乙。丙，火也，剛日也；乙，木也，柔日也。名丙字乙者，取火生於木，又剛柔相濟也。鄭（人）石癸字甲父。癸，水也，柔日也；甲，木也，剛日也。名癸字甲者，取木生於水，又剛柔相濟也。楚（國）公子壬夫字子辛。壬，水也，剛日也；辛，金也，柔日也。名壬子辛者，取水生於金，又剛柔相濟也。衛（人）夏戊字丁。戊，土也，剛日也；丁，火也，柔日也。名戊字丁者，取土生於火，又剛柔相濟也。」[34]這些被列舉的人的名與字之間的聯繫是有趣的，它表明，後人所謂五行相生的觀念至少在春秋中葉魯僖公年間——秦國人白丙的名字見於僖公三十二年紀事——已經有蹤跡可尋。[35]差不多同時，與五行相生相輔為用的五行相勝的觀念也正默默醞釀，這可以從魯文公七年晉國大夫郤缺解釋「六府」時所作的水、火、金、木、土、穀的排列大略看出。當然，這時的五行相生觀念還沒有形成一種系統的學說，而那種對五行相勝消息的最初捕捉也還在「六府」的格局中。不過，無論怎樣，如果五行相生、相勝觀念果真濫觴於春秋中葉，那麼，我們就有理由斷言，儘管《洪範》的

---

33 李學勤以對《洪範》所記卜筮的考證，提出此篇文字「可能確是箕子所傳述的殷人的思想」（李學勤：《周易經傳溯源》，27頁，長春，長春出版社，1992）。金景芳在其《西周在哲學上的兩大貢獻》（參見金景芳：《古史論集》，濟南，齊魯書社，1981）一文中斷言《洪範》為西周時期的作品。

34 王引之：《經義述聞・春秋名字解詁》。

35 參見《左傳・僖公三十二年》。

系統成文比「六府」、「五材」之說要晚些，但它就「五行」所說的那些話仍可以說屬於春秋之前的人們。

從《洪範》所記述的各有其勢用而彼此之間只是並列關係的「水」、「火」、「木」、「金」、「土」，到「五行」被描繪成一個相生或相勝的動態系統，「五行」與「陰陽」的相融互攝沿著兩個方向延伸：一是「序四時之大順」的「五行相生」，二是推演於「陰陽主運」的「五德轉移」；由前者產生了數術印痕較深的《呂氏春秋》所謂「十二紀」或被禮家集輯於《禮記》的「月令」，由後者產生了鄒衍的鼓吹「終始五德」的歷史哲學。

春秋後期，隨著東、南、西、北四方方位的數術化和方位與四時的配稱，融入了「陰陽」範疇的「五行」觀念——因「陰陽」而有「五行相生」的觀念——逐漸成為曆法和與之相應的祀典的主要憑藉。魯昭公三十三年，晉國太史蔡墨在回答趙簡子的問題時說：「物生有兩，有三，有五，有陪二。故天有三辰，地有五行，體有左右，各有妃（配）耦（偶），王有公，諸侯有卿，皆有二也。」[36]他所說的「皆有二」的「二」，實際上已隱含了貫穿在萬物中的陰陽兩種動勢。在這之前，他還曾由「五行」說到「五行之官」和「社稷五祀」：「夫物，物有其官，官修其方，朝夕思之，一日失職，則死及之。失官不食。官宿其業，其物乃至。若泯棄之，物乃坻伏，鬱湮不育。故有五行之官，是謂五官，實列受氏姓，封為上公，祀為貴神。社稷五祀，是尊是奉。木正曰句芒，火正曰祝融，金正曰蓐收，水正曰玄冥，土正曰后土。……少皞氏有四叔：曰重，曰該，曰修，曰熙，實能金木及水。使重為句芒，該為蓐收，修及熙為玄冥，世不失職，遂濟窮桑，此其三祀也。顓頊氏有子曰犁，為祝融，共工氏有子

曰句龍，為後土，此其二祀也。」[37]蔡墨這段話說的是：凡物都須有治理它的官，官要修習他治理物的方術。他不能不從早到晚地考慮這件事，因為一旦失職，那就難免獲罪以至於被罷免。而如果一個人丟了官職，也就不再能享有俸祿。官安於自己的事業而不失職，他所治理的物才會繁盛壯大。如果毀害物，厭棄物，物就會由於受到壓抑而蜷伏起來，得不到正常的繁育。所以，為了五行的興盛，就有了五行之官的設置，這五行之官即是所謂五官。他們被排定位次，封為上公，奉為尊貴的神。這五行之官與地神、穀神一樣受到人們的尊崇敬仰。五行之官中，治理木的官叫做句芒，治理火的官叫做祝融，治理金的官叫做蓐收，治理水的官叫做玄冥，治理土的官叫做後土。這與地神、穀神受到同樣尊奉的五行之官是哪位帝王封立的呢？蔡墨說，上古的少暤帝有四個弟弟，名叫重、該、修、熙，他們能治理金、木和水，少暤就讓重做治理木的長官句芒，讓該做治理金的長官蓐收，讓修和熙做治理水的長官玄冥；他們終其世不失職，以輔助少暤，這是五行之官中的三官。上古顓頊帝有個兒子叫犁，做了管轄火的長官祝融，共工氏有個兒子叫句龍，做了管轄土的長官後土，這是五行之官中的另外兩官。可以肯定，蔡墨對「五行之官」的來歷的講述決不會是一時的杜撰，他可能以一種傳說為依據，這種傳說發生於一個更早的時期而在春秋時代仍斷斷續續地流傳著。

隨著「五行之官」的傳佈，後起的「五方帝」、「五音」、「五律」、「五數」等說法逐漸與之相附會，於是就產生了一種神祕而又切近農時、政事的曆法和祀法；最初對這曆法和祀法作了經典性表述的可能是《呂氏春秋》的「十二紀」之說。不過，《呂氏春秋》的「十二紀」之說，顯然不是某個個人的一時的創作，而是呂氏門客們對整

---

37 《左傳·昭公二十九年》。

個戰國時期陰陽家們所作的「序四時之大順」的努力的集成。「十二紀」按春、夏、秋、冬四季的順序為：孟春紀、仲春紀、季春紀、孟夏紀、仲夏紀、季夏紀、孟秋紀、仲秋紀、季秋紀、孟冬紀、仲冬紀、季冬紀。每紀都列舉了當時當位的日、帝、神、蟲、音、律、數、祀、祭、天子居、乘、衣、服、食、器及節氣、盛德之所在、迎時之方位等。如所述孟春紀：「孟春之月，日在營室，昏參中，旦尾中。其日甲乙，其帝太皞，其神句芒，其蟲鱗，其音角，律中太蔟，其數八，其味酸，其臭羶，其祀戶，祭先脾。東風解凍，蟄蟲始振，魚上冰，獺祭魚，候雁北。天子居青陽左個，乘鸞輅，駕蒼龍，載青旂，衣青衣，服青玉，食麥與羊，其器疏以達。是月也以立春。先立春三日，太史謁之天子，曰某日立春，盛德在木。天子乃齋。立春之日，天子親率三公九卿諸侯大夫以迎春於東郊。還，乃賞卿諸侯大夫於朝。……禁止伐木，無覆巢，無殺孩蟲胎夭飛鳥，無麛無卵，無聚大眾，無置城郭，掩骼霾髊。是月也，不可以稱兵，稱兵必有天殃，兵戎不起，不可以從我始。無變天之道，無絕地之理，無亂人之紀。孟春行夏令，則風雨不時，草木早槁，國乃有恐。行秋令，則民大疫，疾風暴雨數至，藜莠蓬蒿並興。行冬令，則水潦為敗，霜雪大摯，首種不入。」[38]「孟春紀」的這段文字由自然寫到人事，始終貫穿著以人文契合天文從而趨利避害的意向。其大意是說：孟春這個月，太陽運行經過的天區主要在二十八宿中北方的室宿，早晨時太陽

---

38 《呂氏春秋‧孟春紀》。營室，北宮七宿之室宿。參，西宮七宿之參宿。尾，東宮七宿之尾宿。獺祭魚，獺為一種食魚的水獸，常捕魚陳列於水邊，被稱之為祭魚。青陽左個，古代天子舉行朝會、祭祀、慶賞、選士等大典於明堂，明堂東三室為青陽，青陽三室中左邊一室為青陽左個。鸞輅，天子所乘之車，四馬鑣，八鸞鈴，行走時鈴聲如鸞鳥之鳴。蒼龍，青馬；依周禮，馬身長八尺以上者稱龍，七尺以上者稱騋，六尺以上者稱馬。麛，幼鹿，泛指幼獸。骼髊，骼，枯骨；髊，尚帶有腐肉的骨。大摯，過猛。

處在東方尾宿的位置，黃昏時太陽處在西方參宿的位置。這個月的主日是甲乙，主帝是東方之帝太皞，主神是木神句芒，蟲類以有鱗的魚和龍為主，樂聲以「角」音為主，音律合於「太蔟」，數以「八」為主，味以酸為主，氣味以膻為主，祀以門為上，祭以脾為先。這個月裡，常有東風，河水解凍，蟄伏的昆蟲開始蘇醒，水中的魚和獺漸漸活躍起來，隨著氣候變暖，大雁由南向北飛來。天子在這個月中應在明堂的「青陽左個」舉行朝會、祭祀等大典，應乘青色的鸞車，駕青色的馬，用青色的旗，穿青色的衣，佩戴青色的玉；食物以麥和羊為主，宗廟的祭器以顯得疏朗明潔為宜。這個月是立春時節，立春的前三天，太史進見天子，向天子稟告某日立春，以木德為大。天子齋戒三日，到立春那天，親率三公九卿諸侯大夫到東郊舉行迎春儀式。回來後，在朝中賞賜各位公卿諸侯和大夫。……在這個月中，禁止砍伐樹木，禁止毀壞鳥巢，不許傷害幼蟲和尚未出生或剛剛出生的小鳥，不許捕殺幼獸、獵取禽卵，不可興師動眾，不可建築城郭，要掩埋好那些拋露在地面的人和動物的骸骨。這個月內不可以興兵，如果興兵，天必將降下災禍。兵戎相見的事不可由我挑起，不可以從我開始。不要違抗天的常則，不要背棄地的常理，不可亂了人間的法度。在孟春之月行夏時的政令，將會風雨失調，草木早枯，國家發生恐怖的變故。行秋時的政令，民間將會發生大的瘟疫，急風暴雨頻頻降臨，藜莠蓬蒿等荒草叢生。行冬時的政令，將會因為雨水過量釀成災害，因霜雪過猛使當年最早播種的作物（稷或麥）顆粒無收。在對孟春之月的時令特徵和所宜所忌的近於繁冗的縷述中，「盛德在木」是主題詞，它籠罩著春季的第一個月，也籠罩著被分作孟春、仲春、季春的整個春天。

　　與孟春的「盛德在木」、「迎春於東郊」相應，孟夏「盛德在火」、「迎夏於南郊」，季夏由南方「火」過渡到「中央土」而「盛德

在土」，孟秋「盛德在金」、「迎秋於西郊」，孟冬「盛德在水」、「迎冬
於北郊」。春、夏、秋、冬四時與東、南、西、北四方相配，又從夏
令中分出季夏以配「中央」，並依次行「木」德、「火」德、「土」
德、「金」德、「水」德於其中，「五行」循序相承，構成一種相
生──木生火、火生土、土生金、金生水、水生木──的動勢。三
春、三夏、三秋、三冬，五行運貫其中的每個時令都有所忌畏，有所
避諱，也都有所趨重，有所相宜，這些宜忌、趨避無不起於相生相承
的「五行」之「德」。[39]

---

39 如果從每一時令的所重所宜著眼，十二月中涉及天人相與諸事，其大端可列表示意
如下：

月	方位	德	節氣	器	食	載、衣、服	乘、駕	（天子）居	祭	祀	臭	味	數	律	音	蟲	神	帝	日
孟春	迎春於東郊	木	立春	疏以達	麥與羊	載青旂、衣青衣、服青玉	乘鸞輅、駕蒼龍	青陽左个	先脾	戶	膻	酸	八	太蔟	角	鱗	句芒	太皞	甲乙
仲春								青陽太廟						夾鐘					
季春								青陽右个						姑洗					
孟夏	迎夏於南郊	火	立夏	高以粗	菽與雞	載赤旂、衣赤衣、服赤玉	乘朱輅、駕赤騮	明堂左个	先肺	灶	焦	苦	七	仲呂	徵	羽	祝融	炎帝	丙丁
仲夏								明堂太廟						蕤賓、林鐘					
季夏		土		圓以撟	稷與牛	載黃旂、衣黃衣、服黃玉	乘大輅、駕黃騮	太廟太室	先心	中霤	香	甘	五	黃鐘	宮	倮	后土	黃帝	戊己
孟秋	迎秋於西郊	金	立秋	廉以深	麻與犬	載白旂、衣白衣、服白玉	乘戎輅、駕白駱	總章左个	先肝	門	腥	辛	九	夷則	商	毛	蓐收	少皞	庚辛
仲秋								總章太廟						南呂					
季秋								總章右个						無射					
孟冬	迎冬於北郊	水	立冬	宏以弇	黍與彘	載玄旂、衣黑衣、服玄玉	乘玄輅、駕鐵驪	玄堂左个	先腎	行（井）	朽	鹹	六	應鐘	羽	介	玄冥	顓頊	壬癸
仲冬								玄堂太廟						黃鐘					
季冬								玄堂右个						大呂					

由西漢學人戴聖編輯成書的《禮記》有《月令》篇，其中文字與《呂氏春秋》「十二紀」各紀首章相同。唐人孔穎達作《禮記正義》引鄭玄的話說：「《月令》者，以其記十二月政之所行也，本《呂氏春秋》十二月紀之首章也，以禮家好事抄合之，後人因題之曰《禮記》，言周公所作，其中官名時事，多不合周法。」這一說法大體是可信的，但如果由此斷言對天子依據農時以行政令的「月令」的提倡開始於《呂氏春秋》，可能並不恰當。「月令」是春秋中晚期以後由「五行」家向陰陽家轉變的人們探究「天人之際」、以求在「序四時之大順」的同時確立某種政令規範的結果，它把傳說中的「帝」、「神」與默默信從於心的「數」等由迴圈相生的「五行」關聯於人間世事，這決不是一人一時的創作所能成就的。即使《呂氏春秋》對這些有輯錄、編纂之功，這樣的輯錄、編纂也必定是以相當數量的口頭傳述和一定形式的文字材料為前提的。其實，《十二紀》或《月令》中所提到的時「數」或方「數」，以及天子按四時順序選擇「青陽」、「明堂」、「總章」、「玄堂」作朝會、祭祀場所的說法，在較早些的典籍中就已經有跡可尋。例如《墨子》的《迎敵祠》篇對迎敵部署的記述，其中所涉及的色彩與數字就相當神祕而值得玩味。凡東方，所建造或設置的壇高、堂密、人數、神長、弓弩數，都以「八」為度，南方都為「七」，西方都為「九」，北方都為「六」；而主祭的旗號、主祭的神像和將士服裝等的色彩，凡東方一律為青色，凡南方一律為赤色，凡西方一律為白色，凡北方一律為黑色。《迎敵祠》所規定的四方之「數」和「色」與《十二紀》或《月令》中的說法完全一致，只是還沒有提到「中」或「中央」，也還沒有以四方之數與春夏秋冬的時令相配，可見這篇文字必當早於《十二紀》或《月令》。從《墨子》的《迎敵祠》所傳述的可能很早就被人們默信於心的四方數，到《呂氏春秋》的《十二紀》或《月令》以這四方數為四時數，這些數

正和所謂「五行」的「成數」一致，這即是所謂：北，天一生水，地六成之；南，地二生火，天七成之；東，天三生木，地八成之；西，地四生金，天九成之。當四方、四時擴展為五方、五時時，就又可以推出：中，天五生土，地十成之。而這恰好與宋代學人蔡元定依託「河出圖」的傳說按照宋初道教大師陳摶所傳易理繪製的「河圖」[40]各方位的內數（「生數」）與外數（「成數」）相符。

　　至於天子所居隨著四時變化順次遷移於「青陽」、「明堂」、「總章」、「玄堂」的說法，《大戴禮記》的《明堂》篇也已經發其先聲。《大戴禮記》由戴德在漢宣帝時編次成書，但編入其中的《明堂》篇屬於先秦的古籍應該無可置疑。其中說：「明堂者，古已有之也。凡九室。」又說：「明堂者，所以明諸侯尊卑。」明堂的設置雖然用於朝會、祭祀、慶賞、選士等大典，但建築格局的最後依據仍在於天地、陰陽。因此九室之堂「以茅蓋屋，上圓下方」，取象於天地，而且「赤綴戶也，白綴牖也。二、九、四，七、五、三，六、一、八」。用赤色裝飾門以象徵「陽」，用白色裝飾窗以象徵「陰」，九室配以九個數字，從右到左、自上而下各室的「數」分別是：二、九、四，七、五、三，六、一、八。如果按文中所述繪成一幅圖，並對各室用「青陽」（左、中、右）、「明堂」（左、中、右）、「總章」（左、

---

40 河圖：

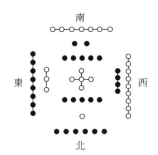

中、右）、「玄堂」（左、中、右）命名，那就恰好可以與《呂氏春秋》的《十二紀》或《月令》所謂天子按照時序選擇所居方位的說法相印證，而這明堂九室圖[41]又正與宋儒蔡元定據「洛出書」的傳說和陳摶的易理所繪製的「洛書」圖[42]暗合。

下面講第四個問題：

「五行相勝」與鄒衍的學說

「五行」統攝於「陰陽」，這使「五行」之間有了一種內在的關

---

41 明堂：

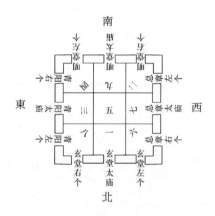

42 洛書：

聯。緣於陰陽的消長，木、火、土、金、水或發生一種「相生」的關係，或發生一種「相勝」的關係。由倚重五行相生而產生了「序四時之大順」以規範「月令」的陰陽家，由倚重五行相勝而又產生了主張「陰陽主運」以發明「終始五德」的陰陽家。前者與數術中的「天文」、「曆譜」、「五行」的因緣更深些，後者中最具典型性的是自成一家之言的鄒衍的學說。

　　鄒衍是戰國晚期的齊國人，曾經與淳于髡、慎到、環淵、接子、田駢、鄒奭等人論學於齊國的稷下，他的生平、學行在傳世的先秦典籍中沒有記載。在《史記》的《孟子荀卿傳》、《魏世家》、《燕召公世家》、《平原君虞卿傳》、《封禪書》等篇章裡，往往有說到鄒衍的文字，雖然不夠詳盡，但總還可以借此較真實地描繪出這位名重一時的陰陽家的學說的大致輪廓。據《史記》的記載，鄒衍在齊國是齊宣王看重的人物；他去魏國的大樑，梁惠王親自到郊外迎接，對他以賓主之禮相待；他到趙國時，平原君趙勝殷勤地側著身子相陪，用衣袖為他拂拭坐席上的灰塵；他遊歷燕國，燕昭王拿著掃帚走在他的前面為他清掃道路，願意作為學生請他授業，昭王還為他建造了碣石宮，每逢講學，這位國王總會恭敬地親自到現場聽講。[43]同這種尊貴的禮遇相比，略早於鄒衍的孟子完全是另一種情形。孟子修儒家之道，學成後曾到齊、魏等國遊說自己的主張，結果齊宣王、梁惠王都不願任用他，認為他的那些道理迂遠而不切實際。[44]司馬遷是同情孟子的，不過，依他的看法，孔子厄於陳蔡，孟子不為齊梁所用，固然在於他們

---

43 《史記·孟子荀卿傳》：「是以鄒子重於齊；適梁，惠王郊迎，執賓主之禮；適趙，平原君側行撇席；如燕，昭王擁彗先驅，請列弟子之座而受業，築碣石宮，身親往師之。」

44 《史記·孟子荀卿傳》：「（孟子）道既通，游事齊宣王，宣王不能用，適梁，梁惠王不果所言，則見以為迂遠而闊於事情。」

以大道自任而不願媚世阿俗，鄒衍的學說雖說顯得荒誕不經，但也未
嘗沒有借著奇詭論調對諸侯的吸引而誘導他們走上大道的意圖隱藏其
中。鄒衍顯然也精通辯術，這可以從《史記‧平原君虞卿傳》所說
「鄒衍過趙言至道，乃絀公孫龍」得到印證。南北朝時宋人裴駰作
《史記集解》，引用劉向《別錄》一書中的這樣一段話解釋所謂「絀
公孫龍」的說法：「齊使鄒衍過趙，平原君見公孫龍及其徒綦毋子之
屬，論『白馬非馬』之辯，以問鄒子。鄒子曰：『不可。彼天下之辯
有五勝三至，而辭正為下。辯者，別殊類使不相害，序異端使不相
亂，抒意通指，明其所謂，使人與知焉，不務相迷也。故勝者不失其
所守，不勝者得其所求。若是，故辯可為也。及至煩文以相假，飾辭
以相惇，巧譬以相移，引人聲使不得及其意。如此，害大道。夫繳紛
爭言而競後息，不能無害君子。』坐皆稱善。」[45]這段話是說：齊國
派鄒衍出使趙國，平原君帶鄒衍去見公孫龍和他的弟子綦毋子等人，
說起了「白馬非馬」之辯，平原君就問鄒衍對這樣的論題有什麼看
法。鄒衍說：這樣辯論問題不妥。天下的辯論講求「五勝三至」[46]，
而以講究用詞規範取勝是最下的一等。辯論，原是為了分別不同的類
屬使其不至於相混淆而相妨害，理清各種見解的頭緒使不至於流於紊
亂而相互間作無謂的糾纏，為的是充分表達自己的意見，相互通曉說
話的旨趣，明白對方說了些什麼，使人從中學到知識而不是使人陷於
迷惑。所以，在一場真正的辯論中，勝者固然沒有失去他所堅持的見
解，而不勝者也會得到他想求得的東西。像這樣，辯論就是值得的，
可為的。如果辯論是以煩瑣的文句相互詬病，以雕飾的辭藻相互教
訓，以討巧的比喻誘說對方改變自己的觀點，援引別人的話卻使人不

---

45 劉向：《別錄》。見裴駰：《史記‧平原君虞卿傳集解》。
46 「五勝三至」之所指已不可考。依上下文意似可作如此推測：「五勝」，或指五種勝
　法；「三至」，可能指辯論的三條準則（「至」有準則義），亦可能指三種至高的辯術。

知道其意所在，那就有害於大道了。持那些有糾紛有爭議的話題競相
辯論，總想通過這種方式折服對方，這對於君子是有害的。鄒衍的這
番話受到當時在座的人的一致稱讚。

　　鄒衍留下不少著述，《漢書‧藝文志》著錄有《鄒子》四十九篇
及《鄒子終始》五十六篇。不過，這些著述很早就亡佚了，至少在隋
唐時已經不再流傳於世。從《別錄》引述的鄒衍的「大道」、「君子」
的說法看，鄒衍的學說已經明顯超出了「數術」的範圍。我們無從直
接面對《鄒子》和《鄒子終始》，只能借助其他典籍尋找鄒衍思想的
蛛絲馬跡。在那些概括或轉述鄒衍學說的史料中，最切近《鄒子》和
《鄒子終始》立論宗趣因而最值得留意的可能是《史記》中的兩段文
字。其中一段是：「鄒衍睹有國者益淫侈，不能尚德，若《大雅》整
之於身，施及黎庶矣。乃深觀陰陽消息，而作怪迂之變（辨）《終
始》、《太聖》之篇十餘萬言。其語閎大不經，必先驗小物，推而大
之，至於無垠。先序今，以上至黃帝，學者所共術，大並世盛衰，因
載其禨祥度制，推而遠之，至天地未生，窈冥不可考而原也。先列中國
名山大川，通穀禽獸，水土所殖，物類所珍，因而推之，及海外，人
之所不能睹。稱引天地剖判以來，五德轉移，治各有宜，而符應若
茲。以為儒者所謂中國者，於天下乃八十一分居其一分耳。中國名曰
赤縣神州。赤縣神州內自有九州，禹之序九州是也，不得為州數。中
國外如赤縣神州者九，乃所謂九州也。於是有裨海環之，人民禽獸莫
能相通者，如一區中者，乃為一州。如此者九，乃有大瀛海環其外，
天地之際焉。其術皆此類也。然要其歸，必止乎仁義節儉，君臣上下
六親之施，始也濫耳。王公大人初見其術，懼然顧化，其後不能行
之。」[47]另一段是：「鄒子之徒論著終始五德之運……以陰陽主運顯於

---

47 《史記‧孟子荀卿傳》。

諸侯，而燕齊海上之方士傳其術不能通，然則怪迂阿諛苟合之徒自此興，不可勝數也。」[48]前一段文字是說：鄒衍目睹那些擁有國家權力的諸侯們越來越荒淫奢侈，不能崇尚德行，不能像《大雅》中歌頌的文王、武王等王者那樣端正自身，施恩惠於黎民百姓，於是就深入觀察陰陽的消長變化，提出了一種怪異迂遠的學說，撰寫了《終始》、《太聖》之類文字十餘萬言。雖然他的說法宏大不經，但總是先在細小的事物那裡獲得驗證，然後才推而大之，以至於大到無邊無際。並且，他也總是先敘述今天人們所能看到的東西，由此上溯到學者所公認的黃帝時期，從大處評說歷代的盛衰，記載這期間發生的吉凶先兆的規律，然後推而遠之，以至於天地未生、邈遠而不可考究的年代。他往往先列舉中國的名山、大川、深谷、禽獸、水土狀況、動植物的繁衍、物產中的珍奇，由此推到海外，人所無法看到的地方。他引述自遠古以來「五德」推移的情形，說明不同朝代各當有其相宜的治理方式，這些相宜的治理與「五德」轉移中天降符瑞的情形相應。他認為：儒者們通常所說的中國，不過是天下的八十一分之一罷了。中國的一個名稱是赤縣神州，赤縣神州內自有其九州，但這九州是大禹治水後劃分的，不能算作真正的州數。中國之外像赤縣神州這樣的地方還有八處，連同中國其數為九，這才是所謂九州。九州之外有裨海環繞，居住在九州內的人和禽獸與裨海之外不相通，如同處在一個被隔絕的區域，這個被隔絕的區域為一大州。像這樣的大州有九個，它們之外有大瀛海環繞，海水連著天地的邊際。鄒衍著作中所講述的都屬於這一類話。不過推究這些話的主旨，都可以歸結於仁義節儉的提倡和君臣上下、六親倫理的施行──鄒衍的學說最初就是從這裡發源的。起先，王公大臣們遇到這種學術是既疑懼又敬重的，以它為一種

---

48 《史記・封禪書》。

教化來反省自己，但最終它還是沒能推行開來。那從《史記》中所引的另一段話是說：鄒衍之徒著書論說「五德」迴圈相勝的運數，以陰陽消長主宰運數之說從諸侯那裡獲得顯赫的聲譽。燕國齊國一帶海上的方士爭相傳佈這些方術卻不能通曉它，於是，借怪異迂遠的論調阿諛附和權貴的人從此興起，到後來竟越來越多，數不勝數。

　　不像數術家那樣局限於眼前的吉凶利害，鄒衍著書立說的初衷是要誘導那些掌握國家權力的人崇尚德行修養，抑制驕奢淫侈之風。所以，無論怎樣「作怪迂之變」，那由「深觀陰陽消息」而創始的學說，「要其歸，必止乎仁義節儉，君臣上下六親之施」。鄒衍的學說產生在孔子以儒立教兩百多年之後，在人文關注的焦點從「命」轉向「道」的學術大背景下，他的「必止乎仁義節儉」的學說顯然受了孔子之教的陶染而帶上了儒家之學的底色。但他畢竟生活在「秦用商君，富國強兵；楚、魏用吳起，戰勝弱敵；齊威王、宣王用孫子、田忌之徒，而諸侯東面朝齊」的時代，在這時代他甚至多少目睹了孟子如何「述唐虞三代之德，是以所如者不合」[49]的遭際，因此，為了能在當世有所作為，他的主張即使與儒者之道並沒有什麼衝突，也必須開闢新的途徑而另外創立一種學說。從這裡，也許多少能夠了解鄒衍式的陰陽家與儒家在怎樣的程度上可以說是道並行而不相悖。

　　鄒衍的怪迂之談看似荒誕不經，但立論總是「先驗小物」，然後「推而大之」。這是一種從經驗開始然後依理類推的方法，它和《易傳》所說的「仰則觀象於天，俯則觀法於地，觀鳥獸之文與地之宜……以類萬物之情」[50]的方法大略相通。在鄒衍這裡，由可以感覺的世界向著可按一定理路予以設想的世界的推論是沿著兩個方向進行的，一是「先列中國名山大川，通穀禽獸，水土所殖，物類所珍，因

49　《史記·孟子荀卿傳》。

50　《易傳·繫辭下》。

而推之，及海外，人之所不能睹」，一是「先序今，以上至黃帝，學
者所共術，大並世盛衰，因載其祥度制，推而遠之，至天地未生，窈
冥不可考而原也」，從這兩條線索分別產生了他的瀛海九州的天下構
成說和他的「五德轉移」或「終始五德」的歷史興替觀。稱中國為赤
縣神州，以這赤縣神州為裨海環繞的九州之一，又以這九州為「大瀛
海環繞」的大九州之一，因而斷言中國不過是天下的八十一分之一，
這似乎只是不著邊際的想像，但畢竟提供了一種新的視野。這種瀛海
九州的天下構成說是對「禹序九州」那樣的狹隘眼界的超越，因而也
意味著對已經形成的以華夏為天下中心的華夷之辨觀念的揚棄。鄒衍
把天下觀念由九州而大九州拓展到「天地之際」，他的用意是要刺激
那些王公大人「懼然顧化」，使他們不至於局守於狹小天地忘其所以
而流於淫侈。出於同一意圖，鄒衍在重新講述一種空間上的天下構成
時，也向人們啟示了一種在時間中延續著的歷史的運動。歷史有它的
「運」數，這由陰陽消長所主宰的「運」——所謂「陰陽主運」——
即「終始五德之運」。《鄒子》或《鄒子終始》中的《主運》篇，很可
能就是論述陰陽兩種動勢的作用下五行之德的迴圈興替的。鄒衍的著
述散失已久，「主運」到底意味著什麼已難以考釋，好在《呂氏春
秋》的《應同》篇對中國古代歷史的變遷依「五行相勝」的線索作過
一種推演，而這推演又一向被人們看做對鄒衍「終始五德」說的轉述
或輯錄[51]，儘管《應同》篇在作這一推演時並沒有提到鄒衍的名字。

---

51 唐人李善注《昭明文選》，引劉歆《七略》：「鄒子終始五德，從所不勝，木德繼
之，金德次之，火德次之，水德次之。」（《文選‧左思〈魏都賦〉》注引）又引
《鄒子》：「五德從所不勝，虞土，夏木，殷金，周火。」（《文選‧沈休文〈故安陸
昭王碑文〉》注引）馮友蘭於二十世紀三十年代初著《中國哲學史》，援引李善所
注，謂其「與《呂氏春秋》所說相合，故可知其（《呂氏春秋‧應同》所述——引
者注）即鄒衍之說也」（馮友蘭：《中國哲學史》，202頁）。此後，學人多有撰中國
哲學史或中國思想史者，未見就此問題提出異議。

《應同》篇告訴人們：「凡帝王者之將興也，天必見祥乎下民。」就是說，當一代帝王興起的時候，上天必定會向天下的百姓們顯現一種朕兆。接著，這篇文字指出：「黃帝之時，天先見大螾大螻。黃帝曰：『土氣勝。』土氣勝，故其色尚黃，其事則土。及禹之時，天先見草木秋冬不殺。禹曰：『木氣勝。』木氣勝，故其色尚青，其事則木。及湯之時，天先見金刃生於水。湯曰：『金氣勝。』金氣勝，故其色尚白，其事則金。及文王之時，天先見火，赤烏銜丹書集於周社。文王曰：『火氣勝。』火氣勝，故其色尚赤，其事則火。代火者必將水。天且先見水氣勝。水氣勝，故其色尚黑，其事則水。水氣至而不知，數備，將徙於土。」[52] 從土氣旺盛、崇尚黃色、行事以土德為法的黃帝時代，到木氣旺盛、崇尚青色、行事以木德為法的夏禹時代，到金氣旺盛、崇尚白色、行事以金德為法的商湯時代，再到火氣旺盛、崇尚赤色、行事以火德為法的周文時代，已經成為過去的幾個大的時代的更替，所遵從的是「五行相勝」的律則：木勝土、金勝木、火勝金。按照同一律則，可以預見的是：取代火的必將是水，那時上天會預先顯現一種水氣旺盛的朕兆，啟示人們崇尚黑色，行事以水德為法。至於水德什麼時候衰落無法知曉，不過，可以肯定的是，一旦氣數盡了，將會變到土德興盛的時代。整個以往、現在以至未來的歷史，就這樣被斷言為一個沒有終結的過程，這過程表現為「五德」以「相勝」的方式──土→木→金→火→水→土──循環往復、周而復始。

　　西元前221年，秦滅六國，一統天下。秦始皇焚書坑儒，禁天下的《詩》、《書》，但對陰陽家所謂「終始五德」的說法終於不敢稍有所悖。《史記》記載：秦始皇按「終始五德」的傳承次序相推，認為

52　《呂氏春秋・應同》。

周得之於天的是火德，秦取代周應當崇尚水德，這樣才能無所不勝。
當時正是水德的開始，周以建子之月（冬十一月或仲冬）為正月，秦
改正月為建亥之月（冬十月或孟冬），冬十月初一朝觀慶賀。衣、
服、旄、旌、節、旗都以黑色為尚，數以六為準；兵符、法冠一律六
寸，車長一律六尺，每輛兵車一律駕六匹馬，海內各處一律以六尺為
一步。改河（黃河）名為德水。以為水德從此開始，處事要像急流那
樣剛毅凌屬、嚴苛峻切，一切都決斷於既定的法規，而不講求仁和與
恩義，以與「五德」的運數相合。[53] 顯然，秦始皇這樣理解「水德」，
並採取種種措施求得政令和水德一致，這與鄒衍提出「終始五德之
運」的初衷已經相去很遠。如果引用孔子的一句話來表達兩者的差
別，那麼，可以說，鄒衍講「終始五德之運」原是要「道（導）之以
德，齊之以禮」，而始皇借此所做的卻是「道（導）之以政，齊之以
刑」[54]。

　　「運」或「數」在「五德轉移」中顯得神祕而具有相當大的命定
意味，但鄒衍所說的「陰陽主運」的「運」畢竟只是一種形式，貫穿
在這形式中的是「五德」的「德」。「德」字在古人那裡也寫作
「悳」，「悳，外得於人，內得於己也。從直從心。」[55]「德」（「悳」）
原是就人的本心或某種本然之性而言，由土、木、金、火、水說「五
德」是以「五行」的五種自然性狀──火「炎上」而味「苦」、水
「潤下」而味「鹹」等──為象徵，向人們啟示五種德行，並告誡有

---

53 《史記・秦始皇紀》：「始皇推終始五德之傳，以為周得火德，秦代周德，從所不
　　勝。方今水德之始，改年始，朝賀皆自十月朔。衣服旄旌節旗皆上黑。數以六為
　　紀，符、法冠皆六寸，而輿六尺，六尺為步，乘六馬。更名河曰德水。以為水德之
　　始，剛毅戾深，事皆決於法。刻削毋仁恩和義，然後合五德之數。」

54 《論語・為政》：「道之以政，齊之以刑，民免而無恥；道之以德，齊之以禮，有恥
　　且格。」

55 許慎：《說文解字》卷十下。

國者遏制淫侈、順應時運、依當運的德行行事：土當運，依照土所象徵的那種德行行事；木當運，依照木所象徵的那種德行行事；金當運，依照金所象徵的那種德行行事；火當運，依照火所象徵的那種德行行事；水當運，依照水所象徵的那種德行行事。如果能夠做到這樣，「有國者」的淫侈就有可能得到遏制，而使其「尚德」──「若《大雅》整之於身，施及黎庶」──的期待也才有希望成為現實。

鄒衍論「終始五德之運」，驗證於歷史，有「五德從所不勝，虞土，夏木，殷金，周火」[56]之說，而對周之後他只是作了「代火者必將水」、「水氣至而不知，數備，將徙於土」的預言。顯然，這預言的關鍵在於人難以確切測算的「數備」。「數備」意味著什麼？《鄒子》與《鄒子終始》既然早已散佚，也就無從考釋。但《呂氏春秋》的《應同》篇在引述了「數備」這樣的說法後畢竟寫下了下面一類文字：「君雖尊，以白為黑，臣不能聽；父雖親，以黑為白，子不能從。」從這類論述推斷，所引述的「數備」一語應當包含著德行修養上的要求。換句話說，「五德轉移」的提出者並沒有把這樣的「轉移」看做一個與人的德行修養毫無關係的純粹命定的過程，他以「終始五德」解釋歷史不是要否認人在歷史中應該承擔的責任，而是要把「有國者」不能不擔當的責任放置在一種可從「尚德」意義上理解的視野中予以策勉和督促。「尚德」的價值取向使脫胎於數術的陰陽家有別於數術家，而他們對於「有國者」的「若《大雅》整之於身，施及黎庶」的期待，又使他們近於儒家之學卻終於有別於不語「怪、力、亂、神」[57]的孔子之道。陰陽家在老子、孔子學說出現後重新回味了數術，但對「命」的再度關注已經是在對「道」的深切矚望中。

---

56 李善注《文選・沈休文〈故安陸昭王碑文〉》注引。
57 《論語・述而》。

附錄六
孟子學說講授提綱

一 孟子學說之宗趣

　　孟子之學是典型的心性之學，其價值取向直承孔子而從孔子圓融的默識冥證中為儒學匯出一種與立教初衷相契的義理規模。孟子所謂「仁也者，人也；合而言之，道也」(《孟子・盡心下》)，既是對孔子「志於道」、「依於仁」的立教旨趣的印可，也是對孔子所謂「人能弘道，非道弘人」(《論語・衛靈公》)的機的道破。孟子的「求則得之，舍則失之，是求有益於得也，求在我者也」(《孟子・盡心上》)的說法，誠然與孔子所謂「為仁由己」(《論語・顏淵》)、「我欲仁，斯仁至矣」(《論語・述而》)一脈相貫，而他所謂「求之有道，得之有命，是求無益於得也，求在外者也」(《孟子・盡心上》)，則正是對孔子「死生有命，富貴在天」(《論語・顏淵》)一語的最恰切的詮解。孟子的「舍生而取義」(《孟子・告子上》)與孔子的「殺身以成仁」(《論語・衛靈公》)所說的是人生在終極性的兩難抉擇中的同一種斷制，孟子由「格君心之非，君仁莫不仁，君義莫不義，君正莫不正」(《孟子・離婁上》)所企求的「仁政」與孔子由「政者，正也；子帥以正，孰敢不正」(《論語・顏淵》)所描摹的「德政」(「為政以德」)也並無二致。但孔子畢竟對「性與天道」持一種淵默的態度，子貢因此遂有「夫子之言性與天道，不可得而聞也」(《論語・公冶長》)之歎，而「性」與「天」在孟子那裡卻是其理境上遂的異常重

要的範疇。不過孟子論「性」、「天」終是從「心」說起的，這被訴諸言詮的「心」正與孔子對「性」與「天」默而識之之心全然相通。

孟子學說親切、通脫而虛靈不滯，下述兩段話最可見其生機所在及其境界所趣：

> 盡其心者，知其性也；知其性，則知天矣。（《孟子・盡心上》）
>
> 可欲之謂善，有諸己之謂信，充實之謂美，充實而有光輝之謂大，大而化之之謂聖，聖而不可知之之謂神。（《孟子・盡心下》）

第一段話從「盡心」說到「知性」，從「知性」說到「知天」，這是從切己的心的體驗向圓而神的道德極境的推求。其由形而下的由衷之情向著形而上的「道」的超越，一個內在而非外取的機制則在於「盡其心」之「盡」這一修養功夫。孟子所說的「心」是「人之所以異於禽獸者幾希」（《孟子・離婁下》）的那點靈明，亦即所謂「惻隱之心」、「羞惡之心」、「辭讓之心」、「是非之心」。這種「心」作為內在於人的精神性狀，是「仁」、「義」、「禮」、「智」諸顯現人性之善的美德的端倪，人倘能培壅這些端倪使其充量顯發（所謂「盡心」），便可以在成全人性之善中悟知堪稱善的人性。對人性之善或善之人性的悟知，亦即是對「天命之謂性」（《禮記・中庸》）的「天」之所「命」的悟知；「天」之所「命」之神聖正在「盡心」而「知性」中，而非在人的「心」、「性」修為之外。

第二段話所指示的「善」、「信」、「美」、「大」、「聖」，乃「盡心」而「知性」、「知天」的修為功夫可能達到的人生境界的不同格位。值得人所好（「可欲」）的事物是善事善物，值得稱賞（「可欲」）

的人可謂之「善」人；自覺為「善」而能求諸自身的人，可謂之「信」人；力行「善」、「信」而至於生命充實的人，可謂之具備「美」德之人；有充量「美」德而至於光輝感人的人，可謂之「大」人或偉大之人；「大」而能「化」，不為「大」而「大」（不為「大」所累）因此無任何刻意為「大」之痕跡的人，則可謂之「聖」人。「聖而不可知之之謂神」之「神」，是對「聖」人境界不可知解、不可測度的形容，非指聖人之上又有神人一格。

　　從上述兩段話可以看出，孟子思想中有形而上之一維，但這由「盡心」而有的形下而至形上的超越，是人以其自然而然的「惻隱之心」、「羞惡之心」、「辭讓之心」、「是非之心」為起點的超越，是自律而至於自化的生命存在或心靈境界的昇華，其中並無任何的他律強制的因素。

二　孟子與《孟子》

　　孟子（約前372—前289），名軻，戰國中葉鄒（今山東鄒縣東南）人。其學緣於子思而祖述孔子。荀子在其《非十二子》中並稱「子思孟軻」為同一流派，韓非之《顯學》則稱孔子之後「儒分為八」，其以「子思之儒」、「孟氏之儒」各為一系。《史記‧孟子荀卿傳》云：

> 孟軻，鄒人也。受業子思之門人。道既通，游事齊宣王，宣王不能用，適梁，梁惠王不果所言，則見以為迂遠而闊於事情。當是之時，秦用商君，富國強兵，楚、魏用吳起，戰勝弱敵，齊威王宣王用孫子、田忌之徒，而諸侯東面朝齊，天下方務於合縱連橫，以攻伐為賢，而孟軻乃述唐虞三代之德，是以所如

者不合，退而與萬章之徒序《詩》、《書》，述仲尼之意，作
《孟子》七篇。

孟子所務非事功之急，但其學說關涉人生之終極意義及與此相應
的人生當取的根本態度。這在急於事功者看來，顯得「迂遠而闊於事
情」，然而其畢竟以超越當下的方式對當下有所屬意。從某種究竟處
尋得一個俯瞰或穿透人生諸種問題的位置，這是先秦諸子中儒、道、
墨三家學說的共同特徵；儒家的獨異風致在於，它始終不離人的真率
的性情，並就此本然之性情對其某些性狀加以應然提升，把內在於人
心的「仁」、「義」之端倪引向「大而化之之謂聖」的「聖」境。孟子
正是在這一點上對孔子那裡顯得渾整而不露圭角的思想作了「十字打
開」式的詮說，由此孟子成其為孟子。

除歧出於儒門大宗的荀子對孟子多所指責外，後世儒者愈到後來
愈對孟子推崇有加。唐人韓愈在其《原道》一文中曾如此稱說儒家道
統的延承：

堯以是（道）傳之舜，舜以是傳之禹，禹以是傳之湯，湯以是
傳之文、武、周公，文、武、周公傳之孔子，孔子傳之孟軻，
軻之死，不得其傳焉。

由「軻之死，不得其傳焉」，可見論者對孟子學說之品位評價之
高──其獨能接續前代聖哲道術之一線之脈，而後世儒者竟難以為繼。

自宋儒始，儒者尊道術，由周孔並稱改為孔孟並稱，「孔孟之
道」的提法遂由此傳之後世。

《孟子》一書乃孟子死後其弟子輯纂孟子言行而成，從全書各篇
的答問及敘述方式看，最後編次勒成可能出於孟子之弟子公孫丑、萬

章二人，或者至少可以說，此二人於《孟子》一書的輯纂為力最多。《史記·孟子荀卿傳》記《孟子》僅七篇，《漢書·藝文志·諸子略》著錄《孟子》十一篇。東漢經學家趙歧撰《孟子章句》，其「題辭」謂：「又有外書四篇，《性善》、《辨文》、《說孝經》、《為政》，其文不能宏深，不與內篇相似，似非孟子本真，後世依放而託也。」此說經後世學人考辨，大體可信。《孟子》七篇今存，每篇分上、下，凡十四卷。其目次如下：《梁惠王》上、下，《公孫丑》上、下，《滕文公》上、下，《離婁》上、下，《萬章》上、下，《告子》上、下，《盡心》上、下。

三　孟子思想大要

1　性善論與「四端」說

孔子之後，儒門義理的最引人注目的拓展是孟子提出的性善論。「仁也者，人也；合而言之，道也。」孟子如此闡說「仁」、「人」、「道」的關聯，是對孔子學說之神髓的點出，也是對性善論至此已不能不明確立論的理由的含蓄申述。「仁」使人成其為人，它更多地在人生當實現之價值的意義上提撕了一種道德的應然，但這應然是否有其人性本然的根荄呢？倘其並非根於人性之本然，這應然便帶有他律的獨斷的性質，它勢必引致人們對某個發出他律性道德指令的實體——神或其他外在於人的權威——的認可；倘其果然植根於人性之本然，那麼對人性之本然便不能不稱述以「善」。

當孔子說「性相近也，習相遠也」（《論語·陽貨》）時，他似乎並未斷言「性」之善否，但他所謂「人之生也直」（《論語·雍也》）、「仁遠乎哉？我欲仁，斯仁至矣」等說法，也確已把人性本善的話題

以圓融而含蓄的方式透露了出來。孟子提出人性本善的論斷，顯然有
會於孔子之本心，但立論於當時也是針對另三種人性論的。另三種人
性論分別為：（1）「告子曰：性無善無不善。」（2）「或曰：性可以為
善，可以為不善。」（3）「或曰：有性善，有性不善。」（《孟子‧告
子上》）孟子對後兩種人性論沒有作更多的評說，他只是指出：

> 乃若其情，則可以為善矣，乃所謂善也。若夫為不善，非才
> （材）之罪也。（《孟子‧告子上》）

告子所謂「性無善無不善」，不把人之本性納入善與不善的判斷，
這一論說人性的方式與孟子的人性本善論衝突最大（因為它已涉及問
題的提法本身了），所以孟子對其駁斥分外著力。告子是以設譬──
如杞柳、桮棬之喻、湍水之喻──的方式論證他的見解的，他由此得
出結論說：「生之謂性」（見《孟子‧告子上》）。孟子對其比喻逐一作
了駁詰，對於「生之謂性」的說法則以「犬之性猶牛之性，牛之性猶
人之性歟」相難。然而對比喻的駁斥或以比喻方式闡述的道理畢竟是
從方便處說起的，要使一種論斷真正得以確立，尚須有更內在的根
據。孟子為論說人性之善，由「性」而究問到「心」，提出了必得訴
諸生命體驗方可領會其真蘊的「四端」說。《孟子‧公孫丑上》云：

> 所以謂人皆有不忍人之心者，今人乍見孺子將入於井，皆有怵
> 惕惻隱之心，非所以內交於孺子之父母也，非所以要譽於鄉黨
> 朋友也，非惡其聲而然也。由是觀之，無惻隱之心，非人也；
> 無羞惡之心，非人也；無辭讓之心，非人也；無是非之心，非
> 人也。惻隱之心，仁之端也；羞惡之心，義之端也；辭讓之
> 心，禮之端也；是非之心，智之端也。人之有是四端也，猶其

有四體也。有是四端而自謂不能者，自賊者也；謂其君不能者，賊其君者也。凡有四端於我者，知皆擴而充之矣。若火之始然，泉之始達，苟能充之，足以保四海；苟不充之，不足以事父母。

《孟子・告子上》中有同樣的說法，而兩處所論的底蘊則貫於《孟子》全書。在孟子這裡，「性」由「盡其心」而來，「心」有其「惻隱」、「羞惡」、「辭讓」、「是非」諸善端，「盡其心」——擴充這些善端——亦是顯發其「性」，「心」善而必至「性」善。人性本善由此得以證成。

與人心皆有「四端」之「善」相應，孟子也從「理」、「義」上強調「心之所同然」：

口之於味也，有同耆焉；耳之於聲也，有同聽焉；目之於色也，有同美焉。至於心，獨無所同然乎？心之所同然者何也？謂理也，義也，聖人先得我心之所同然耳。故理義之悅我心，猶芻豢之悅我口。（《孟子・告子上》）

「心之所同然」的「四端」之「善」，倘以「知」、「能」而論，非一般後天學而方能、慮而方知之知、能，而是「良知」、「良能」：

人之所不學而能者，其良能也；所不慮而知者，其良知也。孩提之童，無不知愛其親者；及其長也，無不知敬其兄也。親親，仁也；敬長，義也。無他，達之天下也。（《孟子・盡心上》）

「孩提之童」之親親、敬長之心──亦即「赤子之心」──人皆有之，問題只在於人在其後天之習染中能否葆任。能葆任不失者皆可為「大人」，皆可通堯舜之生命境界。所以孟子又云：

> 大人者，不失其赤子之心者也。（《孟子‧離婁下》）
>
> 人皆可以為堯舜。（《孟子‧告子下》）

2 「義」、「利」之辨與「良貴」說

孔子創立儒教之始即嚴於「義利之辨」，《論語‧里仁》便載有「君子喻於義，小人喻於利」的說法。對於孔子說來，人生最高之「義」莫過於「仁」，而最切要、最可珍貴之「利」則莫過於「生」，出於重「義」而輕「利」的價值選擇，他甚至主張「無求生以害仁，有殺身以成仁」。但孔子絕非於「生」無所措意之人，他倡揚「殺身以成仁」是極而言之，是就「生」與「仁」不能兩全或兩存那種情形而發論的。孟子繼承了孔子學說的這一價值取向，他為此所作的闡述與分辨只是使儒家教化的此一方面更加明晰、更加系統化了。

孟子並不一般地鄙棄「利」，但「仁義」的價值在他這裡遠非「利」可與之相匹。《孟子‧梁惠王上》所記孟子與梁惠王的一段對話，最能看出孟子如何分辨「仁義」與「利」的價值的高下，其云：

> 孟子見梁惠王。王曰：「叟，不遠千里而來，亦將有以利吾國乎？」孟子對曰：「王何必曰利？亦有仁義而已矣。王曰何以利吾國，大夫曰何以利吾家，士、庶人曰何以利吾身，上下交征利而國危矣。萬乘之國弒其君者，必千乘之家；千乘之國弒其君者，必百乘之家。萬取千焉，千取百焉，不為不多矣，苟

為後義而先利，不奪不饜。未有仁而遺其親者也，未有義而後
其君者也。王亦曰仁義而已矣，何必曰利。」

另有《孟子‧告子下》中所記孟子與宋牼的一段對話，其「義利之
辨」之旨趣與上段話所述全然一致，可資相互印證。

人之社會地位常以「公卿」、「大夫」等品級區分，孟子稱其為
「人爵」；人的道德品位則以其守持「仁義忠信」價值的狀況區分，
孟子稱其為「天爵」。「天爵」、「人爵」並非全然對立或相抵，但畢竟
是出自兩種價值判斷的標準。孟子稱：

有天爵者，有人爵者。仁義忠信，樂善不倦，此天爵也；公卿
大夫，此人爵也。古之人，修其天爵，而人爵從之；今之人，
修其天爵，以要人爵，既得人爵，而棄其天爵，則惑之甚者
也。終亦必亡（失）而已矣。（《孟子‧告子上》）

孟子讚賞「古之人」，譴責「今之人」，就是要確立「天爵」價值
的主導地位，而將並未一味否定的「人爵」僅僅置於「天爵」的籠罩
之下。所以他以「天爵」這一「貴於己者」（貴於切己的精神境界，
貴而在己）為「良貴」，而以貴於身外之物的「人爵」為「非良貴」。
他說：

欲貴者，人之同心也。人人有貴於己者（「天爵」貴而在
己——引者注），弗思耳。人之所貴者非良貴也；趙孟之所
貴，趙孟能賤之。《詩》云：「既醉以酒，既飽以德。」言飽乎
仁義也，所以不願人之膏粱之味也；令聞廣譽施於身，所以不
願人之文繡也。（《孟子‧告子上》）

　　孟子也談到「生」與「義」兩者不可兼得時人所當有的決斷，其實這依然是一種義利之辨──一種人生極境處的義利之辨。他是從一個比喻說起的，說得直觀而親切、自然：

> 魚，我所欲也；熊掌，亦我所欲也。二者不可得兼，舍魚而取熊掌者也。生，亦我所欲也；義，亦我所欲也。二者不可得兼，舍生而取義者也。生亦我所欲，所欲有甚於生者，故不為苟得也。死亦我所惡，所惡有甚於死者，故患有所不辟也。（《孟子・告子上》）

　　正像以「殺身以成仁」為價值棄取之最高斷制而又並非輕覷「死生」的孔子一樣，孟子也肯定了通常狀況下「義」為「我所欲」的同時，「生」亦當為「我所欲」。只是「死生」、「富貴」與「仁」、「義」價值的致取方式不同，人的所求與其可能求得的結果並不一樣地成比例。孟子說：

> 求則得之，舍則失之，是求有益於得也，求在我者也。求之有道，得之有命，是求無益於得也，求在外者也。（《孟子・盡心上》）

　　「求有益於得」者，「仁義」也。它無待於外部條件，也因此未可推諉於外部境遇；其「求」可否有「得」或「得」之大小盡在於「我」，其「求」之所「得」亦盡在「我」生命存在之內向度上，他人與外境決不可奪。「求無益於得」者，「死生」、「富貴」也，它有待於外部條件，因此非「我」之所「求」所能全然決定，而且即使求得了，也終不過是身外之物，隨時可能被奪於他人或改變了的外部境況。

3 「王」、「霸」之辨與「仁政」說

孟子的政治主張是其心性之教在社會治制領域的直接延伸，他以從「仁心」推出「仁政」的方式為儒家學說從「內聖」推出「外王」作了典型演示。《孟子‧公孫丑上》云：

> 先王有不忍人之心，斯有不忍人之政矣。以不忍人之心，行不忍人之政，治天下可運之掌上。

「不忍人之心」即「仁心」，「不忍人之政」即「仁政」。一如以本心之「仁」為歸著而有「義」、「利」之辨，孟子以行「仁政」的「先王」之道（「王道」）為政治理想遂有所謂「王」、「霸」之辨：

> 以力假仁者霸，霸必有大國；以德行仁者王，王不待大，湯以七十里，文王以百里。以力服人者，非心服也，力不贍也；以德服人者，中心悅而誠服也，如七十子之服孔子也。（《孟子‧公孫丑上》）

孟子以「唐虞三代之德」遊說齊宣王、梁惠王等，以期諸侯摒棄「以力假仁」之「霸道」乃至置「仁」於不顧的所謂「強國之術」，而奉行「以德行仁」之「王道」，這在「天下方務於合縱連橫，以攻伐為賢」的當下不為所用是情理之中的事，但其「仁政」思想的意義卻也正在於超越當下。它所描繪的是儒家理想中的政治藍圖，這托始「先王」的烏托邦式的治國方案是祈向《禮記‧禮運》所謂的「天下為公」的。孟子心目中的「仁政」或「王道」，首先意味著在位者（「治人者」）須對「制民之產」心有所系，以使民因著有「恆產」而在「禮義」上有其「恒心」。孟子指出：

無恆產而有恒心者，惟士為能；若民，則無恆產，因無恒心；
苟無恒心，放辟邪侈，無不為已。及陷於罪，然後從而刑之，
是罔民也。焉有仁人在位，罔民而可為也！是故明君制民之
產，必使仰足以事父母，俯足以畜妻子，樂歲終身飽，凶年免
於死亡，然後驅而之善，故民之從之也輕。(《孟子・梁惠王
上》)

為使這設想中的「恆產」有所保障，他訴諸古曾有之的「井田」
的恢復。復「井田」不能不正「經界」（劃定土地分界），因此孟子也
謂「夫仁政必自經界始」(《孟子・滕文公上》)。正「經界」、施「仁
政」是自上而下的事，這須得在位者是「賢者」、「能者」，「仁政」或
「王」政就此意義而言亦可謂之「尚賢」的政治。《孟子・公孫丑
上》云：

尊賢使能，俊傑在位，則天下之士，皆悅而願立於其朝矣！
貴德而尊士，賢者在位，能者在職，國家閒暇，及是時明其政
刑，雖大國必畏之矣。

「賢者在位，能者在職」的說法在其邏輯的徹底處，必至於主張
君位的「禪讓」。但孟子把「昔者堯薦舜於天而天受之，暴之於民，
而民受之」(《孟子・萬章上》)，只作為一段美好的歷史故事去回味，
推之於現實，他對「匹夫而有天下者」則持一種極審慎的態度。其
實，依儒家的「聖王」理想，使德、賢達於「聖」格的人（如周公、
孔子）處「王」位並沒有多少現實性。孟子所能積極主張的只能是促
使既處「王」位的人修其德、能，以做向「聖」的努力。於是，遂有
這樣的說法：

> 君子之事君也，務引其君以當道，志於仁而已。(《孟子‧告子下》)
>
> 惟大人為能格君心之非。(《孟子‧離婁上》)

　　孟子論政頗重「民視」、「民聽」、「民受」。以「君」、「社稷」與「民」相較，他甚至果決地斷言：

> 民為貴，社稷次之，君為輕。(《孟子‧盡心下》)

　　這提法常被今人視為所謂「民主」思想或至少為「民主」思想之胚芽，然而究其根蒂，所論不過「民本」(民為邦本)之旨罷了。「民本」之謂，以「民」為「王」者治國之「本」，其為告誡「治人者」而發，並非將設計社會治制方案的立足點移於「治於人者」。

4　「小」、「大」之辨與「存心」、「養性」的修養論

　　與性善論、「四端」說相應，孟子把致學歸結於人生修養，而把人生修養歸結於「存心」、「養性」。「學問之道無他，求其放心而已矣」(《孟子‧告子上》)，當孟子這樣說時，他似乎重在於強調對放失了的「心」的尋回，但對「求其放心」的覺悟本身也正意味著對「心」依其善端予以擴充或提升。所以「存心」在他那裡也是「盡心」，「養性」在他那裡也是「知性」，這對「心」、「性」的「存」、「養」、「盡」、「知」是儒學自孟子之後一再倡說的人生修養功夫。

　　人養其一己之身，可落在大處，也可落在小處，孟子對其有「小」、「大」之辨。他說：

> 人之於身也兼所愛，兼所愛，則兼所養也。無尺寸之膚不愛

焉，則無尺寸之膚不養也。所以考其善不善者，豈有他哉，於
己取之而已矣。體有貴賤，有小大，無以小害大，無以賤害
貴；養其小者為小人，養其大者為大人。（《孟子・告子上》）

「體」之「小」者（「小體」），耳、目、口、腹之類；「體」之
「大」者（「大體」），則惟「心」而已。耳司聽，目司視，口、腹司
飲食，其皆不能「思」，不能反省，不能反省則無異於「物」；以不能
「思」之耳、目、口、腹與外物相接是物與物相接，人如果僅養其
「小體」，則不免被物欲所累，為外物所蔽。「心之官則思」（《孟子・
告子上》），能「思」之心在其反省中使人有所覺悟，憑此覺悟人得以
卓然挺立而不為物欲所奪。因此孟子如是說：

先立乎其大者，則其小者弗能奪也，此為大人而已矣。（《孟
子・告子上》）

「先立乎其大」，即是先立乎其「心」。立「心」，從消極處說，須
得寡欲，孟子為此有「養心莫善於寡欲」（《孟子・盡心下》）之說；
「立心」，從積極處說，即是「盡其心」，即是守持、擴充「惻隱」、
「羞惡」、「辭讓」、「是非」之心，以此為端倪而祈向仁、義、禮、智
之德。「心」這一「大體」得以立，則我可以不被物奪，反倒能使「萬
物皆備於我」（《孟子・盡心上》）。「可欲之謂善，有諸己之謂信，充
實之謂美，充實而有光輝之謂大，大而化之之謂聖，聖而不可知之之
謂神」；「萬物皆備於我」之「我」境，正相應於修養中的「我」，由
「善」、「信」、「美」、「大」而至於神妙莫測之「聖」的境界。

揣孟子本意，一如張載所說「『大』可為也，『化』不可為也，在
熟之而已矣」。經驗的人未必能達於「聖」境，但從方便處說，

「『大』可為也」，孟子往往在修養（「存心」、「養性」）的一定格位上
稱說「大人」或「大丈夫」。如其所謂：

> 非禮之禮，非義之義，大人弗為。（《孟子‧離婁下》）
>
> 大人者，不失其赤子之心者也。
>
> 居天下之廣居，立天下之正位，行天下之大道，得志與民由
> 之，不得志獨行其道，富貴不能淫，貧賤不能移，威武不能
> 屈，此之謂大丈夫。（《孟子‧滕文公下》）

問題與思考：

1. 人物、典籍簡介及範疇釋義：

   孟子　《孟子》　性善　四端　盡心　仁政　天爵　人爵　大體
   小體

2. 簡答：

   （1）何謂「仁也者，人也」？

   （2）簡析孟子的「四端」說。

   （3）簡析孟子的「仁政」思想。

   （4）簡析孟子的「小體」、「大體」之辨。

3. 思考與論述：

   （1）試論孟子義利之辨的價值觀。

   （2）何以說孟子學說是典型的心性之學？

附錄七
荀子學說講授提綱

一　荀子學說之宗趣

　　荀子之學「隆禮」、「重法」，尊孔貶孟，與子思、孟軻的一天人、合心性之教相睽異，以稱述「天人之分」、「性偽之分」在儒門義理中別立一宗。孔子有「依於仁」（《論語・述而》）、「立於禮」（《論語・泰伯》）、「義以為質，禮以行之」（《論語・衛靈公》）之說，荀子緣此提出這樣的論斷：「君子處仁以義，然後仁也；行義以禮，然後義也；制禮反本成末，然後禮也」（《荀子・大略》）；「將原先王，本仁義，則禮正其經緯蹊徑也」（《荀子・勸學》）。「禮」被視為內聖外王得以一以貫之的關節點，被置於本末、經緯的樞紐地位。因此，就內聖而言，他認為，「禮者，所以正身也」，「凡治氣養心之術，莫徑由禮」（《荀子・修身》）；就外王而言，他認為，「禮者，治辨之極也，強國之本也」（《荀子・議兵》），「禮者，政之也，為政不以禮，政不行矣」（《荀子・大略》）。

　　荀子將子夏氏、子游氏、子張氏之儒一概申斥為「賤儒」，而對子思、孟軻的抨擊尤其激烈。他說：「略法先王而不知其統，猶然而材劇志大，聞見雜博。案往舊造說，謂之五行，甚僻違而無類，幽隱而無說，閉約而無解。案飾其辭而祗敬之曰：『此真先君子之言也。』子思唱之，孟軻和之，世俗之溝猶瞀儒，嚾嚾然不知其所非也，遂受而傳之，以為仲尼、子游（當為子弓——引者注）為茲厚於後世。是則子

思、孟軻之罪也！」（《荀子‧非十二子》）而唐人韓愈申述儒家道統
則以孟軻為上承堯、舜、禹、湯、文、武、周公、孔子之「道」的傳
人，卻批評荀子之學「擇焉而不精，語焉而不詳」（《韓愈：《原道》，
見《韓愈全集》，337頁，長春，時代文藝出版社，2001）。宋儒陸象
山則謂：「孟子之後，以儒稱於當世者，荀卿、揚雄、王通、韓愈四
子最著。荀子有《非十二子》篇，子思、孟軻與焉。荀子去孟子未
遠，觀其言，甚尊孔子，嚴王霸之辨，隆師隆禮，則其學必有所傳，
亦必自孔氏者也。而乃甚非子思、孟軻，何耶？至言子夏、子游、子
張，又皆斥以賤儒，則其所師者果何人？而其所傳者果何道耶？其所
以排子思、孟軻、子夏、子游、子張者，果皆出其私意、私說，而舉
無足稽耶？抑亦有當考而論之耶？」（陸象山：《策問》，見《陸象山
全集》，184-185頁，北京，中國書店出版社，1992）陸氏並沒有展開
討論他所提出的問題，但透過這些問題顯然看得出提問者至少有兩點
看法是確定的，一是所謂荀子「其學必有所傳」，而且「必自孔氏」，
二是所謂荀子「去孟子未遠」而力拒子思、孟軻之學，必是事出有
因，「當考而論之」。

二　荀子與《荀子》

荀子（約前313-前238），戰國後期趙國人，名況，時人稱其為荀
卿，亦稱其為孫卿。《史記‧孟子荀卿傳》云：

> 荀卿，趙人。年五十始來遊學於齊。……田駢之屬皆已死齊襄
> 王時，而荀卿最為老師。齊尚修列大夫之缺，而荀卿三為祭酒
> 焉。齊人或讒荀卿，荀卿乃適楚，而春申君以為蘭陵令。春申
> 君死而荀卿廢，因家蘭陵。李斯嘗為弟子，已而相秦。荀卿嫉

> 濁世之政，亡國亂君相屬，不遂大道而營於巫祝，信祥，鄙儒
> 小拘，如莊周等又猾稽亂俗，於是推儒、墨、道德之行事興
> 壞，序列著數萬言而卒。因葬蘭陵。

　　荀子去過秦國，對秦地的山川形勢、風物人情印象至深。他以儒
者慣有的崇古以喻今的口吻讚譽秦國的百姓、官吏、士大夫、朝廷為
「古之民」、「古之吏」、「古之士大夫」、「古之朝」，但他以為秦的業
績尚遠不能以「王道」相衡，其「所短」乃在於「殆無儒」（《荀子・
強國》）。

　　荀子在仕楚之後，回過趙國，曾在趙孝成王面前與楚將臨武君論
詰用兵之道。其云「凡用兵攻戰之本在乎壹民」，並以「善附民者，
是乃善用兵者」為據斷言：「齊之技擊不可以遇魏氏之武卒，魏氏之
武卒不可以遇秦之銳士，秦之銳士不可以當（齊）桓（晉）文之節
制，（齊）桓（晉）文之節制不可以敵湯武之仁義；有遇之者，若以
焦熬（以指撓沸）投石（以卵擊石）焉。」（《荀子・議兵》）

　　荀子著述至西漢劉向校閱群籍時方編次成書，其《別錄・孫卿敘
錄》云：「所校讎中《孫卿》書凡三百二十二篇，以相較除重複二百
九十篇，定著三十二篇。」《漢書・藝文志》著錄《孫卿子》三十三
篇，列諸子類之儒家，其「三十三篇」當為三十二篇之誤。唐人楊倞
首次系統注釋荀子著述，其《荀子注序》稱：「以文字煩多，故分舊
十二卷三十二篇為二十卷，又改《孫卿新書》為《荀子》。其篇第亦
頗有移易，使以類相從云。」現通行的《荀子》一書即楊倞注本。
《荀子》三十二篇，大都出自荀子手筆，亦有一些文字可能由荀子後
學或漢初儒者據荀子所語及相關傳聞輯錄而成。民初以來，關於荀子
和《荀子》的考證漸多，《荀子》一書的撰述已漸有定論。梁啟超在
《荀子及〈荀子〉》一文中說：「今案讀全書，其中大部分固可推定為

卿自著，然如《儒效篇》、《議兵篇》、《強國篇》，皆稱『孫卿子』，似
出門弟子記錄。內中如《堯問篇》末一段，純屬批評荀子之語，其為
他人所述尤為顯然。又《大略》以下六篇（按指《大略》、《宥坐》、
《子道》、《法行》、《哀公》、《堯問》六篇），楊倞已指為荀卿弟子所
記卿語及雜錄傳記。然則非全書悉出卿手蓋甚明。」並特別指出：
「《宥坐》以下五篇，文義膚淺；《大略篇》雖間有精語，然皆斷片。
故此六篇宜認為漢儒所雜錄，非《荀子》之舊。」（羅根澤編：《古史
辨》第四冊，110、115頁，上海，上海古籍出版社，1982）郭沫若在
其《十批判書》中把《荀子‧仲尼》篇也列為荀門「弟子雜錄」一類
文字，他說：「《荀子》全書反復強調禮字……不見禮字的就只有《仲
尼》和《宥坐》兩篇。但自《大略》、《宥坐》以下六篇乃『弟子雜
錄』，早成定論，足見向來認為荀子手筆的二十六篇之中，就只有
《仲尼》一篇沒有禮字了。以這樣作為中心思想的表徵文字，應該見
而不見，這也可以成為《仲尼篇》有問題的一個證據。故爾我斷定
《仲尼篇》也是『弟子雜錄』，因此那些言『術』的卑鄙不堪的思
想，不一定出於荀子。」（郭沫若：《十批判書》，見《郭沫若全集》
歷史編，第二卷，249頁，北京，人民出版社，1982）梁、郭之說均
持之有故、言之成理，皆可資參考。

三　荀子思想大要

1 「天人之分」與「制天命而用之」

　　「天」對於孔孟神聖而親切。探究天人之際，孔孟總是關聯著
「天」說「人」，關聯著「人」說「天」；「天」和「人」在主流儒學
中的關係，借用二十世紀新儒家學者熊十力所引而正之的揚雄之語作

概括，那就是：「人不天不因，天不人不成」（熊十力：《原儒》下卷，6頁，上海，上海龍門聯合書局，1956）至戰國末造，荀子不再恪守主流儒學天人不二的信念，他由「明於天人之分」鼓吹「制天命而用之」（《荀子‧天論》），對天人關係作另一種分辨。

孔孟把「仁」而「聖」的境地投射於「天」，他們在「天」那裡寄託了超出任何個人或群體的一隅之私的公義。與孔孟的意趣構成一種張力，荀子把「天」理解為外在於「人」的自然。天不再指代虛靈的公義，在變化著的自然的意趣上它也不再賦有任何神聖感。荀子指出：

> 列星隨旋，日月遞炤，西（四）時代禦，陰陽大化，風雨博施，萬物各得其和以生，各得其養以成，不見其事而見其功，夫是之謂神。皆知其所以成，莫知其無形，夫是之謂天。（《荀子‧天論》）

他是在描繪一幅天體運行、萬物生息的自然圖景，也由此指出自然的神奇以說明他心目中的「天」。這樣的「天」不涉及人間善惡，不問津天下治亂，它有它運行的常則，既不喜好堯那樣的聖王而為他存在，也不厭惡桀那樣的暴君而因他消亡。在荀子看來，奉行那相宜的治理方略就會吉祥順利，採取了引起動亂的對策就會遭遇兇險；勉力於農事而又能節約用度，天不能使你貧窮；積蓄充足而勞作適時，天不能使你遭受疾苦；遵照自然常則而不背道而行，天不能陷你於禍患。相反，農耕荒廢而用度奢侈，天不能使你富足；積蓄微薄而又勞作怠惰，天不能使你生計周全；違反自然律則而肆意妄為，天不能使你吉幸無恙。荀子由此推論說：

明於天人之分，則可謂至人矣。（《荀子・天論》）

就是說，通曉天與人的不同職分，從而把天的常則和人的責任分別清楚，那才稱得上是境界至高的人。如果人丟開自己所當做之事，由對天的敬慕而一心祈想如何窺知天意，那在荀子看來就是「與天爭職」。荀子說：「唯聖人為不求知天。」（《荀子・天論》）這「不求知天」即是不去猜度所謂天意。荀子認為，對於人說來，真正可怖的不是「星墜」、「木鳴」一類怪異的天象，而是「人妖」。所謂「人妖」，約略有三：

田薉稼惡，糴貴民饑，道路有死人，夫是之謂人襖（妖）；政令不明，舉錯不時，本事不理，夫是之謂人襖（妖）；禮義不修，內外無別，男女淫亂，則父子相疑，上下乖離，寇難並至，夫是之謂人襖（妖）。（《荀子・天論》）

「人妖」與天無關，避免「人妖」的發生是人的職分。至於「日月食而救之，天旱而雩，卜筮然後決大事」，這在荀子看來，「非以為得求也，以文之也。故君子以為文，而百姓以為神。以為文則吉，以為神則凶也」（《荀子・天論》）。

天「無為」而「不求」，無所謂天意，但天的運行畢竟有常則。就「天」無所謂天意而言，荀子主張「不求知天」，不求窺探冥冥之中的天意何在；就「天行有常」而言，荀子又勉勵人們對這天的常則有所把握，因而主張「知天」以求「制天命而用之」。

荀子的「天」是自然之天，孔孟的「天」是道義之天，二者都沒有了先前人們在命運攸關意味上所信從的天意，但前者在被確定為人的「使」（驅使）、「用」（利用）、「制」（支配）、「有」（佑助）的物件

時，只同人生對待性向度上的感性經驗和認知理性發生關係，而與人生的非對待性向度無關，也不再涉及人生的形而上的境界追求，後者卻存在於人的自覺的價值祈向上，而且這被祈求的價值主要體現於可上達形而上境地的人生非對待性向度。

2 「性偽之分」與「化性起偽」

與「天」的觀念的差異可以相互說明的是人「性」觀念的差異；相對於孟子的「性善」說，荀子提出：「人之性惡，其善者偽也。」（《荀子・性惡》）依他的看法，人的本性是惡的，而人之所以有善行，乃在於被稱作「偽」的禮義教化。荀子認為：

> 今人之性，生而有好利焉，順是，故爭奪生而辭讓亡焉；生而有疾惡焉，順是，故殘賊生而忠信亡焉；生而有耳目之欲，有好聲色焉，順是，故淫亂生而禮義文理亡焉。然則，從人之性，順人之情，必出於爭奪，合於犯分亂理而歸於暴。（《荀子・性惡》）

事實上，荀子和孟子所遵循的善惡標準並無二致，這相通的善惡標準決定了他們的學說皆屬於儒門義理。然而，孟子以「仁」、「義」、「禮」、「智」為善，依據這一善的標準發掘人的天賦中的「惻隱」、「羞惡」、「辭讓」、「是非」之心，標舉其仁義內在的性善論；荀子以「辭讓」、「忠信」、「禮義」為善，借這一善的標準對照人的天賦中的「好利」、「疾惡」、「好聲色」之所趨，所著意論證的乃是所謂「饑而欲食，寒而欲暖，勞而欲息，好利而惡害」（《荀子・榮辱》）的性惡論。

人雖「性惡」，但依荀子之說，卻又不甘於「惡」而「欲為善」。

人「性惡」而又「欲為善」，這本身即構成一種自相抵牾，但荀子的
解釋是：

> 凡人之欲為善者，為性惡也。夫薄願厚，惡願美，狹願廣，貧
> 願富，賤願貴，苟無之中者，必求於外。故富而不願財，貴而
> 不願執（勢），苟有之中者，必不及於外。（《荀子‧性惡》）

用合於利害判斷的「貧願富」、「賤願貴」推理屬於善惡判斷的
「欲為善」，荀子的疏漏在於利害範疇與善惡範疇的誤置，況且，在
現實中，所謂「富而不願財」、「貴而不願執（勢）」，也決然找不到有
著通則意味的依據。

而且，這裡還會遇到另一個相關的難題，這即是：人既然「性
惡」，那用以教化人從而使人為善的禮義卻又由何而生呢？前面所提
及的問題可以歸結為「性惡」之人「欲為善」的那種「欲」從何而
來，後面引出的這一問題可以歸結為「性惡」之人「欲為善」的那種
「善」的規範從何而來。荀子對這後一個問題的回答是：

> 凡禮義者，是生於聖人之偽，非故生於人之性也。故陶人埏埴
> 而為器；然則器生於工人之偽，非故生於人之性也。故工人斲
> 木而成器；然則器生於工人之偽，非故生於人之性也。聖人積
> 思慮，習偽故，以生禮義而起法度，然則禮義法度者，是生於
> 聖人之偽，非故生於人之性也。若夫目好色，耳好聽，口好
> 味，心好利，骨體膚理好愉佚，是皆生於人之情性者也；感而
> 自然，不待事而後生之者也。夫感而不能然，必且待事而後然
> 者謂之生於偽。是性偽之所生，其不同之徵也。故聖人化性而
> 起偽，偽起而生禮義，禮義生而制法度；然則禮義法度者，是

　　聖人之所生也。故聖人之所以同於眾其不異於眾者，性也；所
　　以異而過眾者，偽也。(《荀子・性惡》)

　　如此，荀子由「性偽之分」(《荀子・性惡》)推到了「聖人」與
眾人之別。聖人制禮作樂或所謂「生禮義而起法度」，原是孔孟和荀
子都認可的，但孟子心目中的「聖人」與眾人或一般人的關聯顯然更
內在些。孟子以為，凡為人，無論是一般人還是「聖人」，都有相通
的心靈認同或所謂「心之所同然」，「心之所同然者何也？謂理也，義
也。聖人先得我心之所同然耳。」(《孟子・告子上》)就是說，
「理」、「義」是聖人和一般人都認同於心靈的，聖人成其為聖人只在
於他比一般人先覺悟到了這些被人的心靈一致認同的東西。所以，他
斷言：「人皆可以為堯舜。」(《孟子・告子下》)荀子似乎並不否認在
人這裡確實存在的「心之所同然」，但這是在「性偽之分」的前提下
對「性」、「心」作了質地上的區分之後。他指出：

　　不事而自然謂之性，性之好、惡、喜、怒、哀、樂謂之情，情
　　然而心為之擇謂之慮，心慮而能為之動謂之偽，慮積焉，能習
　　焉，而後成謂之偽。(《荀子・正名》)

　　在「性」、「情」、「心」、「慮」、「偽」的關係中，「心」處於仲介
和樞紐的地位。這裡所謂「心為之擇」的「擇」當是價值意味上的選
擇，至少其中有價值取捨的因素，因為唯有如此，「偽」才有可能與
聖人「生禮義而起法度」關聯起來，並相對於「性」的「本始材樸」
而被界定為「文理隆盛」(《荀子・禮論》)。荀子所謂「心為之擇」是
就一般意義上的人心而說的，並非專指聖人之心，但他還是把「生禮
義而起法度」之「偽」僅僅賦予了聖人。不過，無論如何，「心為之

擇」是所有人之「心」無不具有的功能，因而荀子借了這一能「擇」
之「心」甚至可以說出與孟子所謂「人皆可以為堯舜」一樣的話──
「塗（途）之人可以為禹」：

> 凡禹之所以為禹者，以其為仁義法正也。然則仁義法正有可知
> 可能之理，然而塗之人也，皆有可以知仁義法正之質，皆有可
> 以能仁義法正之具；然則其可以為禹明矣。……今使塗之人伏
> 術為學，專心一志，思索孰（熟）察，加日縣久，積善而不
> 息，則通於神明，參與天地矣。故聖人者，人之所積而致也。
> （《荀子‧性惡》）

　　孟子所謂「盡心」之「心」，乃「惻隱」、「羞惡」、「辭讓」、「是
非」之心，其與生俱來，不教而「善」，在「盡心」中由「善」心通
往「善」性全然為價值自律而邏輯一貫。荀子似亦不可能主張價值他
律，這至少可以從他所謂「百姓以為神」者而「君子以為文」的說法
得到印證，但他亦不認為人的某些先天稟有的生命性狀自有其善的端
倪。他在作一種努力，努力從人自身找到「善」的依據，不過這人自
身不是人的先天因素，而是人的後天因素。他說：「禮者所以正身
也，師者所以正禮也。」（《荀子‧修身》）說到底，荀子是把人的可
能的「善」歸之於後天教育的；他所謂「其善者偽也」的「偽」，即
是「正禮」的「師」對人所施的「禮」的教化。但問題在於，教育者
須得自己先受教育，而後天教育的一個必不可少的前提是受教育者須
有接受教育的先天可能或先天因素，而且，正像認知意義上的教育須
得受教育者有先天的認知可能一樣，價值意義上的「善」的教育須得
受教育者有先天向「善」或趨於「善」的可能。儒家「修身」的道理
不可能不觸及這一點，一旦觸及這一點，荀子所說的「心」就不可能

不從孟子所說的「心」那裡有所汲取，否則，否定了人的先天的向「善」或趨於「善」的可能，「塗之人伏術為學」就無從說起，作為「人之所積」的聖人「化性而起偽」也無從說起，而一旦對孟子性善論賴以立基的「盡心」之「心」——有先天的「善」端之心——有所汲取，荀子的「察乎性偽之分」而以「心為之擇」為契機的「性惡」論也就有所動搖了。就心性之說只有在先天與後天因素全然相應的情形下才稱得上圓融而論，孟子所謂「性善」的心性論顯然要比荀子所謂「性惡」的心性論更富於理論和踐履的價值。

3 「明分使群」與「隆禮」、「重法」

荀子即使就「內聖」立論，也往往驗證於行為效果，不像孟子那樣側重於動機，而看重效果又勢必關注相對外在的倫理（作為一種人與人關係的規範的倫理不同於純然自律的道德），並由倫理涉及屬於「外王」範疇的「政事」或天下、國家的治理。綜觀荀子學說，雖然仍在儒家內聖外王的義理規模中，但畢竟偏重於外王範疇的社會治制，而他的社會治制的見地，倘概而論之，也可一言以蔽之為：「明分使群」。荀子指出：

> 水火有氣而無生，草木有生而無知，禽獸有知而無義，人有氣有生有知亦且有義，故最為天下貴也。力不若牛，走不若馬，而牛馬為用，何也？曰：人能群，彼不能群也。人何以能群？曰：分。分何以能行？曰：義。故義以分則和，和則一，一則多力，多力則強，強則勝物。故宮室可得而居也。故序四時，裁萬物，兼利天下。無它故焉，得之分義也。（《荀子·王制》）

同是在人與禽獸的對比中強調人之所以為人，孟子把人之所以為人最終歸結於人生在非對待性向度上的價值，即所謂「仁」，因而他說「仁也者，人也」（《孟子‧盡心下》）；荀子把人之所以為人最終歸結於人與人關係上的人生對待性價值，即所謂「分義」或「禮義」，並由此引導到增大增強了的人的「力」和與之相應的人的「利」──儘管他也說到「兼利天下」。在由「分義」或「禮義」引出可能大的「力」和「利」的價值取向上，寄託著荀子的社會政治理想或對所謂「聖王之治」的期待。荀子說：

> 離居不相待則窮，群而無分則爭。窮者患也，爭者禍也。救患除禍，則莫若明分使群矣。（《荀子‧富國》）

「明分使群」重在「明分」，從淺近處說，即是「使人載其事而各得其宜」，亦即所謂「農以力盡田，賈以察盡財，百工以巧盡械器，士大夫以上至於公侯莫不以仁厚知能盡官職」（《荀子‧榮辱》）。但「明分」最重要的還在於明確規定人在君臣、父子、兄弟、夫婦關係中的倫理分際。「分莫大於禮」（《荀子‧非相》）；明君、臣之「分」，明父、子、兄、弟、夫、婦之「分」，明農、賈、工、士、大夫、諸侯、天子之「分」，必至於「隆禮」。上承孔子以「禮」體現「仁」、以「禮」履行「義」的思想，荀子指出：「君子處仁以義，然後仁也；行義以禮，然後義也；制禮反本成末，然後禮也。」在他這裡，「禮」是用以處「仁」行「義」的，所以他也常常以「禮義」合稱。誠然，「禮」創制於先王或聖人，但先王或聖人制禮並不是只憑純粹的想像。「禮」的制定有其所據，這根據被荀子歸結為三點，他稱之為「三本」：

> 天地者，生之本也；先祖者，類之本也；君師者，治之本
> 也。……故禮，上事天，下事地，尊先祖而隆君師。(《荀子‧
> 禮論》)

如果說「隆禮」(崇尚禮儀) 在相當程度上延續著孔子的「立於
禮」(《論語‧泰伯》)、「齊之以禮」(《論語‧為政》) 的倫理政治取
向，那麼，可以說荀子對「法」的看重已經是對孔子以至孟子的「德
治」或「仁政」追求的歧出了。荀子往往以「禮」、「法」並舉，如
他說：

> 其 (治國) 百吏好法，其朝廷隆禮。(《荀子‧富國》)
> 隆禮至法，則國有常。(《荀子‧君道》)

相對於「禮」，他所強調的「法」主要在於刑律或法禁，他所謂
「治之經，禮與刑」(《荀子‧成相》) 的「刑」即是「法」。當然，荀
子畢竟是儒家人物，總的說來，他是把「法」籠罩於「禮」的。他指
出：「禮義生而制法度」，「禮者，法之樞要也。」(《荀子‧王霸》) 甚
至，在他那裡，「禮」對於「法」的更值得看重，也表達在這樣的關
於「王霸」的辨說中：「人君者，隆禮尊賢而王，重法愛民而霸。」
(《荀子‧強國》)

儒家並不一般地排斥「霸道」，但儒家的政治理想終究在於「王
道」，因此，孔子即使稱道管仲輔佐桓公成就的霸業，也仍以為「管
仲之器小」(《論語‧八佾》)，孟子也在稱「今之諸侯，五霸之罪人」
的同時指出：「五霸者，三王之罪人也。」(《孟子‧告子下》) 荀子同
樣經心於「王」、「霸」之辨，但顯然對「霸道」有更大程度的同情理
解，甚至把「霸」作為次於「王」而仍然值得追求的國家治理目標。

與所謂「隆禮尊賢而王，重法愛民而霸」意趣相貫，他還有「王者富民，霸者富士」、「修禮者王，為政者強」（《荀子・王制》）、「義立而王，信立而霸」（《荀子・王霸》）、「尊聖者王，貴賢者霸」（《荀子・君子》）等提法。

4 「化性」、「解蔽」而「終乎為聖人」

在荀子看來，「人之性惡，必將待師法然後正。」（《荀子・性惡》）重「師法」即是重教育，不過荀子不像孟子那樣基於人性本善的信念使教育的重心落在「盡心」而「知性」上，而是從「人之性惡」出發，賦予教育以「化性」和「解蔽」的使命。教育當然會涉及認知和由認知所獲得的知識和智慧，荀子既然主張「制天命而用之」而讚賞「善假於物」，也就不可能不關注人對自然律則或所謂「物之理」的認識，但由認知而獲得知識和智慧對於他說來畢竟是次要的，教育在他這裡最切要的功用是把「性惡」的人轉化或化育為明「禮」而盡「分」的人。

荀子對教育的論述可以用他說過的三句句式相同的話作概括，這三句話是：「學至乎沒而後止也」，「學至乎禮而止矣」，「學至於行之而止矣」。

所謂「學至乎沒而後止」，是說學習應當與人生相始終，不到生命結束，學習的過程不可終止。荀子說：

> 學至乎沒而後止也。故學數有終，若其義則不可須臾捨也。為之，人也；捨之，禽獸也。（《荀子・勸學》）

既然「學」是為了「化性」，為了轉化「惡」的生性，而「化性」或轉化「惡」的生性又是人終其一生的過程，那麼，人要持續地使自

己成其為人而不至於順著「惡」的生性淪為禽獸，就決不能中止其
「學」。所以，荀子告誡人們：「學不可以已（止）。」（《荀子・勸學》）

　　如果說「學至乎沒而後止」所強調的主要是「學」在人一生中的
持續不輟，那麼，「學至乎禮而止」所申明的就是學問的底蘊或要義
了。所謂「學至乎禮而止」，是說所「學」最終在於把握作為「理之
不可易者」（《荀子・樂論》）的「禮」，在沒有完全了悟這一無可替代
的人生道理之前，「學」的過程不可終止。荀子指出：

> 《書》者，政事之紀也；《詩》者，中聲之所止也；《禮》者，
> 法之大分，類之綱紀也。學至乎禮而止矣，夫是之謂道德之
> 極。（《荀子・勸學》）

　　荀子像孔孟一樣以「仁」、「義」為至高的人生追求，他說過
「（君子）唯仁之為守，唯義之為行」（《荀子・不苟》）、「聖人也者，
本仁義，當是非」之類的話。但「仁」、「義」虛靈而無形，對
「仁」、「義」的踐履往往見之於人與人交際中的禮儀規範，所以荀子
勸學施教總是言必稱「禮」。他認為，「將原先王，本仁義，則禮正其
經緯蹊徑也。」（《荀子・勸學》）這是說，如果要溯源於先王，歸本
於仁義，「禮」正是達到這一目標的縱橫相宜的途徑。

　　「學惡乎始，惡乎終？曰其數則始乎誦經，終乎讀禮，其義則始
乎為士，終乎為聖人。」（《荀子・勸學》）從立身為「士」到成就
「聖人」的境界，重要的不在於「聞」、「見」、「知」的增益，而在於
身心修養中對禮義的踐行。所以，荀子說：

> 不聞不若聞之，聞之不若見之，見之不若知之，知之不若行
> 之，學至於行之而止矣。（《荀子・儒效》）

　　「禮」作為見之於人倫規範的「理之不可易者」，本身並非只是一種知識，其生機在於學禮者的篤行；所謂「學至於行之而止」與所謂「學至乎禮而止」是可以相互詮釋、相互補充的。荀子把「學」分為「為己」之學與「為人」之學，並稱「為己」之學為「君子之學」，稱「為人」之學為「小人之學」。「為己」，是說以所學之理用於自身，在踐行中提高自己的德行品操；「為人」，是說以所學之理炫耀於人，取悅於人。所謂「學至於行之而止」之「學」，當然是指「為己」的「君子之學」。這君子之學「始乎為士，終乎為聖人」，處在「士」與「聖人」之間的是「法後王，一制度，隆禮義而殺（敦）詩書」的「雅儒」，及「法先王，統禮義，一制度，以淺持博，以古持今，以一持萬」的「大儒」（《荀子‧儒效》）。「雅儒」和比「雅儒」品位更高的「大儒」都可以稱作「君子」，於是，由「學」而「化性」、「解蔽」以成全人的大致階序就成了這樣：

　　好法而行，士也；篤志而體，君子也；齊明而不竭，聖人也。（《荀子‧修身》）

　　荀子雖然說了「（學）始乎誦經，終乎讀禮」之類的話，但他畢竟知道「君子之學」不是知識，而從「誦經」中體會「德操」並不是件容易做到的事。他看到「《禮》、《樂》法而不說，《詩》、《書》故而不切，《春秋》約而不速」，所以，從勸學、施教的角度，他提出「學莫便乎近其人」，「學之經（徑）莫速乎好其人」（《荀子‧勸學》）。所謂「近其人」、「好其人」，說的都在於效法自己心儀的師長；這師長可以是自己親受其教的人，也可以是自己所向慕的先聖先賢。荀子勸學、施教分外看重「師法」，而最高的「師法」即是他所說的「以聖王為師，案以聖王之制為法」（《荀子‧解蔽》）。「師以身為正儀」

（《荀子・修身》），荀子由重「師法」所宣導的實際上是一種範本或範型教育，這種範本或範型教育同他論學施教重「行」、重「禮」的取向一致，同他所謂「學者，固學為聖人也」（《荀子・禮論》）這一終極嚮往相應。

問題與思考：

1. 人物、典籍簡介及範疇釋義：

    荀子　《荀子》　性惡　師法　人妖　本始材樸　文理隆盛
    化性起偽

2. 簡答：

    （1）簡析「制天命而用之」。

    （2）簡析「凡禮義者，是生於聖人之偽」。

    （3）何謂「學至乎禮而止矣」？

    （4）何謂「師以身為正儀」？

3. 思考與論述：

    （1）為什麼說「禮」是荀子學說的樞要所在？

    （2）試比較荀子所謂「塗之人可以為禹」與孟子所謂「人皆可以為堯舜」的同與異。

附錄八
名家學說講授提綱

一　名家學說之宗趣

　　名家之學在於名實之辯。春秋戰國之際「禮壞樂崩」，孔子為「復禮」而提出「正名」說。《論語・子路》載孔子語：「（為政『奚先』？）必也正名乎！」「名不正則言不順，言不順則事不成，事不成則禮樂不興，禮樂不興則刑罰不中，刑罰不中則民無所錯（措）手足。」「正名」是「名家」出現的某種機緣性背景，但名家由「名實之辯」在一個特定的向度上把問題引向對言喻分際的措意，這使其言辯中不無價值祈向的「名家」得以獨立成家。

　　關於「名家」，先秦典籍中的有些說法可資參證。

　　《莊子・秋水》云：

> 公孫龍問於魏牟曰：龍少學先王之道，長而明仁義之行；合同異，離堅白；然不然，可不可；困百家之知，窮眾口之辯；吾自以為至達已！今吾聞莊子之言，汒焉異之，不知論之不及與？知之弗若與？今吾無所開吾喙。敢問其方？

　　這裡所謂「合同異，離堅白；然不然，可不可；困百家之知，窮眾口之辯」，可以說是對「名家」所辯問題及其「辯士」風致的精要概括。至於這段話是否真的出於公孫龍本人之口，當然是需要考辨的，但這對於我們了解名家之趣致無關宏旨。

《荀子・非十二子》云：

> 不法先王，不是禮儀，而好治怪說，玩琦辭，甚察而不惠，辯
> 而無用，多事而寡功，不可以為治綱紀，然而其持之有故，其
> 言之成理，足以欺惑愚眾，是惠施、鄧析也。

所謂「好治怪說，玩琦辭，甚察而不惠，辯而無用」，雖是貶抑
之說，但「治怪說，玩琦辭」畢竟是對「名家」的理辯特徵的一種
描述。

此外，《史記》與《漢書》對「名家」的評說亦頗可注意。

《史記・太史公自序》援司馬談「論六家之要指」云：

> 名家使人儉（檢）而善失真，然其正名實，不可不察也。
> 名家苛察繳繞，使人不得反其意。

《漢書・藝文志・諸子略序》援劉歆語云：

> 名家者流，蓋出於禮官。古者名位不同，禮亦異數。孔子曰：
> 「必也正名乎」，「名不正則言不順，言不順則事不成。」此其
> 所長也。及警者為之，則苛鉤析亂而已。

史家的這些說法持論較平實。「使人儉（檢）」、「正名實」固然是
其所長，而「苛察繳繞」、「鉤析亂」也正是對「名家」咬文嚼字、反
復詰難的論辯風格的形象刻畫。

名實之辯只是索向某種究竟的手段，隱帥在這辯難中的是名家人
物的毫不含糊的價值棄取。公孫龍之後學謂「欲推是辯，以正名實，

而化天下焉」（《公孫龍子·跡府》），誠然是此派名家對「離堅白」理致的最後歸宿的吐露，而惠施所謂「泛愛萬物，天地一體也」（見《莊子·天下》），則未始不是他對自己的「合同異」的價值底蘊的坦然告白。

二　名家人物與著述

　　名辯之端倪起於孔、老、墨學說異趣所必致的運思張力。但孔子雖首倡「正名」，其「名」卻直接關聯於德性與倫理價值，並不引向純概念的思辨，況且，孔子立教從不稱賞口舌之辯，同其「述而不作」（《論語·述而》）相涵貫的是他的「予欲無言」（《論語·陽貨》）。老子則致「不可道」之「道」，行「不言之教」（《老子》二章）而祈向「無名」。墨子抗衡孔儒，有「取實予名」之說，此「名」已通著後起的名家人物所辯之「名」。且墨子好辯，其辯風之雄可由其語「以其言非吾言者，是猶以卵投石也；盡天下之卵，其石猶是也」（《墨子·貴義》）略見一斑。儒家為駁斥墨家的責難，自孟子起，開論戰之局。孟子「十字打開」，為孔儒之教張目，拒楊朱，貶墨翟，力辯諸子，以至於有「予豈好辯哉？予不得已也」（《孟子·滕文公下》）之歎。至戰國中期，辯風大暢，「名實之辯」成為諸子論辯中的輻輳點之一，被後來史家稱作「名家者流」的「辯士」或「辯者」遂應運而生。這「名家」中，最負盛名者當推惠施、公孫龍二人，其先驅則又可溯至鄧析與尹文。

　　（1）鄧析（約前545-前501），比子產（公孫僑）略晚的鄭國大夫，因不滿子產所鑄刑書（「刑鼎」）而另制「竹刑」。精於律法，善於訟事。《呂氏春秋·審應覽·離謂》稱：「子產治鄭，鄧析務難之。與民之有獄者約，大獄一衣，小獄襦袴。民之獻衣、襦袴而學訟者，

不可勝數。以非為是，以是為非，是非無度，而可與不可日變。」其
可視為法家先驅，也可視為名家先驅。《荀子・非十二子》稱其「不
法先王，不是禮義，而好治怪說，玩琦辭」，以其與惠施並提；西漢
劉向著《別錄・〈鄧析子〉敘》謂「鄧析好刑名，操兩可之說，設無
窮之辭」，又謂「其論《無厚》者言之異同，與公孫龍同類」。《漢
書・藝文志》著錄《鄧析》二篇（已佚），列名家。今本《鄧析子》
係後人託名之作。

　　（2）尹文，戰國中葉齊國人，遊於稷下，與宋鈃齊名。《漢書・
藝文志》著錄《尹文子》一篇，列名家。東漢末高誘撰《呂氏春秋
注》，其注《正名》謂「尹文，齊人。作《名書》一篇。在公孫龍
前，公孫龍稱之」。劉向《尹文子敘》稱：「尹文子學本莊老，其書自
道以至名，自名以至法；以名為根，以法為柄。凡二卷，僅五千
言。」其所謂「以名為根」可能是《漢書・藝文志》列《尹文子》為
名家的依據，而「自道以至名，自名以至法」則當是該書的邏輯條
貫。但古本《尹文子》（《名書》上、下卷）已佚，今本《尹文子》或
係魏晉人之偽造。

　　（3）惠施（約前370-約前310），戰國時宋國人。曾為魏相，主
張魏齊停戰、互尊為王；推行「合縱」策略，力主魏國聯合齊、楚抗
秦。他活躍於當時風雲多變的政治舞臺，卻又與莊子為友而相晤論
學。《呂氏春秋・審應覽・淫辭》云：「惠子為魏惠王為法，為法已
成，以示諸民人，民人皆善之。」由此可見惠施並非徒逞口辯之徒，
他的名辯的「琦辭」是可以印證於他的實踐著的政治主張及內在於這
政治主張中的價值取向的。惠施以「合同異」為其名辯的主題命意，
這命意的價值內涵則在於「泛愛萬物，天地一體」。《漢書・藝文志》
著錄《惠子》一篇，已佚。其言行事蹟散見於《莊子》、《荀子》、《韓
非子》、《呂氏春秋》等先秦典籍。

（4）公孫龍（約前330—前242），曾為平原君門客二十餘年，似為趙國人。厭棄諸侯間的兼併戰爭，曾遊說趙惠文王、燕昭王「偃兵」。以善辯著稱，「離堅白」是其名辯的中心意致。《公孫龍子·跡府》云：「公孫龍，六國時辯士也。疾名實之散亂，因資材之所長，為『守白』之論。假物取譬，以『守白』辯……欲推是辯，以正名實，而化天下焉。」《漢書·藝文志》著錄《公孫龍子》十四篇，今僅存《跡府》、《白馬論》、《堅白論》、《名實論》、《指物論》、《通變論》等六篇。

三　「合同異」、「離堅白」之辯大要

尚在明清之際，方以智就已察覺歷來所謂「名家者流」非可一概而論，但只是到了20世紀30年代初馮友蘭著《中國哲學史》（上卷，1931）時，名辯的派系才有了切近真趣的劃分。馮氏指出：「（名家）當分二派：一派為『合同異』；一派為『離堅白』。前者以惠施為首領；後者以公孫龍為首領。」（馮友蘭：《中國哲學史》，268頁，上海，商務印書館，1934）此後，這一對名家兩派的分判在學界贏得了持續的認同。不過，更多的贊同這一劃分的學人往往將「合同異」與「離堅白」置於相互駁詰的地位，而實際上，「合」只是「合同異」而非「合堅白」，「離」也只是「離堅白」而非「離同異」，「離」、「合」在這裡並不構成真正的對立。

1　惠施：「合同異」而「天地一體」

惠施的著述已佚，《莊子·天下》對惠施曾提出的論辯命題的輯錄是今人研究其思想的可靠資料，其中所謂「曆物」之「十事」最為重要：

（1）「至大無外，謂之大一；至小無內，謂之小一。」

（2）「無厚不可積也，其大千里。」

（3）「天與地卑，山與澤平。」

（4）「日方中方睨，物方生方死。」

（5）「大同而與小同異，此之謂小同異；萬物畢同畢異，此之謂大同異。」

（6）「南方無窮而有窮。」

（7）「今日適越而昔來。」

（8）「連環可解也。」

（9）「我知天下之中央，燕之北，越之南是也。」

（10）「泛愛萬物，天地一體也。」

這十個論題皆在於借「合同異」之辯而喻示「泛愛」的價值歸趣。其中最堪注意者為（1）、（5）、（10）三論題。

第一論題示予人的是「合同異」之說的適用範圍或「合同異」觀念所可籠罩的界域：至大無外的「大一」與至小無內的「小一」是「大」、「小」的兩極，這兩極是由定義或界說而得，而非由經驗而得；「大一」與「小一」唯有「異」而沒有「同」，兩者無從講「合同異」，亦即是說「合同異」之說不適用於對「實」無所指的純「名」（純概念）或絕對的「名」（絕對概念）的領域；除此之外，經驗世界（「至大」與「至小」或「大一」與「小一」之間的世界）中的一切，其大、小都是相對的，其「異」是相對的「異」，其「同」亦是相對的「同」，皆可「合」其「同」、「異」而一體視之。

第五論題指示的是「合同異」的層次：經驗事物的個體在「種」內的「同異」之辨或經驗事物的「種」在其所「屬」範圍內的「同異」之辨是「小同異」之辨；「萬物」各個相「異」，而相「異」的萬物畢竟在其各個為「物」這一點上有其相「同」，如此的「同異」之

辨是整個經驗世界的「大同異」之辨；「小同異」之辨是一定範圍的「同異」之辨，亦即一定範圍內事物間亦「同」亦「異」的「合同異」之辨，「大同異」之辨是整個經驗世界範圍內萬事萬物既「異」又「同」之辨，亦即天地萬物範圍內的「合同異」之辨。

第十論題指示的是「合同異」之辨的價值內涵：既然「大一」與「小一」之間的天地萬物皆既「異」又「同」，那麼，從相對的「同」處看，「天地」原只是「一體」，人處於這一體的天地間便應「泛愛萬物」。《呂氏春秋·愛類》援引他人所稱，謂惠施「去尊」、「利民」，其旨正與「泛愛萬物，天地一體」的論題相應。

上述三論題皆為創意、立制的元論題；把握了這些論題，其他論題的意義的確認方可能不失其分際。第一、五兩論題的原創性是默然可識的，「合同異」之說只是從這裡才有了其統緒可辨的格局。第十論題似乎是前此所有論題推衍而出的一個結論，其實，它作為某種前提性認可，自始即賦予了其他論題以神韻而使那些「琦辭」、「怪說」最終不至於淪落為機辯的遊戲。

第二、三、四、六、七、八、九等論題，是對第五論題的取譬式的喻說，其貌似「琦」、「怪」，而意致卻極為懇切。前人對這些出語奇詭的論題雖已有了多方疏解，這裡仍願借鑒種種成說向著論題命意的切近處再作研尋。（分析略）

《莊子·天下》中尚舉有另外一些「合同異」的論題，《荀子·不苟》與《荀子·正名》中亦援引有惠施的論題，這些論題與前所分析的十個論題理路相貫，茲不贅論。

2 公孫龍：「離堅白」——「離也者天下，故獨而正」

現存《公孫龍子》六篇中，《跡府》一篇是後人輯纂的有關公孫龍事蹟的文字，其餘五篇系公孫龍自撰。

（1）《白馬論》是公孫龍最著名的論著。《公孫龍子‧跡府》有謂：「（公孫龍）疾名實之散亂，因資材之所長，為『守白』之論。假物取譬，以『守白』辯，謂白馬非馬也。」由此可見，《白馬論》在《公孫龍子》中的地位。

《白馬論》的中心命題是「白馬非馬」。此命題在展開與論證中所指示的意趣約略有三：①「馬者，所以命形也；白者，所以命色也。命色形非命形也。」「馬」僅有形的內涵，「白馬」除有「形」的內涵外，尚有「色」的內涵；單就「名」（概念）而言，不同內涵的概念不相等同。②「求馬，黃、黑馬皆可致；求白馬，黃、黑馬不可致。」「馬」的內涵少則外延大，包括了黃馬、黑馬，「白馬」的內涵多則外延小，「白馬」不能包括黃馬、黑馬。從外延的角度講，「白馬」固然屬於「馬」，但「馬」卻不能說屬於「白馬」，所以二者不相等同。③「馬固有色，故有白馬」，「白馬者，言白定所白也。定所白者，非白也。馬者，無去取於色……白馬者，有去取於色。」「白馬」是由「白」這種色「定」（規定、限定）了的馬，是「白定所白」；「馬」則未「定」於色，即「無去取於色」（對顏色無取捨）而未被「色」所限定。「有去取於色」因而為色所「定」的馬不同於「無去取於色」因而尚未為色所「定」的馬，所以「白馬非馬」。

（2）《堅白論》所論的主題在於「離堅白」。「離堅白」的意趣有二：①「（堅白石，）視不得其所堅而得其所白者，無堅也；拊不得其所白而得其所堅者，無白也。」石的「白」色與「堅」性不能被人的同一感官所攝受，它們分別相應於人的視覺和觸覺。「白」不為觸覺所覺而「自藏」，「堅」不為視覺所覺而「自藏」，二者「離」而不「盈」。②「物白焉，不定其所白；物堅焉，不定其所堅。不定者兼，惡乎其石也。」「堅未與石為堅而物兼，未與物為堅而堅必堅。其不堅石物而堅，天下未有若堅，而堅藏。」任何「白」色的物都不

能限定「白」色只「白」此物，任何「堅」性的物也都不能限定「堅」性只「堅」此物。不限定在某一物上的「白」色可以為其他物所兼有，不限定在某一物上的「堅」性也可以為其他物所兼備。「堅」、「白」既然可以不限定在某一物或任何一物上，它們便也不必限定在一切物上；不限定在物上的「堅」（「白」）依然不失其「堅」（「白」）（「堅必堅」，「白」亦必「白」），這種不能為人所經驗（觸、視等）的「堅」（「白」）是可以「離」人的經驗而自己潛在地存在（「自藏」）的。

「堅白離」之「離」在公孫龍這裡是有兩重含義的，一是經驗層次的「堅」與「白」的「離」，二是超出經驗層次的「堅」（「不堅石物而堅」）、「白」（不「白」石物而「白」）對於人的經驗的「離」。前一重「離」是「形而下」的，後一重「離」在純概念的領域。「離也者天下，故獨而正。」這是《堅白論》所論「離堅白」的點睛之筆。公孫龍以「堅白」取譬而辨「離」，其欲「化天下」者便是這「獨而正」。「白固不能自白，惡能白石物乎？若白者必白，則不白物而白焉。」同理可推，「堅固不能自堅，惡能堅石物乎？若堅者必堅，則不堅物而堅焉。」「白」者「自白」，「堅」者自「堅」，以至「石」者自「石」，「自白」、「自堅」、「自石」之「自」即是由「離」而「獨」，有了此自己是自己根據之「獨」（「名」的獨立自足），方可依此（獨立自足之「名」）而校讎實存的萬物以「正」天下。

（3）《指物論》是《公孫龍子》中理致最晦澀的一篇，其中心論題在於「指」與「物」的關係。任何「物」總是在被指認（「指」）中才被人把握為某物的，而指認（「指」）又只能是以內涵確定的某一概念（「名」）對某個別事物的描摹，這便有了概念或「共相」同由這概念或「共相」所指稱的個別事物的關係問題。①《指物論》就這一問題提出的總論點是：「物莫非指，而指非指。」在公孫龍看來，「物」

總是被指認、被命名的物，這命名、指認可以簡稱為「指」，所以他說：「物莫非指」。指認或命名總是以某個概念或「名」對某一個別事物的述說，而概念或「名」一旦出現在具體的指認或命名情形中就不再是純概念或純「名」本身了，所以公孫龍又說：「而指非指」──這「指」（「物指」或「與物」之「指」）不是那指（未「與物」的純概念之「指」）。②誠然，可以這樣責難公孫龍：「指也者，天下之所無也；物也者，天下之所有也。以天下之所有，為天下之所無，未可。」但依其邏輯，他的駁斥是：當你說「物也者，天下之所有也」時，你已經是在「指」其「物」而談，只要你說「物」不可「指」或這「物」、那「物」如何與「指」沒有關係，你就是在「指」著物而談「物」，換句話說，不「指」物就無從說「物」，而這正說明了「物莫非指」。此外，你是在具體場合「指」著「物」而談的，這樣涉及的「指」是定其所指的「指」，它不同於那種不定其所指的「指」或所謂「天下之所無」──實際乃「自藏」──之「指」，而這又恰好說明了「而指非指」。公孫龍所要強調的是，作為不定其所指的「指」的純概念或純「名」，與作為具體指認事物時的「指」的概念或「名」所保持的既相關聯又相區別的張力。③此由作為未「與物」之「指」的純概念或純「名」與指認事物之「指」（「物指」）所保持的張力在於：「物」總是可以而且需要被指稱、被命名的，倘沒有了「物」，便無須指物（指認物、為物命名）；倘無須指物，也便既談不上「物指」（因指物而有的「與物」之「指」），也談不上作為概念或共名的「指」本身，當然也就無從去說「指」與「物指」的不同（「而指非指」）。但作為概念或共名的「指」本身畢竟不委落或從屬於對某一「物」的指認上，它兼指某一類「物」因而對這類物中的任何一可經驗之物保持超越的姿態。其謂「使天下無物指，誰徑謂（物指）非指？天下無物，誰徑謂指？天下有指無物指，誰徑謂（物指）

非指、徑謂無物非指」，所要說的就是這個「指」（概念、共名本身）既指「物」因而與「物」、「物指」牽連卻又超越「物」、「物指」而「自藏」的道理。超越的「自藏」即是「離」，《指物論》一如《白馬論》、《堅白論》，「離」依然是所論「指」、「物」、「指物」、「物指」的神韻所在。

（4）《通變論》所論述的是公孫龍詭譎之辯的推理形式。作為對「白馬論」、「堅白論」一類設譬式論題的形式化、規範化，公孫龍尚在其所著《通變論》中提出了「二無一」的論式。這論式詭譎而有致，它把某一純概念、純共名同定在化了的同名概念的相「離」以通則的方式確定了下來。「二無一」也被表述為「二無右」（其「一」）、「二無左」（又其「一」），其稱說的是在兩個概念結合而成的新概念（「二」）中，不再存在原來的這一概念（「一」、「右」）或那一概念（「一」、「左」）。「左」（「一」）與「右」（「一」）相與（相結合）而「變」為全體之「二」，這時「左」、「右」皆是定於「二」或相互定了的「一」，定於「二」或相互定了的「一」不等於未定於「二」或未相互定了的「一」，非定於「二」的「一」對於定於「二」的「一」相去相「離」。如此之論式作為通則是不變的，相應的事例代入式中皆可得出相應的結論，如將「白馬」之論代入此式，其結論即是「白馬非馬」：「白馬」是「馬」與「白」相與（相結合）而有的「二」的整體，這整體中的「馬」（「左」之「一」）是為「白」（「右」之「一」）所定而定在於「白馬」的「馬」，這整體中的「白」亦是為「馬」所定而定在於「白馬」的「白」，「白馬」（「二」）之「白」已不再是未定於「馬」的「白」（「一」），「白馬」（「二」）之「馬」也不再是未被「白」所定的「馬」（「一」）。由「二無一」說「白馬論」的話題，既可以說「白馬非馬」（「二無左」），也可以說「白馬非白」（「二無右」）。兩「一」相與為「二」後變得不再

有「一」可言，這「變」是通例，因此可稱之為「通變」。

（5）如果說由「離」而論「天下，故獨而正」，是《公孫龍子》中一以貫之的邏輯主脈，那麼這邏輯主脈中的價值神經則是「獨而正」所隱示的在公孫龍看來當可「化天下」的「正名」。明確宣說「正名」的《名實論》是《公孫龍子》的末篇，如此編次恰合戰國以降古人著述置其序或緒論於卷帙之末的慣例。「名實」之辯是對「白馬」、「堅白」、「指物」、「通變」諸篇所論的祕密的道破，是公孫龍著書立說之初衷的吐露。《名實論》由「物」而說到「實」，由「實」而說到「位」，由「位」而說到「正」，由「正」而點出以「離」為契機的設論者探「名」、「實」之際的微旨：「其正者，正其所實也，正其所實者，正其名也。」而如此「審其名實，慎其所謂」，則托始於「古之明王」（《公孫龍子‧名實論》），從這裡又正可窺見其與「先王之道」、「仁義之行」不無關聯的價值所祈。

「天地與其所產者，物也。物以物其所物而不過焉，實也。實以實其所實而不曠焉，位也。出其所位非位，位其所位焉，正也。」這些頗似界說性的斷語，是公孫龍由初始的「物」的概念向著他的「正」的觀念所作的推理：（一）所謂「物」，是指可用以涵蓋天地及天地所產的一切東西的概念，換一種說法，所謂「天地與其所產者，物也」亦可表述為「天地與其所產者」皆可以「物」命名，或皆可謂之以「物」。這一「物」的概念既然可以指稱天地及其所產的一切東西，它便不會滯落在任何種屬或個體的東西上，因此它理應是「指物論」中所說的那種非「物指」之「指」。這作為非「物指」之「指」的「物」，一旦定於某一種物，便如同所謂「白定所白」那樣而「物定所物」，這時，循著「定所白者非白」的邏輯便可謂其為「定所物者非物」。（二）依公孫龍的邏輯，撇開物，無所謂「實」，而既有的形形色色的物卻未必都稱得上「實」；稱得上「實」的物，須合於一

個尺度，這尺度即是「物其所物而不過」。「物以物其所物而不過」，其第一個「物」是指各個自在的個體事物，第二個「物」略具「體現」、「實現」意，第三個「物」與「所」連用，則指事物的實質或本真。總核「物以物其所物不無過焉，實也」，其意當為：某物（「物」）如果（「以」）體現了（「物」）這類物（「其」）所具有的實質（「所物」）而沒有偏差（「不過」），方可稱之為「實」。（三）當「物以物其所物而不過」的「實」完滿到它應有的程度而沒有缺欠時，公孫龍稱其為「位」。此即他所謂「實以實其所實而不曠焉，位也」。「位」是「實」的完滿境地或絕對境地，確立了「位」的觀念也就確立了用以衡量「實其所實」達到怎樣程度的一個具有絕對性的標準。不符合這個標準即是「出其所位」（越出了其應處的分際）或不當其位，符合這個標準或處在其當處的格位上才是事物的正態。於是，公孫龍在這裡由「位」確定了「正」的內涵。

　　「正」與「不正」是一種價值判斷，「正名」在公孫龍這裡並非只是邏輯上的言辯。「正」固然是究「實」而言，但究「實」終在於「物」依其「指」（「物指」）是否當「位」。公孫龍所謂「以其所正，正其所不正；不以其所不正，疑其所正」（《公孫龍子·名實論》），歸根結底是要「正名實」，所以他才如此歸結他的名實之辯：「其正者，正其所實也，正其所實者，正其名也。」然而，「正名實」畢竟須求一價值上不可再追問的擬制。對此，公孫龍並沒有如同儒家、道家的人物那樣把問題尋溯到「形而上」之「道」，但他還是借著對「古之明王」在「審其名實，慎其所謂」上的「至矣哉」的讚歎，隱約透露了那賦有終極意味的嚮往。

問題與思考：

1. 人物、典籍簡介及範疇釋義：

   鄧析　惠施　公孫龍　《白馬論》　《堅白論》　《指物論》

   名家　合同異　離堅白　大一　小一　大同異　小同異

2. 簡答：

   （1）簡析「至大無外，謂之大一；至小無內，謂之小一」。

   （2）簡析「大同與小同異，此之謂小同異；萬物畢同畢異，此之謂大同異」。

   （3）簡析「白馬非馬」的意味。

   （4）簡析「離堅白」的兩重含義。

3. 思考與論述：

   試論公孫龍子的名辯思想。

附錄九
法家學說講授提綱

一　法家學說之宗趣

　　法家所務在於「富強」祈向下的治國之術，韓非有一段話頗能看出法家為自己所懸之鵠的，及其為達致這鵠的所選取的路徑。他說：

> 夫聖人之治國，不恃人之為吾善也，而用其不得為非也。恃人之為吾善也，境內不什數；用人不得為非，一國可使齊。為治者用眾而捨寡，故不務德而務法。（《韓非子·顯學》）

　　「治國」是其標的，「不務德而務法」是其採取的手段或路徑。法家治國以「法」律人，只在於對人作「不得為非」的限制以獲得「一國可使齊」的效果，並不看重人心的陶冶（所謂「務德」）。倘以儒者的眼光看，其「外王」僅只是「外王」，是棄「內聖」於不顧的「外王」。單就「法」治而言，法家所謂「法」，並不對所治國人（「治於人者」）的權利有所措意，其所重在於督責人的刑法；如此「務法」，並不通向西方近代以來人們所稱述的「法制」。

　　法家施治的歷史性作用，扼其要，可歸結為兩點：（一）「盡地力」（《史記·孟子荀卿傳》），「為田開阡陌封疆」（《史記·商君傳》）；（二）「廢公族疏遠者」（《史記·孫子吳起傳》），「集小都鄉邑聚為縣，置令丞」（《史記·商君傳》）。前者在於廢除舊有土地制度，變所謂「公族」國家的土地國有為土地私有，後者在於「廢封建」、

立郡縣，為秦漢以降那種定君主為一尊而置官設吏以行王命的政治體制開闢道路。

司馬談「論六家之要指」云：

> 法家嚴而少恩，然其正君臣上下之分，不可改矣。（《史記‧太史公自序》）

《漢書‧藝文志‧諸子略序》援劉歆語稱：

> 法家者流，蓋出於理官。信賞必罰，以輔禮制。《易》曰：「先王以明罰飭法。」此其所長也。及刻者為之，則無教化，去仁愛，專任刑法而欲以致治，至於殘害至親，傷恩薄厚。

二 法家人物與著述

（1）李悝（約前455-約前395），生平不詳。《漢書‧藝文志》列其為法家人物，注云：「（李子）名悝，相魏文侯，富國強兵。」據章太炎考稽，李悝即李克，而李克為子夏弟子。《史記‧平准書》稱：「魏用李克，盡地力，為強君。自是之後，天下爭於戰國。貴詐力而賤仁義，先富有而後推讓。」《漢書‧食貨志》又云：「李悝為魏文侯作盡地力之教，以為『地方百里，提封九萬頃，除山澤邑居，三分去一，為田六百萬畝。治田勤謹，則畝益三鬥；不勤，則損亦如之。地方百里之增減，輒為粟百八十萬石矣』。又曰：『糴甚貴傷民，甚賤傷農。民傷則離散，農傷則國貧。故甚貴與甚賤，其傷一也。善為國者，使民毋傷而農益勸。……使民適足，價平則止。小饑則發小熟之

所斂,中饑則發中熟之所斂,大饑則發大熟之所斂,而糶之。故雖遇饑饉水旱,糶不貴而民不散,取有餘以補不足也。」行之魏國,國以富強。」李氏曾搜集諸國律法,編纂《法經》。《漢書·藝文志》著錄有《李子》三十二篇,已佚。

《法經》,現已不存。《唐律疏議》云:「(李悝)造《法經》六篇,即一《盜法》、二《賊法》、三《囚法》、四《捕法》、五《雜法》、六《具法》。」

(2)吳起(?-前381),衛國左氏(今山東曹縣北)人,曾師事曾子,早期法家人物之一。他善用兵,更以兵家著稱。先後為魯將、魏將,被魏文侯任為西河守。文侯死後遭讒,奔楚。初為宛城守,旋為令尹,為楚悼王謀變法,提議「明法審令,捐不急之官,廢公族疏遠者,以撫養戰鬥之士。要在強兵,破馳說之言縱橫者」(《史記·孫子吳起傳》)。悼王從其言,吳起遂有「南平百越,北並陳蔡,卻三晉,西伐秦」(《史記·孫子吳起傳》)之功。變法一年後楚悼王死,吳起被楚國公族射殺。《漢書·藝文志》著錄《吳起》四十八篇(已佚),今本《吳子》六篇係後人託名之作。

(3)商鞅(約前390-前338),衛國人,公孫氏,名鞅,亦稱衛鞅。好刑名之學。曾事魏相公叔痤,公叔痤死後奔秦。商鞅入秦,鼓吹「治世不一道,便國不必法古」(《商君書·更法》),說服秦孝公銳意變法。先後任秦之左庶長、大良造,因戰功封商十五邑。其變法重在廢井田,立縣制;重農抑商,獎勵耕戰;以法為度,「刑公族以立威」;嚴刑峻法,「以刑去刑」。新法厲行十年,秦始以富強見稱。孝公死後,鞅被秦國公族車裂。裴駰《史記集解》引劉向《新序》云:「秦孝公保崤、函之固,以廣雍州之地,東並河西,北收上郡,國富兵強,長雄諸侯,周室歸藉,四方來賀,為戰國霸君,秦遂以強,六世而並諸侯,亦皆商君之謀也。夫商君極身無二慮,盡公不顧私,使

民內急耕織之業以富國，外重戰伐之賞以勸戎士，法令必行，內不私貴寵，外不偏疏遠，是以令行而禁止，法出而奸息。」「然無信，諸侯畏而不親。……今衛鞅內刻刀鋸之刑，外深鈇鉞之誅，步過六尺者有罰，棄灰於道者被刑，一日臨渭而論囚七百餘人，渭水盡赤，號哭之聲，動於天地，畜怨積仇，比於丘山，所逃莫之隱，所歸莫之容，身死車裂，滅族無姓，其去霸王之佐亦遠矣。」此論頗中肯綮，或可許以公允。《漢書‧藝文志》著錄《商君》二十九篇（今存二十四篇（法家者流掇拾鞅余論以成，雖非鞅親撰，但亦有相當的史料價值）；又《公孫鞅》二十七篇，已佚。

（4）慎到（約前395-約前315），趙國人，曾論學稷下。《史記‧孟子荀卿傳》云：「慎到，趙人。田駢、接子，齊人。環淵，楚人。皆學黃老道德之術，因發明序其指意。」慎到與申不害皆是由「道」而「法」的人物；申不害援道而行法頗重「術」，慎到援道而行法頗重「勢」。《韓非子‧難勢》援引慎到的一段話，最能見出這位前期法家人物對「勢」的看重，其云：「飛龍乘雲，騰蛇遊霧。雲罷，霧霽，而龍蛇與螾蟻同矣，則失其所乘也。賢人而詘（屈）於不肖者，則權輕位卑也；不肖而能服於賢者，則權重位尊也。堯為匹夫，不能治三人；而桀為天子，能亂天下，吾以此知勢位之足恃，而賢智之不足慕也。夫弩弱而矢高者，激於風也；身不肖而令行者，得助於眾也。堯教於隸屬，而民不聽，至於南面而王天下，令則行，禁則止。由此觀之，賢智未足以服眾，而勢位足以缶（詘）賢者也。」《漢書‧藝文志》著錄《慎子》四十二篇，現僅存殘卷七篇。

（5）申不害（約前385-前337），鄭國人，曾相韓昭侯十五年。強調「明法正義」，但頗重「術」。《史記‧老莊申韓傳》稱其「內修政教，外應諸侯」，致使「國治兵強，無侵韓者」；又謂「申子之學本於黃老而主刑名」。《漢書‧藝文志》著錄《申子》六篇，現僅存輯錄

《大體》一篇，其中有言：「明君如身，臣如手；君若號，臣如響；君設其本，臣操其末；君治其要，臣行其詳；君操其柄，臣事其常。為人君者操契以責其名，名者天地之綱，聖人之符；張天地之綱，用聖人之符，則萬物之情無所逃之矣。故善為主者，倚於愚，立於不盈，設於不敢，藏於無事；竄端匿疏，示天下無為。」「是以有道者自名而正之，隨事而定之也。鼓不與於五音而為五音主，有道者不為五官之事而為治主。君，知其道也，官人，知其事也。十言十當，百為百當者，人臣之事，非人君之道也。……凡因之道，身與公無事，無事而天下自極也。」從這些論述，可大略窺見申子如何由黃老之學、刑名之辨推衍出「人君之道」──人君馭人臣之「術」。

（6）韓非（約前280-前233），戰國末年韓國人。曾師事荀況，卻兼學黃老之「道」而傾心於「法」，為先秦法家學說集大成的人物。《史記‧老莊申韓傳》稱「（韓非）喜刑名法術之學，而其歸本於黃老」。韓非多次上書韓王，勸諫韓王「修明其法制，執勢以馭其臣下，富國強兵以求人任賢」（《史記‧老莊申韓傳》），但終不為所用。其著述《孤憤》、《五蠹》等傳到秦國，為秦王嬴政所賞識。後秦攻韓，韓王遣韓非使秦。非入秦遭李斯、姚賈饞害，被囚，自殺於獄中。司馬遷對韓非之死有「悲韓子為《說難》而不能自脫」之歎，並如是評說「歸本於黃老」的申不害、韓非與老、莊的差別：「老子所貴道虛無，因應變化於無為，故著書辭稱微妙難識。莊子散道德放論，要亦歸之自然。申子卑卑施之於名實，韓子引繩墨、切事情、明是非，其極慘礉少恩。皆原於道德之意，而老子深遠矣。」《漢書‧藝文志》著錄《韓子》五十五篇，今存。

三　韓非思想大要

1　「因天之道」而「無為」

　　韓非是自覺地把「務法」關聯於致「道」的法家人物，此「道」雖引申於黃老，卻別有一種價值取向。老子論「道」，把人引向一種「致虛極，守靜篤」、「抱樸守真」的人生境界，這境界是非對待性的；韓非論「道」則緊扣「人主」之「道」，更多地落在對君主何以要「抱法處勢」的論證上，而「抱法處勢」所糾結的畢竟是一種對待性的關係。老子強調「無為」，乃在於以「法自然」指示一種人生的極境，「無不為」只是「無為」自然而然地帶出的一種結果；韓非的「無為」卻更多的是人主「偶眾端而潛禦群臣」（《韓非子・難三》）的一種「術」，一種手段，其目的則在於使「上尊而不侵」、「主強而守要」（《韓非子・有度》）。韓非解讀老子之「道」，有「道者，萬物之所然也，萬理之所稽也；理者，成物之文也」之說，在他看來，「道雖不可得聞見，聖人執其見功以處見其形。……凡理者，方圓、短長、粗靡、堅脆之分也，故理定而後可得道也。」（《韓非子・解老》）他主張以「理」見「道」，而其所重之「理」則在於所謂治亂所寄的「刑名法術」。老子的「道」有化為「南面之術」的可能，但他的「道德經」並不是刻意授予某個或某些君主的；韓非卻徑直用其「道」於「南面之術」，論「道」只在於向「人主」進言。

2　由「民之性，惡勞而樂佚」而行「賞罰」、定「仁義」

　　韓非從荀子那裡接受了性惡論，但荀子由性惡（「人之性惡，其善者偽也」）而稱說「化性而起偽」（《荀子・性惡》），其大端尚在儒家的「禮義」（「偽起而生禮義」）的取向上，韓非則由性惡而「不務德而務法」以鼓吹「賞罰」。依韓非之見，人皆有「計算之心」，「父

母之於子也，猶用計算之心以相待也，而況無父子之澤乎」？所以他認為治國之術不在於如何「去求利之心，出相愛之道」，而在於「審於法禁，法禁明著則官治必於賞罰，賞罰不阿，則民用」（《韓非子·六反》）。由此，他提出：「聖人之所以為治道者三：一曰『利』，二曰『威』，三曰『名』。」（《韓非子·詭使》）

即使是在儒家看來全然內在的「仁義」（「惻隱之心，仁之端也；羞惡之心，義之端也」——《孟子·公孫丑上》），韓非也僅以外在的政治功利作解釋。他說：「仁義者，不失人臣之禮，不敗君臣之位者也。」（《韓非子·難一》）又說：「臣事君，子事父，妻事夫，三者順則天下治，三者逆則天下亂，此天下之常道也！」（《韓非子·忠孝》）其實，後世的「三綱」之說即發端於此。

3　由「世異則事異」的歷史變遷論而說「變法」

韓非的變法主張基於他的古今「世異」、「事異」的歷史變化觀。現世的功利對於他說來是真正重要的，他以「上古」、「中世」、「當今」三個時代的不同論說「不期修古」、「不法常可」（《韓非子·五蠹》）的道理，改變了儒家、墨家從往古聖王那裡汲取社會人生理想的致思方式。但韓非從未真正理解一直被他作為批判對象的儒、墨何以如此而不如彼思想的衷曲。

在韓非的心目中，並不存在真正淡泊名利之人。他斷言：「輕辭古之天子，難去今之縣令」，是因為古代的天子有「臣虜之勞」卻又無利可圖，而今日的縣令俸厚養足以至於蔭及子孫；「古之易財，非仁也，財多也；今之爭奪，非鄙也，財寡也；輕辭天子，非高也，勢薄也；重爭士橐，非下也，權重也。故聖人議多少、論厚薄為之政。」所以，雖說「上古競於道德，中世逐於智謀，當今爭於氣力」（《韓非子·五蠹》），而依他的觀念，無論是「道德」之「競」、「智

謀」之「逐」，還是「氣力」之「爭」，所圖無不在於「利」的多少與厚薄。

4 「不務德而務法」，兼重「術」、「勢」

早期法家人物，商鞅重「法」，申不害重「術」，慎到重「勢」。韓非集諸家所長，參酌荀學而籠罩以黃老之術，成一家氣象。法家學說至此臻於完備。韓非述及「法」、「術」、「勢」的文字各有其詳，挈其大要，「法」是督責人們「不得為非」從而「一國可使齊」的律令、規範，「術」是君主「藏之於胸中，以偶眾端而潛禦群臣」以至於「循名而責實」、「課群臣之能」（《韓非子・定法》）的手段，「勢」則是因權位而有的一種可資憑藉、利用的威勢。在韓非看來，「君無術則弊於上，臣無法則亂於下，此不可一無，皆帝王之具也。」（《韓非子・定法》）同時，他也認為，「（人主）抱法處勢則治，背法去勢則亂。」（《韓非子・難勢》）

問題與思考：

1. 人物、典籍簡介及範疇釋義：
   法家　李悝　商鞅　慎到　申不害　韓非　《法經》　法　術　勢　二柄　五蠹　抱法處勢
2. 簡答：
   （1）簡述法家與儒家的學緣。
   （2）簡述法家與道家的學緣。
   （3）簡述韓非對前期法家思想的繼承。
3. 思考與論述：
   試論韓非的學術思想。

附錄十
陰陽家學說講授提綱

一　陰陽家學說之宗趣

陰陽家是脫胎於數術而把「陰陽」與「五行」觀念演為一體之學的學術流派。由天文、地理、物態之自然，窺測信仰中的天地運會的祕機以預斷人事之吉凶，乃數術家之能事；陰陽家的學術宗趣則在於由數術家的吉凶占驗進於對人的行為、品操的儆戒、引導與勸勉。《史記・孟子荀卿傳》云：鄒衍學說「要其歸，必止乎仁義節儉，君臣上下六親之施」。由這評斷可略見陰陽家對「道」的企求和其與儒家學說的某種可探向天人之際處的微妙關聯。

司馬談「論六家之要指」云：

> 嘗竊觀陰陽之術，大祥而眾忌諱，使人拘而多所畏。然其序四時之大順不可失也。(《史記・太史公自序》)

《漢書・藝文志・諸子略序》援劉歆語稱：

> 陰陽家者流，蓋出於羲和之官，敬順昊天，曆象日月星辰，敬授民時，此其所長也；及拘者為之，則牽於禁忌，泥於小數，捨人事而任鬼神。

劉歆與司馬談對陰陽家的「要指」的歸結並沒有什麼不同，而且，他們就陰陽家所說的這些話也大都可用於數術家。先賢們未能對陰陽家和數術家作嚴格的區分，當然更多的是受了思想學術史的一般進程的局限，但也顯露出一個問題，這就是，陰陽家通於數術。依劉歆《七略‧數術略》，《漢書‧藝文志》將數術分為六類：天文、曆譜、五行、蓍龜、雜占、形法。

其實，已經有了相當的「境界」意識或「道」的觀念的陰陽家，與還不曾達到「道」的覺悟而處在「命」或「命運」感籠罩下的數術家顯然不同。但沒有疑問的是，陰陽家在先秦諸子中比任何其他一家都更大程度地承受了數術家的遺產。探究「陰陽之術」不可能不涉及「數術」，只是不要陷於數術以免把二者混為一談。

二　「陰陽」與「五行」

「陰陽」、「五行」是陰陽家「觀乎天文以察時變」（《賁‧彖傳》）的核心範疇，它們都關聯著數術，而在陰陽家這裡又都不再局守於數術。

1　「陰陽」

《說文》解陰、陽二字云：「陰，也。水之南，山之北也。從𨸏，会聲。」「陽，高明也。從𨸏，昜聲。」山南水北為陽，山北水南為陰，陰陽雖由山水之南北顯現，但相對而言的陰陽之所由則總在於日照的向背。對日照向背的直觀最明顯的莫過於山𨸏，所以起初的「会」、「昜」在後來遂衍生出「陰」（陰）、「陽」（陽）。

不過，金文乃至甲骨文中就已出現的陰陽二字還不就是後來的陰陽二範疇。晚出的陰陽範疇雖依然由陰陽二字示其意，但作為範疇的

陰陽，其內涵已遠不止於日照的向背。陰陽由日照的向背昇華為宇宙間有著更大普遍性的兩種動因或兩種勢用，是因著寓於《易經》爻象的盡分於二的智慧的自覺。「陰」、「陽」作為確定的範疇是從《易傳》——所謂「一陰一陽之謂道」——開始的，但這之前的《易經》中，最基本的卦畫成分「▬▬」、「▬」已經是對未名之以「陰」、「陽」的兩種動勢的表示。「陰陽」——可涵蓋「動靜」、「強弱」、「剛柔」、「雄雌」、「直屈」等——兩範疇的出現，與中國先哲在春秋戰國之際所達到的「道」的自覺約略同步；從最初可直觀的日照與日蔽之意的對舉，到後來被用於象徵兩種相反相成的虛靈的勢用，「陰」、「陽」字義的孳乳、引申，其實關聯著古人心靈眷注之演化和嬗變的整個過程。

2 「五行」

與「陰陽」相比，「五行」與陰陽家的學緣要更複雜些。

甲骨卜辭表明，殷人已經有了「四方」和「四方風」的觀念，也已經開始對相關材質作「雨」、「火」、「黃呂」（青銅）、「木」、「土」的命名。但這些很難說即是「五行」說的雛形。五種材質還沒有獲得宇宙萬物構成之最後成分的意義，而「四方」與「四方風」也尚未關涉於五種材質的性狀或品質。

古人對水、火、金、木、土作為元始意義上的五種材質的確認，可能不會早於殷周之際。「五行」範疇從文字上考稽，可上溯到《國語》、《左傳》及《尚書‧洪範》：

> 先王以土與金、木、水、火雜，以成百物。（《國語‧鄭語》）
> 天生五材，民並用之，廢一不可。（《左傳‧襄公二十七年》）
> 及天之三辰，民所以瞻仰也；及地之五行，所以生殖也。（《國語‧魯語上》）

用其五行。(《左傳‧昭公二十五年》)

五行：一曰水，二曰火，三曰木，四曰金，五曰土。水曰潤
下，火曰炎上，木曰曲直，金曰從革，土爰稼穡。(《尚書‧洪
範》)

「潤下」、「炎上」、「曲直」、「從革」、「稼穡」，道出了合於
「水」、「火」、「木」、「金」、「土」本分的動勢。五種動勢同時即是五
種能力，五種德用，「五行」遂在後來又被稱作「五德」。但從《洪
範》所列的五行的順序看，這時的五行闡釋者還未涉及所謂五行相生
或五行相勝。相生相勝的動力在於陰陽的消長，「五行」之說的最後
完成有待「陰陽」與「五行」範疇的相融互攝。

從《洪範》所記述的各有其勢用而相互只是並列關係的「水」、
「火」、「木」、「金」、「土」，到「五行」成一相生或相勝的動態系
統，「五行」與「陰陽」的相融互攝沿著兩個方向延伸：其一是「序
四時之大順」的「五行相生」，其二是推演於「陰陽主運」的「五德
轉移」；由前者產生了有著較深數術印痕的《呂氏春秋》所謂「十二
紀」或為禮家輯於《禮記》的「月令」，由後者產生了鄒衍的「終始
五德」的歷史哲學。至此，陰陽家才真正由「數術」脫胎而創辟出一
種用以解釋宇宙人事之系統的學說。

三　「五行相生」與「月令」

先秦陰陽家的著述見錄於《漢書‧藝文志》者二十一家三百九十
六篇，其中《宋司星子韋書》(三篇)、《鄒子》(四十九篇)、《鄒子終
始》(五十六篇)等最具代表性。只是這些著述在隋、唐經籍志中已
不見載，可見亡佚之久。但陰陽家的學說畢竟有跡可尋，對其大要的

考索尚可借助散見於雜家、法家乃至墨家、儒家的典籍——如《管
子》、《墨子》、《呂氏春秋》、《禮記》等——的有關文字，亦可參考
《史記》及《史記集解》（南朝裴駰撰）等史著中的相關記載。

　　《墨子・迎敵祠》中對迎敵的部署的記述，頗可見出陰陽家的特
徵，其所涉及的色彩與數字神祕而極可玩味。凡東方，所設壇高、堂
密、人數、神長、弩數，皆為「八」，南方皆為「七」，西方皆為
「九」，北方皆為「六」。其數正和所謂「五行」的「成數」相符，即
所謂：

　　北，天「一」生水，地「六」成之；
　　南，地「二」生火，天「七」成之；
　　東，天「三」生木，地「八」成之；
　　西，地「四」生金，天「九」成之。

　　因此也恰好與宋人蔡元定依宋初道教大師陳摶的易理所繪河圖的
「外數」或「成數」的數目與方位相符。

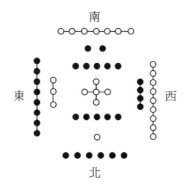

　　與《墨子・迎敵祠》的「方數」可資互證的，是《呂氏春秋》
「十二紀」所述四時當行的「時數」。《呂氏春秋》雖是戰國末造雜家

的作品，但「十二紀」決不會只是出於一時的創意，它必有陰陽家的一貫理由為依據。

輯錄成書於漢代的《禮記》有《月令》篇，其文字與《呂氏春秋》「十二紀」各紀首章相同。孔穎達《禮記正義》引鄭玄語稱：「《月令》者，以其記十二月政之所行也，本《呂氏春秋》十二月紀之首章也。以禮家好事抄合之，後人因題之名曰《禮記》，言周公所作，其中官名時事，多不合周法。」這說法誠然大體可信，但如果由此斷言對天子依據農時以行政令的「月令」的倡說始於《呂氏春秋》可能並不確當。「月令」是春秋中晚期以降五行而陰陽家究天人之際以求在「序四時之大順」的同時確立某種政令規範的結果，它把傳說中的帝、神與默信於心的數等由迴圈相生的五行關聯於人間世事，絕非一人一時之創作所能成就。即令《呂氏春秋》對之有輯錄、編纂之功，這輯錄、編纂也必是以諸多既有的口頭傳述和文字撰著為前提。

《呂氏春秋》「十二紀」首章或《禮記‧月令》顯然對《管子‧幼官》和七十子後學所傳《夏小正》有所參取，但陰陽家氣息比《小正》和《幼官》要濃重得多。《月令》紀曆，最具陰陽家背景的是：以五行配五方，又以五方配四時，而每方每時都有主帝、主神、主色、主音、主律、主味、主嗅，並且都有所重或所主的「數」。五行與方、時、數的相配略如下：

春，「迎春於東郊」，「盛德在木」，「其數八」；

夏，「迎夏於南郊」，「盛德在火」，「其數七」；

「中央土」，於四時無乎不在，「其數五」；

秋，「迎秋於西郊」，「盛德在金」，「其數九」；

冬，「迎冬於北郊」，「盛德在水」，「其數六」。

從「盛德在木」到「盛德在水」，春、夏、秋、冬而東、南、西、北，依次行「木」德、「火」德、「土」德、「金」德、「水」德於其中，「五行」循序相承，恰成一種相生——木生火、火生土、土生金、金生水、水生木——的動勢。

《月令》中另一最具陰陽家背景的紀曆是對「天子」四季所居的安排。在陰陽家看來，帝王所居是上系天時而下應人道的大事，因此《月令》遂有天子依月擇居之說。此即所謂：

孟春之月，「天子居青陽左个」；
仲春之月，「天子居青陽太廟」；
季春之月，「天子居青陽右个」。

孟夏之月，「天子居明堂左个」；
仲夏之月，「天子居明堂太廟」；
季夏之月，「天子居明堂右个」。

孟秋之月，「天子居總章左个」；
仲秋之月，「天子居總章太廟」；
季秋之月，「天子居總章右个」。

孟冬之月，「天子居玄堂左个」；
仲冬之月，「天子居玄堂太廟」；
季冬之月，「天子居玄堂右个」。

「中央土」，「天子居太廟太室」。

　　所舉居處，似乎多至十三室。但實際上，四隅之室，兩兩相通，皆同室而不同門戶；所以真正以室計算，不過九室而已。對此，《大戴禮記‧明堂》有更確切的稱述。其云：

　　明堂者，古已有之也。凡九室。……以茅蓋屋，上圓下方……赤綴戶也，白綴牖也。二、九、四、七、五、三、六、一、八。

　　依文中所述繪成一圖（左圖），正可比之於後世宋儒所繪「洛書」九宮圖（右圖）：

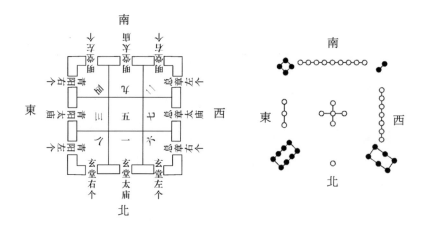

四　「五行相勝」與鄒衍的學說

　　鄒衍（約前305-前240），是陰陽家中最可推重的人物，其生平、學行不載於先秦典籍。《史記》中《孟子荀卿傳》、《魏世家》、《燕召公世家》、《平原君虞卿傳》、《封禪書》等篇述及鄒衍，雖語不甚詳，尚可資稽考。裴駰撰《史記集解》中引劉向《別錄》的有關文字，亦可資參證。

　　鄒衍以推演「五德轉移」或「終始五德」而馳名，此說表達了陰陽家的宇宙觀，也表達了陰陽家的歷史觀。《史記‧孟子荀卿傳》云：

鄒衍睹有國者益淫侈，不能尚德，若《大雅》整之於身，施及
黎庶矣。乃深觀陰陽消息，而作怪迂之變（辨）《終始》、《太
聖》之篇十餘萬言。其語閎大不經，必先驗小物，推而大之，
至於無垠。先序今，以上至黃帝，學者所共術，大並世盛衰，
因載其祥度制，推而遠之，至天地未生，窈冥不可考而原也。
先列中國名山大川，通穀禽獸，水土所殖，物類所珍，因而推
之，及海外，人之所不能睹。稱引天地剖判以來，五德轉移，
治各有宜，而符應若茲。以為儒者所謂中國者，於天下乃八十
一分居其一分耳。中國名曰赤縣神州。赤縣神州內自有九州，
禹之序九州是也，不得為州數。中國外如赤縣神州者九，乃所
謂九州也。於是有裨海環之，人民禽獸莫能相通者，如一區中
者，乃為一州。如此者九，乃有大瀛海環其外，天地之際焉。
其術皆此類也。然要其歸，必止乎仁義節儉，君臣上下六親之
施，始也濫耳。王公大人初見其術，懼然顧化，其後不能行之。

《史記・封禪書》又云：

自齊威宣之時，鄒子之徒論著終始五德之運。及秦帝而齊人奏
之，故始皇採用之……鄒衍以陰陽主運顯於諸侯，而燕齊海上
之方士傳其術不能通，然則怪迂阿諛苟合之徒自此興，不可勝
數也。

「五德」者，「五行」之德用；「終始」者，終而又始迴圈不已之
謂。鄒衍以宇宙自然中的五種勢用解釋朝代更遷中的歷史推演，被解
釋的歷史因此似有一種必然的運會主宰其中。他的著作《主運》，篇
名即是點睛之筆；「主運」者，運會主持、主宰其中之謂。「五行」的

德用（勢用）輪流「當運」，世事遂依「運」而變。《鄒子》、《鄒子終始》均佚，唯《呂氏春秋・應同》取「五行相勝」說史變之運會，頗可視為鄒衍思想的轉述。其云：

> 凡帝王者之將興也，天必見祥乎下民。黃帝之時，天先見大螾大螻。黃帝曰：「土氣勝。」土氣勝，故其色尚黃，其事則土。
>
> 及禹之時，天先見草木秋冬不殺。禹曰：「木氣勝。」木氣勝，故其色尚青，其事則木。
>
> 及湯之時，天先見金刃生於水。湯曰：「金氣勝。」金氣勝，故其色尚白，其事則金。
>
> 及文王之時，天先見火，赤烏銜丹書集於周社。文王曰：「火氣勝。」火氣勝，故其色尚赤，其事則火。
>
> 代火者必將水。天且先見水氣勝。水氣勝，故其色尚黑，其事則水。水氣至而不知，數備，將徙於土。

「土」→「木」→「金」→「火」→「水」→「土」……「五行」之德用（「五德」）的循環往復、周而復始，遵從的是後者「勝」（「克」）前者的原則：木勝土，金勝木，火勝金，水勝火，土勝水……西元前221年，六合統一於秦。秦始皇焚書坑儒，禁天下《詩》、《書》，卻對陰陽家「終始五德」的運會不敢稍有所背。

「運」或「數」在「五德轉移」中顯得神祕而賦有命定意味，但「陰陽主運」之「運」終究是一種形式，為這形式所貫穿的是「五德」之「德」。「德」亦為「悳」，「悳，外得於人，內得於己也。從直從心。」（許慎：《說文》卷十下）「德」（「悳」）原是就人之本心或某種本然之性而言，由「土」、「木」、「金」、「火」、「水」說「五德」乃是以「五行」的自然性狀──火「炎上」、水「潤下」等──為象

徵，向人們啟示五種德性，並告誡「有國者」遏制淫侈、順應時運、依當運的德性行事。「五德轉移」的提出者並未把這「轉移」視為一個與人的德性修為毫不相干的純粹命定的過程，其以「終始五德」闡釋歷史不是要否認人在歷史中可能擔待的干係，而是要把「有國者」應擔的干係置於一種可從「尚德」意義上理解的視野中予以規勉和督策。「尚德」的價值取向使脫胎於數術的陰陽家不再置身於數術家；陰陽家在老子、孔子學說出現後重新回味了數術，但對「命」的再度眷注已是在對「道」的深切矚望中。

問題與思考：

1. 範疇釋義：
   陰陽　五行　月令　明堂　終始五德　大小九州　陰陽家
2. 簡答：
   （1）陰陽家學說的宗趣何在？
   （2）簡述陰陽家的「四時」、「五方」之數，並說明其與「河圖」、「洛書」的關係。
3. 思考與論述：
   試論鄒衍的學術思想。

中華文化思想叢書 A0100061

由「命」而「道」——先秦諸子十講（修訂版） 下冊

作　　　者	黃克劍	
特約編輯	王世晶	
發 行 人	陳滿銘	
總 經 理	梁錦興	
總 編 輯	陳滿銘	
副總編輯	張晏瑞	
編 輯 所	萬卷樓圖書股份有限公司	
排　　 版	林曉敏	
印　　 刷	維中科技有限公司	
封面設計	菩薩蠻數位文化有限公司	

出　　 版　昌明文化有限公司

桃園市龜山區中原街 32 號

電話 (02)23216565

發　　 行　萬卷樓圖書股份有限公司

臺北市羅斯福路二段 41 號 6 樓之 3

電話 (02)23216565

傳真 (02)23218698

電郵 SERVICE@WANJUAN.COM.TW

大陸經銷

廈門外圖臺灣書店有限公司

電郵 JKB188@188.COM

ISBN 978-986-496-370-6

2019 年 1 月初版二刷

2018 年 3 月初版

定價：新臺幣 400 元

如何購買本書：

1. 劃撥購書，請透過以下郵政劃撥帳號：

　帳號：15624015

　戶名：萬卷樓圖書股份有限公司

2. 轉帳購書，請透過以下帳戶

　合作金庫銀行 古亭分行

　戶名：萬卷樓圖書股份有限公司

　帳號：0877717092596

3. 網路購書，請透過萬卷樓網站

　網址 WWW.WANJUAN.COM.TW

大量購書，請直接聯繫我們，將有專人為您
服務。客服：(02)23216565 分機 10

如有缺頁、破損或裝訂錯誤，請寄回更換

版權所有·翻印必究

Copyright©2018 by WanJuanLou Books CO.,
Ltd.All Right Reserved　**Printed in Taiwan**

國家圖書館出版品預行編目資料

由「命」而「道」：先秦諸子十講 / 黃克劍
著. -- 初版. -- 桃園市 ： 昌明文化出版；臺北
市 ： 萬卷樓發行, 2018.03

　　冊 ；　 公分. -- (中華文化思想叢書)

ISBN 978-986-496-370-6(下冊 ： 平裝)

1.先秦哲學 2.文集

121.07　　　　　　　　　　　 107004357

本著作物經廈門墨客知識產權代理有限公司代理，由中國人民大學出版社授權萬卷樓
圖書股份有限公司出版、發行中文繁體字版版權。